国别化：对英汉语教学法
——汉英对比分析

A Contrastive Model of Teaching Chinese to Native English Speakers

邢志群　著

By Janet Zhiqun Xing

图书在版编目（CIP）数据

国别化：对英汉语教学法——汉英对比分析/邢志群著. —北京：北京大学出版社，2011.10
（实用对外汉语教学丛书）
ISBN 978-7-301-16617-8

Ⅰ. 国⋯　Ⅱ. 邢⋯　Ⅲ. 汉语—对外汉语教学—教学法　Ⅳ. H195.3

中国版本图书馆 CIP 数据核字（2011）第 209795 号

书　　　名：国别化：对英汉语教学法——汉英对比分析
著作责任者：邢志群　著
责 任 编 辑：李　凌
封 面 设 计：彩奇风
标 准 书 号：ISBN 978-7-301-16617-8/H·2965
出 版 发 行：北京大学出版社
地　　　址：北京市海淀区成府路 205 号　100871
网　　　址：http://www.pup.cn
　　　　　　电子信箱：zpup@pup.pku.edu.cn
电　　　话：邮购部 62752015　发行部 62750672　出版部 62754962
　　　　　　编辑部 62753374
印　　刷　者：北京宏伟双华印刷有限公司
经　销　者：新华书店
　　　　　　730 毫米×980 毫米　16 开本　14.25 印张　240 千字
　　　　　　2011 年 10 月第 1 版　2011 年 10 月第 1 次印刷
定　　　价：34.00 元

未经许可，不得以任何方式复制或抄袭本书之部分或全部内容。
版权所有，侵权必究
举报电话：010-62752024　电子信箱：fd@pup.pku.edu.cn

目 录

Contents

前言 ··· 1

第一章 导论 ··· 1
一 对外汉语教学 ··· 1
二 对比分析法和跨语言干扰 ······································· 3
三 对比分析和对外汉语教学 ······································· 5
四 教学内容的选择和排序 ·· 9
五 小结 ·· 15
思考与练习 ··· 16

第二章 声调教学 ··· 17
一 语音、声调教学的现状 ··· 17
二 语言内部和跨语言的干扰 ······································ 19
三 声调教学 ··· 22
四 小结 ·· 30
思考与练习 ··· 31

第三章 词汇教学 ··· 32
一 词汇的排序 ·· 33
二 "识字"与"学词" ··· 43
三 汉语的词汇 ·· 45
四 等级词汇教学 ··· 57
五 小结 ·· 61
思考与练习 ··· 62

第四章 句法教学 · 63
- 一 句法教学的目的 · 64
- 二 句法教学内容的排序 · 66
- 三 汉语的句法 · 73
- 四 句法等级教学 · 91
- 五 小结 · 102
- 思考与练习 · 103

第五章 篇章教学 · 105
- 一 篇章教学的排序 · 106
- 二 篇章结构的特点 · 110
- 三 语篇教学模式 · 127
- 四 汉语的语体 · 145
- 五 等级篇章教学 · 162
- 六 小结 · 165
- 思考与练习 · 166

第六章 语言、文化教学 · 167
- 一 语言、文化教学体系的定位问题 · 169
- 二 中西文化对比分析 · 170
- 三 语言、文化等级教学 · 181
- 四 小结 · 189
- 思考与练习 · 190

第七章 总论 · 191
- 一 汉语的（非）通用性 · 193
- 二 教学与习得 · 194
- 三 对英汉语教、学资源 · 196
- 四 本书的局限和未来的工作 · 202

参考文献 · 204

术语索引 · 217

前　　言

　　近几年国内出了不少对外汉语教学方面的专著,本来觉得再用汉语写一本这方面的书可能完全没有必要,但2009年春天在台湾师范大学华语文教学研究所客座期间有机会把近年有关对外汉语教学的专著都认真地读了读,发现有不少问题还是没有说得很清楚。总之,零零散散的研究结果比较多,框架性、系统性的研究少,特别是对欧美学生的汉语教学,似乎仍然没有一个比较完整的教学体系,具体一点说就是对母语是印欧语的学生来说,到底怎么教发音、怎么教词汇、怎么教句法、怎么教篇章、怎么在语言课里教文化内容比较有效,还没有一个统一的教学理念,还有很多问题值得探讨。欧美学生跟一些东南亚的学生相比在教学或习得中都有一些不同的特点,那么作为语言老师如何把这些特点系统地考虑到语言教学中去,则需要专门研究汉语应用语言学的学者帮助明确教学的系统和主要内容,或者说整理出一套行之有效的教学法,可是笔者自己是一个搞语言学研究的,好像并没有把这个工作做好,内疚之余,便起了撰写这本书的念头。当时也正好看了一些第二外语教学中有关对比分析的论述,受到了一点儿启发,觉得有必要把这些想法写出来供汉语老师参考。

　　跟拙著 *Teaching and Learning Chinese as a Foreign Language*（香港大学出版社2006年,近期台湾文鹤出版社将出版中文版《对外汉语教学法》）相比,这本书的理论框架或许更系统一点、内容更具体一点,也许更容易应用到对外汉语的实际教学中去。从理论的角度看,这本书不但建立在2006年那本书的基础上,而且把对比分析和跨语言干扰这两个外语教学中最重要的导航性原则贯穿到汉语教学的各个环节（语音、词汇、语法、语篇、语言文化）,以此形成一个从小到大的语言层次、一环扣一环的教学体系。从具体内容看,无论是词汇教学,还是句法教学,这本书首先探讨的问题是教什么（包括排序）,为什么教，然后具体说明怎么教的问题，教师可以根据本书示范的内容进行教学实践，也可以按照本书示范的教学系统充分发挥个人的能力，设计新的教学内容和方法。

虽然本书探讨的教学理念是笔者在美二十多年的对外汉语教学和教学法研究过程中逐渐形成的，但是这本书的构架则是笔者在台湾师范大学华语文研究所客座期间才形成的，这里要感谢邓守信教授、曾金金教授，以及华研所的所有同仁和多年的好友宋如瑜教授在此期间的多方关照，使我在台的日子过得既轻松又愉快。同时也要感谢在华研所上我博士课程"华语文教材教法专题"的八位同学在课堂讨论时提出的很多值得深思的问题，从某个角度讲，是他们的那些问题使我坚定了要写这本书的信心。另外，还要特别感谢欧德芬和官芳芳两位同学在完稿之际阅读全文，提出一些还需要进一步思考的问题。北大出版社的李凌编辑为本书的编辑出版下了不少工夫，并提出很多宝贵意见，为此向她表示诚挚的谢意。由于笔者能力有限，书中不足之处，希望各位学者和老师多方指正。

邢志群

2010 年夏

于美国华盛顿州马克迪欧小城

第一章 导论

一 对外汉语教学

对外汉语教学（Teaching and Learning Chinese as a Foreign Language），属于应用语言学的范畴，是一个多元化的学科，集语言学、心理语言学、社会语言学、文化语言学等各学科研究结果，经过应用语言学家的分析、论证并结合汉语语言教学、习得的特点形成一个综合学科。既然对外汉语教学是这样一个多元化的综合学科，那么它就不是一个可以独立存在的研究领域。无论是语音教学还是句法教学都是建立在语音和句法研究的基础上，或者说依赖语音或句法研究的结果。比如，在探讨汉语的语音教学时，最常讨论的课题就是如何教声调。那么教声调时最应该强调的可能是变调（tone sandhi）的问题，如，两个三声连读时，第一个变成第二声；第三声后面跟着其他声调，那么这个第三声就只读它的前半部分。这些变调的规则，也就是汉语发音的一些特点，都是语言学研究总结的结果。有了这些语言学研究的结果，应用语言学把这些结果拿过来，通过论证、考察、测试，试图找到能把这些语言特点传授给学生的最佳方法。应用语言学做的这些工作，如果是跟对外汉语有关的，就是对外汉语教学的范畴；如果是跟英语教学有关的，就是英语教学的范畴。假设有一天语言学家发现，中国人在实际语言交流中，第三声都变成轻声了，那么应用语言学家就得推翻以往在对外汉语教学中处理三声变调的方法，重新研究一套对应的教学内容和教学方法。虽然这个例子是假设的，但并不是完全没有这个可能，况且这个假设的目的是说应用语言学，这里主要是指对外汉语教学是不能脱离汉语语言学的研究的，不仅如此，对外汉语教学还随着汉语语言学研究的发展而发展。

不过对外汉语教学跟汉语语言学相比较，更独特的一面是为汉语教师提供教学的指导方针，也就是明确教汉语的哪些特点和语言规则，以及怎么教这些特点和规则。简言之，教什么、怎么教是汉语教学中两个最主要的组成部分。我们不可能把所有语言学家研究出来的汉语特点和规则一下子都告诉学生。因此，如何选择教学内容（哪些内容应该教、哪些不应该教，哪些先教、哪些后教）和教学法（怎么教某个语言特点最有效）成了对外汉语教学研究的主要任务，也是每个语言教师必须正视的问题。值得说明的一点是，无论是教学内容，还是教学法，应用语言学探讨的范围应该包括五个方面，主要是语言和跟语言有直接关系的文化问题：发音、词汇、句子、篇章和文化。有一些老师认为汉语教学法（Chinese Language Pedagogy），指的就是教学语法（Pedagogical Grammar）或句法教学（Sentence Pedagogy），实际上，这几个术语还是有必要区分开来。汉语教学法，顾名思义泛指"教"和"学"的方法，因此包括上文提到的语言和文化五个层次的教学方法。教学语法，对有的学者来说涵盖的面比较窄，只包括句子层面的语法教学，不含语音教学（邓守信 2009）。笔者认为，汉语教学语法是包括语音、词汇、句法和篇章四个层次的教学法。文化教学不属于语法的范畴，所以不应该包括在教学语法里面。这样一来，句法教学就比较清楚了，它只包括句子层面的语法教学。

虽然教学内容和教学法是对外汉语教学中涵盖内容不同的两个议题，但两者实际上有某种相互牵制的关系。当我们决定教学内容的时候，无形中隐示怎么教的概念。举个例子，在教把字句的时候，往往需要我们先知道把字句在交际中的诸多功能（如："处置"的功能，"致使"功能，强调某个动作行为对受事者的影响等），然后决定先教哪种功能，后教哪种功能，这些都是教什么的内容。如果决定处置功能（如：请把书放在桌子上）和致使功能（如：你想把我气死啊？）一起教，那么可能先使用对比、分析的方法演示这两种把字句的功能，然后说明这两种把字句的用法有什么不同，这样比较容易让学生学到两种句式的不同功用，但是如果这两种把字句分开来教，先教的一种把字句就不能跟没教过的把字句用法作对比，可能就得从把字句本身的语义、语用特点以及和英文相对的表达形式入手引导学生学习什么时候用把字句,所以教学内容在某种程度上决定怎么教的范畴,而教学法不应该决定教学内容的范畴。

这里笔者提出无论是选择教学内容还是教学法,应用语言学家和教师都可以使用对比分析的方法。笔者将在下面的章节中一层一层的解释、论证、说明,并为这一教学法在汉语教学中的实际应用提供一些例证。

二 对比分析法和跨语言干扰

对比分析法(Contrastive Analysis Hypothesis)源于结构语言学理论(Structuralism)。主张这种方法的语言学家和应用语言学家认为在外语习得中最大的障碍是母语(L1)对目标语(L2)的干扰,因此有必要通过两种语言的对比分析,找到两个语言系统中的差异,然后根据差异的大小来预测学习语言的难易度。最早把这种方法用到外语教学中的是 Stockwell & Bowen (1965),通过对比分析英语和西班牙语之间的语音差异,试图预测学习这两种语言的语音难易度。他们把两种语言的语音差异分成三大等级,三个大等级内又细分成八个小等级:

一级:母语和目标语中都有同样的语言现象
  1.1:母语和目标语中都必须有的语言规则
  1.2:母语里和目标语中都可有可无的语言规则
二级:母语里有的语言现象,但是目标语中没有
  2.1:母语里可有可无,目标语中没有
  2.2:母语里必须有,目标语中没有
  2.3:母语里必须有,目标语中可有可无
三级:母语里没有,但是目标语中有的语言现象
  3.1:母语中可有可无,目标语中必须有
  3.2:母语中没有,目标语中可有可无
  3.3:母语中没有,目标语中必须有

在这三个大等级、八个小等级中，如果按照 Lado（1957）语言差异的程度和语言学习的难度成正比的说法，就是等级越低（即一级），对学习者来说越容易，等级越高（即三级），就越难。这种"预测"语言学习难易度的看法刚提出来的时候受到很多学者的注意，而且很快就有人用同样的方法，演绎出词汇难易度表（Higa 1966，Rodgers 1969），以及句法难易度（Stockwell, Bowen & Martin 1965，Prator 1967）等在不同语言中的设定。不过后来有不少人认为这个理论所谓的"预测"功能没有什么实用价值，批评这个理论的焦点主要涉及它的设定和目标，学者们认为只根据两种语言的差异来判定某种语言现象难不难学实属过分简单、笼统，其结果很难说明预测的准确性（Wardhaugh 1970，Whitman & Jackson 1972，Richard 1974，Brown 2000）。但是，同时也有一些学者（Wardhaugh 1970）看到了对比分析法的另一个侧面，就是如果用对比分析的方法来解释、说明学习者在外语习得中的一些问题，将对外语教学领域是不小的贡献。这种说法（即对比分析的弱势说法 Weak Version of Contrastive Analysis）从提出来到目前在外语教学领域似乎得到了广泛的认同。

后来根据对比分析的弱势说法又演绎出跨语言干扰（Cross-linguistic Interference，参阅 Brown 2000）学说，也就是说用对比分析的方法，探讨母语对目标语的影响。跨语言干扰学说着重探讨语言干扰造成语言学习的困难，跟早期对比分析的强势说法（Strong Version of Contrastive Analysis）——用语言差异预测语言学习的难易度，显然很不一样。以往的研究表明在外语习得中，有30%～60%的错误是由跨语言干扰引起的（James 1980）。既然跨语言干扰给外语习得带来如此大的困扰，那么外语教学当然不能忽略这个问题。在这个基础上，James（1980）把对比分析法的弱势理论和应用划分成三个方面：第一，翻译（即两种语言的对换）；第二，语法特点对比分析（跟教学法有关）；第三，错误分析（error-analysis）（跟外语习得有关）。这三方面都跟跨语言干扰和中介语（inter-language）研究有关系，但是它们的目的却不同。就翻译而言，用对比分析的方法研究两种语言在翻译过程中的一些规则，其结果可以帮助翻译工作者更好地、更准确地进行翻译工作。相比较，语法特点的对比分析则是为了找到目标语的语法特点、难点以及目标语和学生母语之间的差异，这样可以帮助教师有效地教，学习者有效地学好目标语。错误分析跟上面谈的两方面又不一样，它是通过研究学习者的学习错误（这些错误有可能是受跨语言的干扰，也有可能是语言本身的难易度的问题）来看是否他们犯错误最多的地方就是目标语跟学习者母语相差最大的地方。总的来说，错误分析跟外语教学的侧重点不太一样，前者使用对比分析说明学习某种外语（可以是语音、词汇、句法等不同的语言现象）的难易度，后者研究教学的内容和方法；前者的研究结果不能直接应用到教学中，需要进一步说明如果难怎么教，如果容易又怎么教；但是后者有时候可以直接解决教什么的问题。不过如果研究教学语法的学者把错误分析的结果当做研究教学语法的参数，便可形成一套有理有据、比较有说服力的教学法。这样一来，使用对比分析法的三个方面中，语法特点的对比分析和错误分析两方面跟教学法就有直接和间接的关系。

三 对比分析和对外汉语教学

上文提到自从对比分析法问世以来，西方的学者对这个理论的看法虽然褒贬不一，但大部分学者认为它的弱势说法有相当的发展潜力，特别是把对比分析跟跨语言干扰结合起来研究，对外语教学来说应该可以起到积极的作用。也正是由于这种共识，从20世纪80年代开始出现了一系列以对比分析和跨语言干扰为导向，以（第二）外语教学实践为基础的教学法研究（Ellis 1985，1994；Gass & Schachter 1989；Odlin 1989，1994，1996；O'Malley et al. 1990；Gass & Selinker 1992；Coady et al. 1997；Doughty & William 1998；Brown 2000；Abchibald 2000）。不过总的来说，西方学者对第二外语教学理论探讨得多，从教学实践角度探讨得少（Long 2007）。就对外汉语教学而言，Xing（2006）试图用对比分析的方法，找出哪些语言现象（包括语音、句法、篇章和文化）汉语中有、英语中没有，并指出那些汉语和中国文化中有而英语和英美文化中没有的语言、文化特点，就是学习者应该重点学习的内容，但是Xing并没有清楚地说明在对外汉语教学中，对比分析理论到底应该起一个什么作用。陈俊光（2008）把对比分析的特点、内容和方法较系统地介绍到对外汉语教学中，为对这方面感兴趣的同仁提供了比较详细的参考信息。赵永新

(1997) 主编的论文集也收集了一些论文，试图通过对比的方法探讨对外汉语教学中词语、句法、文化方面的问题，但是总的来说个案的东西多、系统的东西少，语法方面的对比多，跨语言干扰的讨论少。邓守信（2009 第十章）明确指出要探讨对比分析法，就应该特别思考其适用性，否则没有实际意义。邓进一步指出对比分析法的实用性在于给语法排序，以服务教学语法。笔者完全同意邓先生强调对比分析实用性的观点，至于为对比分析这一理论的实用性范围定位的问题，笔者认为需要进一步探讨。如果把它定在语法排序上，也就是说根据汉语和学生母语的差异，按照 Stockwell & Bowen（1965）或 Prator（1967）句法难易度的排列，排出哪些语法条例先教、哪些后教。显然这样只根据语言差异来排序是不够的，因为两种语言有各种各样的差异，我们不能说汉语里有声调、英语里没有，因此声调就应该后教；我们也不能说汉语里有动补结构、英语里没有，所以动补结构要后教。对于这种情况，邓先生（2009）的看法是要看句法功能的重要性，重要的先教，不重要的后教。至于如何定性语法功能在排序中的作用，下一节我们会详细讨论。

那么，到底对比分析法在对外汉语教学中如何定位，笔者认为应该从下面三个方面考量：第一，它的性质。正像邓先生说的，对比分析的实用性应该是为教学服务的，而不是为了预测学习一种外语的难易度，因为即使它能准确地预测学习某种语言的难易度，也不能帮助教师教好、学生学好那种语言。第二，对比分析在对外汉语教学中的作用或功能。笔者认为对比分析主要是为对外汉语教学提供具体的教学内容，也就是说对比分析出来的语言差异是教学的第一手资料，至于如何在教学中给这些内容排序，还要参考其他因素，比如它们的语言句法功能、跨语言干扰等因素。这些对比分析和其他教学因素的互动关系在下面第四节中会详细探讨，因为它们不属于对比分析自身的作用。第三，对比分析的使用范围。在教学法中，西方传统使用对比分析法的范围通常是语音、句法和语义三个方面。邓先生（2009）把对比分析引进到对外汉语的语法教学中，笔者则认为对比分析法可以使用在对外汉语教学的各个环节，即语音教学、词汇教学、句法教学、篇章教学和文化教学，不应该只局限于某个环节。其实，用对比的方法对不同语言进行系统的、全方位的分析早在 20 世纪 50 年代 Lado（1957）就提出来了，只是 Lado 认为对比分析的目的是为了预测语言学习的难易度,而笔者认为它主要的作用是结合跨语言干扰为教学提供教学材料。我们知道无论是语言的哪个环节,都可以把汉语跟学生的母语对比,有差异的地方就是学习者应该注意学习的地方,也是教师应该思考如何教的地方。正是这个原因,笔者认为对比分析法,可能是对外汉语教学中,乃至所有的第二外语教学中,最基本的、可以为教学提供教学内容的方法,当然笔者这么说并不意味着在外语教学中使用的其他方法不重要或者效果不好,只是说对比分析是外语教学中必不可少的基本方法。要说明这一点,有必要看看对比分析的特点、它和普通语法(Universal Grammar)的关系以及其他教学理论的特点。

大家知道普通语法最主要的一个观点是人类的语言能力(即语法规则、学习语言所具备的各种条件)是先天就有的。Chomsky(1986)指出:普通语法可以看做是一系列的语言特性或者语言学习者应该具备的基本条件,这些条件是发展语言能力的基础。换句话说,当一个孩子来到世上,他/她天生就知道语言学习的规则(Gass & Schachter 1989)。一般来说,Chomsky 发展的这种生成理论泛指第一语言习得的情况。那么,对于学习外语或第二语言的成人来说,他们的学习能力(learnability)是否和第一语言的学习者一样呢?西方的一些学者认为成人学习外语的情况跟第一语言学习者有类似的地方,也有不一样的地方(Flynn 1983,White 1989,Archibald 1993,Ellis 1999)。类似的地方是第二外语学习者可以跟第一语言学习者一样直接(L1 习得)或间接(L2 习得)地使用他们先天的语言能力;不一样的地方是第二外语的学习者在没有足够的语言输入的情况下,无法像第一语言的学习者一样正确判定语言规则使用的对错。除此之外,成人学习外语还有跨语言干扰的问题。在这种情况下,无论我们对 Chomsky 的语言生成理论的看法如何,对于第二外语和母语习得在输入方面的差异导致语言错误这一点,学者们基本达成共识,因此如何帮助外语学习者增加语言输入、正确使用语言规则、缩小跨语言干扰便成了应用语言学研究探讨的重点。有的学者认为这样做需要首先辨识跟普遍语法相关的一些语言特点,比如,语言的有标记与无标记现象(Markedness Theory,参阅 Eckman 1981,Rutherford 1982,Major & Faudree 1996 等),无标记的语言特点是常见、一般的语言现象,所以容易学;有标记的特点是特殊的、不常用的语言现象（如，汉语的无标记语序是［主＋谓＋宾］，一种有标记语序是［主＋把＋宾＋谓］），所以比较难学。这里我们所关心的问题是对比分析是否可以当做普遍语法的一个语言特点。很多学者都认为对比分析是人类语言的本性，Catford（1968）指出"对比是语言的本质；没有对比就没有语言。从最小的到最大的语言要素都是由对比组成的"。这样为对比分析定界好像跟语言本身的特点以及语言习得的特点是一致的，也就是说无论从语言结构本身还是从第二外语习得来看，都能找到各种具有说服力的例证。比如，世界上任何语言在句法上都有表现对比的手段（如否定式，比较句等）；在语音上有相对应辅音（如 [p/pʰ/b]，[t/tʰ/d]）和元音（如 [i/u]）；在词汇方面，有语义相对应的词（如反义词）。从语言习得的角度看，我们知道儿童最早学的字/词一定有类似"不"这样表达对比意念的词汇或短语（Pea 1980，Dimroth 2010）。语言以外的事物也都有相对的两方面，"阴"和"阳"，"天"和"地"，等等。这些语言和非语言对比的现象说明对比是普通语言和物质世界的（或"认知语法"）特点，因此使用对比分析的方法，应该可以帮助外语教学者正确辨识同样的语言意念在不同语言中的显现形式，进而帮助学习者利用他们先天的语言能力（即对比分析），正确使用外语的规则，同时也应该可以减少跨语言的干扰。由于本书侧重探讨对英语为母语的汉语学习者的英汉对比教学法，因此拟命名为《国别化：对英汉语教学法》。

此外，跟过去几个世纪发展出来的其他一些外语教学理论和教学法相比，对比分析对外语教学来说有其独特的优势。这里我们先看一下，到目前为止，深受学者们关注的几种教学理论和教学法：

- 输入法（Input Hypothesis）：这种教学法由 Krashen 提出，主张外语学习应该先"获得"（acquisition）后"学习"（learning）；外语学习应该有控制地进行，也就是说学习者要控制输出的内容，必要时也可以自我订正错误；外语学习应该按照语言自然排序进行；为学习者输入的语言知识应该比他们在语言交流中所需的要适量地多一些（但是不能太多），这样学习者才能较好地发挥他们的语言水平。另外，环境干扰越少，学习越有效。（Krashen 1985，1987 [1982]，1988 [1981]，1997）

- 注重语言特性模式（Attention-Processing Model）：这种教学模式由 McLaughlin 提出，主张第二外语学习者掌握语言的好坏取决于他们对语言规则掌握的程度。McLaughlin 认为有些语言规则是有意识地通过正式学习学来的，有些则是无意识地、不知不觉地学到的。（McLaughlin 1987）
- 互动法（Interaction Hypothesis）：这种教学法强调学习者在学习语言结构的过程中跟他人（如老师和同学）进行语言互动的重要性和语言环境的重要性。（Long 2000，2007）

从上述三种第二外语教学理论或者说方法来看，讨论的焦点基本上在第二外语学习者如何有效地学习一门外语，也就是在"学"上，而不是在"教"上。而我们探讨对外汉语教学法的时候侧重点却在后者，正是这个原因，本书选择以对比分析为导向，以习得理论为基础的对外汉语教学理念来指导教什么、怎么教这两大教学内容。

四 教学内容的选择和排序

选择教学内容，给教学内容排序无疑是对外汉语教学首先应该解决的问题，因为无论是教材的编写，还是课堂上教的内容都涉及教什么和先教什么、后教什么的问题。这些问题 Teng（1997）的文章里特别提出来进行讨论。邓先生的基本观点是应该按照使用频率给语法、词汇排序，使用频率高的先教，使用频率低的后教。邓守信（2003）又进一步按照句法、语义结构的复杂程度、学生母语和目标语的差异以及语言内部的相互作用为教学语法排序作了进一步的分析，并提出下面五条排序的原则：

- 若 A 的频率高于 B，则 A 在 B 之前（"就" vs. "才"）
- 若 A 的结构比 B 复杂，则 A 在 B 之后（动词后 vs. 动词前的主语）
- 若 A 的语义比 B 复杂，则 A 在 B 之后（"能" vs. "会"）
- 若 A 的跨语言差距比 B 少，则 A 在 B 之前（"别" vs. "甭"）

- 若A的相互作用力比B大，则A在B之后（"又"vs."也"）

以上的这五种排序规则除了考虑到句法点的频率和两种语言的差异以外，还涉及同一语言（即汉语）中两个语法点作用力（applicability）的大小和句子结构、语义结构的复杂程度。作用力的大小，邓先生没有具体说明，可能是指某种句式功能的多少，功能越多，作用力就越大。不难看出这五种规则虽然从语言的五个角度，为语法点排序，但是其中的基本原则只有一个：就是常见的、简单的（即句法结构、语义结构、功能、跨语言差异）先教，复杂的后教。这五个原则的另一个特点是他们基本上都是按照母语或一语（L1）习得的特点排序的，只有一个（即学生母语和目标语的差异）考虑到目标语或二语（L2）习得的因素。这样做无形中承认一语习得和二语习得的过程基本上是一样的。

但是参考一语习得和二语习得的研究结果，我们知道这两个过程有很多不一样的地方。前一节提到不一样的地方主要体现在两个方面：一是二语习得的输入不够；二是跨语言的干扰。显然上面的这五个原则没有把输入不够和跨语言干扰的问题考虑进去。笔者认为输入不够跟排序可能没有什么直接的关系，因此这里不予讨论；但是跨语言干扰是否应该是排序时考量的一个因素也许值得考虑。我们可不可以说：A跨语言干扰比B少，则A在B之前（如"了$_2$"vs."了$_1$"）。研究表明（邓守信1998）了$_2$比了$_1$容易学，因为前者没有什么母语（即英语）的干扰，而后者有（即过去式/-ed/的干扰）。另外，更重要的问题是对二语学习者来说，句子结构和语义结构越复杂，是否就一定越难学，因此应该排序在后。这个问题，如果我们只看一语习得的情况可能会找到一些例证，但是对学习二语/汉语的成人来说，他们已经有很强的语言分析、对比分析的能力，所以对儿童来说复杂的结构对成人不见得复杂。试比较下面两个句子：

（1）她把头发剪了。
（2）请把书放在桌子上。

从结构上看，例（1）有两个论元（"她"和"头发"），例（2）有三个论元（"你"、"书"、"在桌子上"），因此例（1）比例（2）简单。按照邓先生的排序规则，例（1）先教，例（2）后教。但是在具体教把字句的时候，我们发现学生学了例（1）中的把字句（即把$_1$），大部分学生要么不用要么不会用，无论老师怎么解释这种句子的语意、语法功能（如：表"处置"义，宾语有定、也比较重要，施事者 did something to her hair 等）。但是例（2）中的把字句（即把$_2$），学生反而比较容易学，老师在上课的时候只要跟学生说当你要表达"place something someplace"这样一个意念的时候，你必须要用把字句。用心的学生就会记住这一点，所以当让他们表述"把什么东西放到什么地方的时候"，有的老师建议让学生表述"搬家"的情景时，他们就会用把$_2$。我们可以思考一下为什么会发生这种情况：简单的句子结构不容易学或者是学了也不用；复杂的结构反而容易学，学了也会用。笔者认为这是由两个原因造成的：句法功能和跨语言干扰。我们知道把$_1$在实际交际中，可用可不用，学生可以用例（3）代替把$_1$。对学生来说，既然可用可不用，为什么要用呢？

（3）她剪头发了。

如果老师解释不清楚这个问题，学生就肯定不用。在教学中我们发现，在可用可不用的情况下，讲清楚用和不用"把"的区别不容易，即使老师试图从功能角度解释（如：用把字句比较强调 what she did to her hair；不用把字句可能只是一般的陈述"他的头发短了"这个事实），初级阶段的学生也不会轻易地用把$_1$，因为在他们母语（如英语）中没有这样的句式，他们还没有汉语用把字句的语感；汉语也可以不用，他们为什么一定要用呢？何况用不好，还会出错。这种情况一是由于受母语干扰，二是由于语义、语用功能比较复杂。所以我们说结构简单并不一定语义、语用简单。相比之下，把$_2$虽然结构复杂一点儿，但是它的语义、语用功能比较简单，就是"把什么东西放到什么地方"这个具体的、看得着的行为概念，而且这个概念在汉语中非用把字句不可；如果不用，就不能表达那个概念。在这种情况下，不存在什么跨语言干扰的问题，因此学生学了这种把字句，要描述某个概念的时候，就会用，即使有的学生用错了，也是学习的机会，这个机会也许可以看成是增加语言输入的机会。通过把字句这个例子，我们看到结构简单的语法点，对二语学生来说，并不一定容易学,也不一定有简单的语义和语用功能,因此用结构的复杂与否作为排序的一个标准并不一定合适。从把字句的教学实践看,似乎跨语言的干扰和功能的复杂与否在排序中更重要。

要用跨语言干扰和语法功能作为排序的标准,我们就需要先把这两个概念量化,也就是说什么情况下,我们说跨语言干扰大或小;什么情况下一个语法点的语义、语用功能复杂或简单。一般来说,当学生学习某个语法现象的时候,如果习得的过程受母语的影响大,那么跨语言干扰就大;相反的情况,跨语言干扰就小。比如:学习了$_1$和了$_2$,了$_1$表示某个动作做完了(completion of an action);了$_2$表示某种状态的改变(change of situation)。英美学生学习"了"的这两个功能时,了$_2$没有什么跨语言干扰,因为英语里面没有完全一样的语法形态,所以学起来比较容易;但是了$_1$就不同,学生一听到表示某个做完的动作,他们就会联想到英语的/-ed/。有些经验的老师会说了$_1$(并)不等于/-ed/,但是学生发现例(4)~(5)的意思相同,他们就会把了$_1$和/-ed/连起来学习。

(4)王朋给妈妈打了电话。

(5)Wang Peng called his mother.

这样做就会导致例(6)的错误,因此了$_1$跨语言的干扰比了$_2$大。

(6)*昨天我去了看电影。(比较:Yesterday I went to see a movie.)

就语法功能的复杂与否而言,功能多的语法点,我们就说它的功能比较复杂,相反就比较简单。比如,"就"和"才"这两个副词。"就"有多种语义、语用功能,"于是"(副词)、早于预计的时间(副词)、引出话题(介词)、引出结果(连词)、表示强调(副词)等;"才"功能就比较少,只能用来表示"只有"(副词)、晚于预计的时间。显然"就"的功能比"才"复杂。

综上所述,笔者建议在排序的时候只从三个主要方面考量:第一,使用频率[①];

---

① 使用频率是在参考王还主编的《现代汉语频率词典》(1986)、台湾"中研院"的现代汉语语料库词频统计以及北京大学汉语语言学研究中心的CCL语料库的基础上,进行检索、对比分析后的排序结果。

第二,跨语言的差异和干扰;第三,功能的复杂度。排序的方法如下:

规则一:若A的频率高于B,则A在B之前("就"vs."才")
规则二:若A的语义、语用功能比B简单,则A在B之前(把$_2$ vs. 把$_1$)
规则三:若A的跨语言差距和干扰比B小,则A在B之前(了$_2$ vs. 了$_1$)

这三个规则基本上可以解决常见的初、中、高三个等级的语法点的排序问题。因为是从三个方面考量,所以即使其中的两个排序规则发生冲突,即一个规则把某个语法点排序在前,另一个规则把同一个语法点排序在后,最终的排序(即总序)按照三个规则中取其二的办法决定,如表一所示。

表一　汉语语法点的排序法

	规则一	规则二	规则三	总序
就	前	后	后	后
才	后	前	前	前
了$_1$	前	后	后	后
了$_2$	后	前	前	前
把$_1$	前	后	后	后
把$_2$	后	前	前	前

"就"和"才"按照频率排序的话,"就"在前,"才"在后,但是按照跨语言干扰和语言功能排序的话,"就"应该在后,"才"在前,这样由于"才"有两个排序在前的原因,而"就"只有一个,所以"才"的总序就应该排在"就"的前面。这是当两个语法点有相似或相对的语法功能,或者同一个字有不同的语法功能的排序方法。如果两个语法点没有任何关联的语义、语用功能,是否也可以按照上面的方法进行排序?比如,"就"和"了",这时候,笔者认为应该以排序规则一为主,即哪个语法点频率高哪个就先教。换句话说,规则一在排序过程中具有"主导性"。

上面谈到的三个排序原则的另一个特点是它们可以重复使用,例如,当某个语法点有多项语义、语用功能时(像"就"),第一次排序,也就是上面分析的,搞清楚"就"和"才"哪个先、哪个后;第二次排序应该搞清楚"就"的哪些功能先教，哪个/哪些功能后教，这样排序几次后，"就"所有的功能的前后顺序就清楚了。

以上是关于语法点排序的基本方法，在第四章中，我们还会对这个问题作进一步的探讨。此外，笔者主张词汇也可以按照类似的方法排序，只是需要把衡量语义和语用复杂度的规则二分成两个不同的规则，原因是对词汇来说，衡量语义和语用复杂与否的方法不一样，一个词的语义是简单还是复杂要看它的义项的多少，而一个词的语用简单与否要看它实际使用时的难易度，因此为词汇排序，需要下面四个排序规则。

规则一：若A的频率高于B，则A在B之前

规则二：若A的语义功能比B简单，则A在B之前

规则三：若A的语用功能比B简单，则A在B之前

规则四：若A的跨语言干扰比B小，则A在B之前

具体使用这四个规则的方法跟句法排序的方法一样，就是先使用规则一，即词的使用频率，来决定哪个词先教、哪个词后教，然后再使用规则二、三、四为同义词/近义词、多义词（即同一个词有不同的语义、语用功能）甚至反义词排序，如表二所示。

表二　汉语词汇排序法

	规则一	规则二	规则三	规则四	总序
老$_1$（old）	前	后	后	后	后
老$_2$（always）	后	前	前	前	前
说（say）	前	后	前	前	前
讲（talk/say）	后	前	后	后	后
看$_1$（see）	前	前	前	后	前
看$_2$（read）	后	后	后	前	后
跟$_1$（with）	前	后	后	后	后
跟$_2$（follow）	后	前	前	前	前
容易（easy）	前	一样	前	一样	前
难（difficult）	后	一样	后	一样	后

表二只为几个词汇的简单功能排序做一个示范，比较完整的解释和排序将在第三章中具体介绍。值得注意的一点是，这里排序的是词（word），不是字（character）。比如，"说"和"讲"这两个近义词，按照频率，"说"出现的多，按照规则一"说"应该先教，"讲"相对出现得少，因此后教；如果我们看这两个词的语义、语用和跨语言干扰的话，就会发现总排序还是先教"说"后教"讲"。相比较，"老"的两种用法属于一词多义，老$_1$（表"存在已久的"old义）按照频率，比老$_2$出现的频率高，所以只看规则一的话，老$_1$先教，老$_2$后教；但是从语义（规则二）和语用功能（规则三）、跨语言干扰（规则四）来看，老$_1$比老$_2$要复杂，因此按照本文设计的排序模式老$_2$应该比老$_1$先教。表二所给的几个词大概说明一下词汇排序的方法，具体如何操作，在第三章的词汇教学中将详细讨论。

这里我们初步介绍了一下如何为词汇和语法点排序，那么排序和对比分析有关系吗？从上面讨论的实例看，排序和对比分析有不可分割的关系。我们看到在为句法排序的三个排序原则中，有两个是通过对比分析才能决定的规则，一个是跨语言差异和干扰的大小，另一个是语义和语用功能的复杂度。因此我们说排序也是以对比分析为导向，为汉语教学服务的一种工具。

五 小结

以上的讨论表明在对外汉语的教学中，对比分析有可能是一种最有效、实用价值最大的教学法。它不仅揭示了人类语言的特点，而且可以用来为词汇、语法点排序，为教学科学地提供教学内容和教学方法。在以后的五章中，笔者将进一步探讨如何使用对比分析的方法，处理语音教学、词汇教学、句法教学、篇章教学和文化教学五个不同教学层次的问题，希望通过这种讨论，能为对外汉语教学建立一套行之有效的教学体系。

思考与练习

1. 如果把"对外汉语教学"当成是一门独立的学科，它应该具备哪些条件？

2. 有人认为对外汉语教学法就是对外汉语教学语法，你认为有必要区分这两个概念吗？为什么？

3. 使用"对比分析"的理论（包括强势说法和弱势说法）来"预测"外语学习的难易度有些什么问题？具体说明。

4. 对母语为有声调语言（如越南语、泰语）的学生来说，学习汉语的时候是否跨语言干扰少，因此容易学？并具体说明。

5. 判断"语言本身就是对比分析的表现形式"这句话是否正确，并加以说明。

6. 在为教学内容排序时，如果不考虑跨语言的干扰，会出现哪些问题？

第二章 声调教学

一 语音、声调教学的现状

任何一个对外汉语教学的系所或项目在课程设置时首先考虑的问题之一就是如何设置语音教学。纵观目前语音教学的现状和语音教学研究的结果,大体情况是这样的:大部分的系所基本上在初级汉语课第一个学期的前 2~4 周着重进行语音教学,教学的内容主要包括两个方面:第一,声母(initials)和韵母(finals);第二,四声和轻声(包括变调 tone sandhi)。教学的重点一般放在声调教学上,也就是第二个方面,因为声母和韵母总的来说比声调容易学,特别是对母语不是声调语言的学生(如欧美学生)来说。虽然声母和韵母比较容易,大部分的老师还是会通过对比的方式,找出汉语中有的、学生母语里没有的辅音(consonants)和元音(vowels),如:卷舌音(zh [tʂ]、ch [tʂʰ]、sh [ʂ]、r [ɻ])、腭音(j [tɕ]、q [tɕʰ]、x [ɕ])和元音 e [ɤ],通过讲解、示范的方法引导学生学习这些辅音和元音(Xing 2006)。几个星期以后,学生基本上可以掌握汉语的声母和韵母。声母和韵母比声调容易学的另一个原因是前者在欧美学生学习的时候没有跨语言干扰的问题,也就是说学生母语中的辅音和元音特点不会真正影响他们学习汉语的辅音和元音。这一点无论从教学、习得两方面都可以证实。相比较,声调的教学和习得情况就比较复杂,我们看到欧美学生说汉语的时候,最普遍的问题就是有所谓的"洋腔洋调",很多学生学了一两年汉语以后,还是带有这种独特的腔调。那么到底是什么原因导致这种状况?这个问题,长期以来一直是一个困惑难解的问题,同时也成了学者们研究探讨的一个重要话题，大家研究的结果基本上可以归纳为下面两种。

（一）第一声和第四声

早在 20 世纪 50 年代末，赵元任先生（1979 [1959]）就指出对学习汉语声调的外国人来说，难度在于声调的调阶，也有人叫音阶（register），也就是说，按照赵先生的五度标音法（第一声 55、第二声 35、第三声 214 和第四声 51），学生能否发以五度开始的高音（即第一声和第四声）或以二度（即第三声）开始的低音，是他们能否学好汉语的关键，而不是声调的曲线形状——调形（如上升曲线的升调或下降曲线的降调）。赵先生这种看法后来得到一些学者的认同。Shen（1989）的研究通过考察分析一些美国学生阅读句子的声调，证明学生出错最多的是第四声，其次是第一声；错误少的是第二声和第三声。Shen 认为这种现象的原因是美国学生学习第四声和第一声的时候受到母语语调的影响。我们知道英语的语音没有声调，但是它有语调（intonation）。由于声调和语调从音质的角度看可以说是一个东西，所以 Shen 认为美国学生的错误根源是他们使用英语语音里面最常用，也是最不需要用力的语调或调阶（即 2~3 度之间），来取代第四声 51 和第一声 55，可是问题是第四声和第一声的音域（range）比较宽，英语语调的音域（23 或 32）比较窄，结果就出现第四声的高音、低音都不够，第一声高音不够的现象。换句话说，第四声和第一声的错误从某种程度上讲是跨语言干扰引起的。

（二）第二声和第三声

另一种说法，起源于对汉语是母语的儿童学习声调的观察。研究表明平调（即第一声 55）比变调（如第二声 24，第三声 214）先学；降调（即第四声）比升调（如第二声）先学（Li & Thompson 1977，Tse 1978）。这些研究的隐含义是说先学的声调比后学的声调容易。Yue-Hashimoto（1980）通过观察儿童在刚开始学声调时的错误，发现错误多出现在第二声和第三声，很少出现在第一声和第四声。Yue 认为这种现象是因为第二声和第三声是有标记（marked）的调值，所以比较难掌握，要发第二声或第三声，学生都得费力或特别注意才能发对，这一点她指出在其他语言中也有类似的情况，也就是说升调在很多语言中都不容易学。由于这些学者的观点建立在汉语作为母语的习得上，有的学者认为不能用来说明汉语作为第二语言习得的问题，为此，Chen（1997）以及 Tao & Guo（2008）针对美国学生的声调进行调查、分析，他们发现学生出错最多的是第三声，其次是第二声；出错比较少的是第一声和第四声。他们认为原因是学生第三声的低调降不下去，第二声的高调升不上来，他们就在 2~3 度之间徘徊。这个结果跟 Yue 报告的母语儿童学汉语声调的结果基本上是一样的。

（三）讨论

显然上面介绍的这两种关于声调习得的看法不但不一样，而且完全相反。现在我们的问题是为什么会有两种听上去都有理有据，但是实际上又不可能都对的看法？如果大家回头认真地考察一下两派学者实验研究的设定，可能会得到一点启发。两派的研究都是以学生的声调错误为分析研究的起点，完全没有考虑教师怎么教的问题[①]。在这种情况下，得出两种完全不同的结果也就不奇怪了。也就是说不同的老师用不同的方法教声调，自然结果也就不同了。假设一个老师教升调或者三声变调的方法不对，学生就有可能学不好第二声和第三声，说话的时候就会在这两种声调上出错多；同样的，如果一个老师不考虑跨语言干扰的问题，那么很可能就教不好第四声；因此学生的第四声就会出问题。下文笔者就刚提出的这个问题，研究分析跟学生学习声调有关联的一些问题，试图摸索出一些语音教学的规律和方法。

二 语言内部和跨语言的干扰

一般人看到上面这个小标题也许会产生两个疑问：第一，汉语的语音语调是一个完善的系统，怎么会产生语音内部音与音或者调与调之间的干扰呢？第

[①] Tao & Guo（2008）的研究介绍了一点儿所调查学生的老师的情况，但是并没有涉及教师怎么教的问题。

二,如果用对比分析方法来看印欧语和汉语语音系统的差异,印欧语没有声调,怎么会有跨语言干扰的问题呢?笔者认为第一个疑问需要解释声调和语调的关系;第二个疑问需要解释汉语的声调、语调跟学生母语的语调有什么相同和不同的地方。笔者认为只有把这两方面的疑问解释清楚了,教师对声调和语调就会有一个比较清楚的概念,在这个基础上再来探讨如何教声调的问题就会容易一些。

(一) 普通话的声调和语调的互动

汉语普通话(standard Chinese)的声调,以下简称"汉语的声调",我们都知道有四个,再加上一个轻声。那么汉语普通话的语调(intonation)(以下简称汉语的语调)到底是什么?在语言学界一直是一个有些争议的话题,有人用西语的语调来衡量汉语的语调;有人认为汉语的语调很难跟声调分开来;也有人认为汉语没有语调,或者有没有都不重要。其实赵元任先生早在20世纪30年代(1933,2002 [1968]:734)就明确介绍了汉语声调和语调的区别以及二者之间的关系:"我们必须承认的最明显的事实是,一种声调语言的实际旋律或音高运动并不只是构成该语言声调的几个固定声调模式的简单连接。"最近曹剑芬(2002:195)又对声调和语调的关系作了进一步的实验论证。曹先生首先是这样解释汉语的语调的:"狭义地说,语调就是语句的音调模式,也就是语句音高变化的总体轮廓,通常使用音阶运动的走势来描写。例如,在英语里,陈述句的音高走势是逐渐下降的;而一般疑问句的音高走势是逐渐上升的,它的语调就是升调。"曹先生(2002:201)认为汉语的声调和语调之间有既相互依存又相互制约的对立关系:"语调存在于声调之中,它的总体音阶走势必须通过声调实体体现出来;而声调实体本身的实现又受语调综合旋律的制约。"曹先生的试验表明用在句首的高音词(如第一声),它的音阶会比用在句末的高音词高;同样地,用在句首的低音词(如第三声),他的音阶也会比句末的高。朱春跃(2008)在赵元任先生和曹先生的研究基础上从话语中(discourse)的调值变化对声调和语调的互动作了详细的论证说明,提出"语调优先型"的观点,也就是说声调调值由于加载了表情语调(如:不理解,不耐烦,反对,讽刺、反语等)而发生了质变,例如,第一声的调值,在表示"不理解"的话语中,会上升;在表示"生气"的话语中,调值会下降。第二声也发生类似调值变化的情况:在表示"不耐烦"、"敷衍"的话语中,本来是上升的调值反而会下降。

那么,上面这些汉语为母语的语音习得研究对汉语为第二语言的教学习得研究有什么帮助呢?笔者认为至少有两个方面值得汉语老师借鉴:第一,教声调的时候有必要给学生解释它跟语调的互动关系,如果不容易解释清楚,也至少使用某种方法让学生意识到语调对声调有某种影响;第二,单独地教字调/词调没有用,因为在话语中他们随着语调的变化而变化。不过在汉语课上,老师倒也没有必要把汉语当做母语的语音习得方面的研究结果全盘端给学生,只要合理的利用这些研究结果调整怎么教声调的具体内容和方法就应该是一种比较有效的对应方式。

(二) 汉语的声调和语调与学生母语的声调/语调

学生母语的特点会在不同的程度上影响或干扰目标语的学习,语音部分也一样,就是说学生母语的语音特点会影响汉语语音学习。如果学生的母语有声调和语调(比如越南语和泰语),汉语老师需要通过对比分析,先看看汉语和学生母语的声调和语调有什么异同,然后对不同的地方进行进一步的分析,并结合一语习得(就是学生的母语)、二语习得(即汉语)的知识,以及一语对二语的干扰,研究、总结出一套有效的声调教学法。就拿母语为越南语的学生来说,我们知道越南语的北方话里有六个声调,其他地区(中部和南部)都有五个声调。如果用赵元任先生的五度标调法,越南语北方话的六个声调分别为:第一声:阴平 33,第二声:阳平 2ʔ1ʔ,第三声:阴上 35,第四声:阳上 31ʔ1ʔ,第五声:阴去/阴入 3ʔ5,第六声:阳去/阳入 211ʔʔ([ʔ]表示声门音 glottal)。如果我们把这六个声调跟汉语的四个声调相比,不难看出他们类似的地方:两种语言的调类基本上是一样的——平上去入;不一样的只是音阶的差异(即汉语的第一声比越南语的第一声高,55 对 33),还有越南语第三声跟第五声,第四声跟第六声的轻微差异。当汉语老师了解这些差异以后,再教越南语为母语的学生学习汉语的声调,应该就比较容易了。首先可以告诉学生汉语的声调没有越南语那么难,因为汉语声调的调值没有越南语分得那么细,其次,可以示范、说明汉语的哪个声调跟越南语的某个声调相同、相似或不同的地方。实际上对越南学生来说,他们学汉语的第一声很可能受到母语第一声的影响,也就是说在发汉语的第一声的时候会发的比较低,可能发的是33而不是55,但是这种影响或者说干扰,笔者认为不应该造成语言沟通上的问题,因为越南学生既没有Shen(1989)所说的美国学生那种调域窄的问题,也没有Yue-Hashimoto(1980)所说的那种不习惯升调的问题,所以即使他们说汉语的第一声低一点,考虑到上文谈到的声调和语调自身的互相影响,听起来也不应该有太大的区别。这些情况都说明,即便我们考虑到母语对目标语干扰的问题,对母语里有声调的越南学生来说,学习汉语的声调总之还是比较容易的。

而对于母语为非声调语言的印欧语的学生来说,情况就不太一样了。首先,他们没有声调语言的意识——每个音节都要有一个声调,当他们有了声调的意识以后,不经过大量的输入练习,他们的声调也是不自然的,也就是所谓的"洋腔洋调"。那么什么是"洋腔洋调"呢?说白了,就是用西洋人熟悉的语音语调来说中国话,本质上就是跨语言干扰的问题。虽然印欧语没有声调,但是跟任何其他语言一样它们都有语调。以往的研究表明,英语的基本句子语调一般都是句首高一点,句尾低一点,但是疑问句的句尾语调要比任何句式的句首语调都高。这些英语语调的总趋势跟汉语的语调基本上是一样的(曹剑芬2002)。但是,英语句子的语调只在赵元任先生的五度调标的23/32度之间徘徊,而汉语句子中每个音节的声调则有升有降,这对学习汉语的欧美学生来说自然是很大的挑战,因为他们除了在句首或疑问句的句尾用高调外,不习惯在句中或肯定句的句尾用似乎没有节奏的声调讲话。尽管他们试图努力地说他们学过的每个词的声调,但还是会自觉不自觉地带出来他们母语句中的自然语调(即23/32)。如何帮助学生克服母语的干扰,在下面几节中我们将详细探讨。

三 声调教学

我们常听到或看到的声调教学基本上有两种:分调教法或分词教法。前一种是一个调一个调地教，如（1）、（2）所示：

(1) mā/má/mǎ/mà/ma
　　wēn/wén/wěn/wèn
　　wǒ/nǐ/tā/nín/bù

(2) māma mà mǎ ma?
　　妈妈　骂　马　吗？
　　sì shì sì, shí shì shí, shísì shì shísì, sìshí shì sìshí.
　　四是四，十是十，十四是十四，四十是四十。

后一种是一个词一个词的教，如（3）、（4）所示：

(3) jīntiān, míngtiān, Zhōngguó, dàxué, míngzi, zàijiàn, shěnme
　　今天，　明天，　中国，　　大学，名字，　再见，　什么

(4) nǐhǎo, lǎoshī, wǎnshàng, xiǎojie, Měiguó, jiějie,
　　你好，老师，　晚上，　　小姐，　美国，　姐姐

(3) 里面的词不存在变调的问题，但是（4）里面的词的第一个音节都是第三声，因此有变调的问题。在课堂上老师通常会用示范的方法先演示每一个声调或两个声调放在一起时的发音，然后让学生跟着说/念，这样做课堂气氛一般都不错，学生跟着说一点儿问题都没有，但是一把这些词放到句子里面，让学生念句子的时候，好像他们哪个声调都有问题，特别是第三声（如：wǒ shì Měiguórén 我是美国人）和第四声（如：xiànzài shì wǎnshàng liù diǎn. 现在是晚上六点）。要是把三声和四声放在一起，那更是难上加难，例如：tài hǎole 太好了、bù xǐhuan 不喜欢，等。如果学生不特别注意三声变调的特点（如，wǒ shì 放在一起怎么说），不注意第四声音阶和音域的特点，或者说老师不引起学生对这些音调的特点的特别注意，学生十有八九会出错。笔者认为这就是为什么会有第一节中讨论的两种完全不同的结果，也就是说，不注意三声变调在句子中的特点，学生的第三声就会有问题；同样的，学生如果不清楚第四声在句中的特点，加上练习不够，第四声就会有问题。

赵元任先生（2002［1968］：742）清楚地告诉我们："如果我们把北京话

的上声主要理解成214，一个降升调，我们就会在事实面前感到困惑，因为在大段的话里，我们实际上听不到一个上声真正是那么读的。"赵先生的这段话虽说是对上声/第三声在汉语里的应用的观察，但对汉语老师来说是否可以把这种语音现象当做语音教学内容的一个参数来决定教什么，甚至怎么教。换句话说既然第三声在实际话语交谈中几乎听不到，那我们为什么要在课堂上花时间教学生学第三声呢？我们是否可以不教第三声，至少可以告诉学生除了在句尾，其他地方都不用第三声？这个问题笔者认为应该比较容易解决，跟着这个问题而来的另一个问题则相对比较复杂，那就是怎么处理三声变调的问题？更具体一点儿说，就是怎么教三声变调？笔者认为这应该是声调教学最根本的问题之一。

总结过去二十年在美国大学里教声调的经验，笔者发现学生语音、语调的偏误倾向在某种程度上可以反映教师的语音教学倾向。具体地说，在教第三声和三声变调时，如果教师只教单音调（如：nǐ你、wǒ我、hǎo好）或者把教变调停留在词（如：Měiguó美国、xiǎojie小姐、wǎnshàng晚上）的语言层次上，学生在说"wǒ shì 我是……，nǐ shì 你是……，Měiguó rén 美国人，jīntiān wǎnshàng 今天晚上"等语调组（intonation unit）① 的时候，就会出错，而且大部分的错误都是把第三声214说成升调24。这种情况，你也不能说学生没有变调，只是调的方向变错了：把本应该变成降调21的第三声变成了升调。为了验证这一点，笔者对两届汉语为零起点班的学生进行了实验调查。调查的方法简单介绍如下。

笔者所在的大学每年秋天有两个汉语为零起点的班。每班有30～35个学生。本文实验调查的对象为2006和2007两年秋季汉语一年级的学生。笔者是这两年四个班教语音的主讲老师。实验调查的设置为：同样的老师，在两届学生的班上用不一样的教学法：在教2006级的学生三声和三声变调时，让他们花时间学习单独的字调和三声在词内部的变调，即三声跟三声在一起时，第一个三声变成第二声35；三声用在其他声调前面则变成半个三声，也就是三声的前一半21；对2007级的学生不教单调第三声，也不教三声和三声在一起时的变

---

① 语调组指短语、小句，或者说话人把一个句子用换气的方法划分的句子成分，如："我是一个老师。"这句话可分成两个语调组［我是］［一个老师］，"他妈妈今天吃了三顿饭。"可划分成三个或四个语调组：［他妈妈］［（今天）吃了］［三顿饭］。

调，只教三声在词汇和语调组中的降调21，像 wǒ shì……、Měiguó rén，也就是说，wǒ shì 在一起学，Měiguó rén 在一起学。无论是课堂上，还是学生的练习，强调学生对 wǒ shì 我是……、nǐ shì 你是……、nǐ jiào 你叫……、wǒ jiào 我叫……和 Měiguó rén 美国人、shěnme míngzi 什么名字、Lǐ xiǎojie 李小姐，在句子中的声调和语调的感觉，让学生意识到第三声就是一个很短的降调，任何时候都不要把第三声发成升调①。被考察的两届学生在学习五个星期汉语以后，把他们所学的《中文听说读写》（姚道中等 1997）第一册前三课课文按要求录下来交给老师，老师根据每个学生的录音给他们一个成绩。评价学生的录音有以下几个标准：

- 句子的流利度
- 读课文的时候看拼音还是汉字
- 声母和韵母
- 句子的语调（包括停顿）
- 四声的对错：
  - 第一声读错了哪些字
  - 第二声读错了哪些字
  - 第三声读错了哪些字
  - 第四声读错了哪些字
  - 轻声读错了哪些字

上面所列的标准都是用于评价学生语音的，但是这里我们只探讨有关四声和语调学习及偏误的问题。我们先看一下《中文听书读写》前三课课文中的声调分布。

从表1的声调分布看，我们发现五个声调的分布很不均匀：第三声和第四声比其他三个声调出现的频率高一倍左右，但是由于以往的研究表明第三声和第四声是最难的，所以使用《中文听说读写》前三课的课文也许正好可以帮助我们考查学生学习第三声、第四声的问题所在。

---

① 虽然这并不符合两个三声在一起的变调规则，但是为了简化变调规则，便于学生记忆，对初学的学生要求他们记的规则越少越好。

表1　《中文听说读写》第1～3课课文的声调分布①

	对话	第一声	第二声	第三声	第四声	轻声	总计
第一课	对话一	0	6	**13**	9	2	30
	对话二	5	11	**16**	11	8	51
第二课	对话一	8	8	12	**21**	16	65
	对话二	20	9	**30**	16	25	100
第三课	对话一	21	11	27	**34**	10	103
	对话二	19	19	**36**	28	7	109
总计		73	64	134	119	68	458

现在我们看一下表2中记录的2006年和2007年秋季的两届学生四声偏误的主要问题。这里需要明确说明的是2006级强调字/词调的学习；2007级强调语调组的声调和语调的学习。语调组跟句法的某个成分基本上相对应，像主语、谓语、宾语等，但是当主语为一个单一的代词（我、你、她/他）时，它通常跟谓语一起构成一个语调组（如：我是……，你姓……，我喜欢……等）。

表2　两届学生的声调偏误记录

	2006级学生的主要偏误	2007级学生的主要偏误
L1 对话一	● 您贵姓、王朋、名字 ● 请问、你呢、我姓、你叫、我叫	● 您贵姓、王朋、名字
L1 对话二	● 王先生、不是、 ● 你是、我是、你呢、美国人、我不是、李小姐、我也是 ● 吗	● 我也是、我不是、李小姐
L2 对话一	● 男孩子、不是、儿子、没有 ● 你的、我爸爸、我妈妈、女孩子、李先生、女儿 ● 那张照片、这是、这个、妹妹	● 李先生、有

---

① 表1的声调分布基于《中文听说读写》1997年版，这本书2009年版的课文有所变动，但是五个声调的分布趋势基本上跟1997版一样：第一声88，第二声67，第三声142，第四声124，轻声61，总共482个字调。

续表

	2006 级学生的主要偏误	2007 级学生的主要偏误
L2 对话二	● 哥哥、 ● 你家、几个人、我家、我爸爸、我妈妈、两个姐姐、我、李小姐、五个人、两个妹妹、也是 ● 六个人、做什么的、	● 是做什么的、六个人、
L3 对话一	● 多大、吃饭 ● 十二号、人、十八岁 ● 小白、九月、我的、怎么样、我是、可是、喜欢、美国饭、好、我们、几点钟、晚上见 ● 那天、是吗、太好了、谢谢、四、半、再见	● 九月十二号、怎么样 ● 太好了
L3 对话二	● 吃饭、生日、三刻 ● 王朋、明天、忙不忙、同学、明天晚上 ● 小白、几点钟、有事、很忙、可是、有事吗、请你、晚饭、怎么样、 ● 是吗、那太好了、认识、见	● 明天晚上、怎么样 ● 那太好了

这里需要说明的一点是表 2 所记录的偏误是学生出错最多的地方，由于学生人数太多（每班 30～35 个学生），加上篇幅的问题，无法在书中汇报每个学生在录音时发错的声调，只把两届学生中犯错率达到百分之五十以上的词汇和语调组收到表 2 中，这样做的主要目的是比较学生声调错误的趋势。

我们先看表 2 中六个对话里的第一声：跟其他声调相比，第一声出现的频率比较低（73 个字，占六篇对话总字数的 16%），不过即使是从绝对值来看，学生发错这个声调的地方也比较少。如果比较 2006 和 2007 级的偏误趋势，我们发现 2007 级没有什么第一声的问题；2006 级也只有"哥哥"、"多大"、"吃饭"、"生日"、"三刻"这几个词容易出错，而这几个词里面，第一声跟着的都是第四声（除了"哥哥"以外），所以单看这几个出错的地方，很难判断是第一声的问题还是第四声的问题。等一下我们再回过头来讨论这一点。

我们再来看第二声：跟第一声一样，第二声出现的频率也比较低（也只有 64 个字，占总字数的 14%）但是出错的频率则比第一声高：在第一课的第一个对话，第二课的第一个对话，以及第三课的两个对话里都有第二声出错的地方，而且两个班都有。如果分析一下第二声后面跟着的字调，我们发现除了

"没有"以外，它们的调阶比较高、调域比较宽（即第四声、第二声或第一声），而且大部分都用在句中。这说明有高调阶和宽调域的声调总的来说比较难，特别是在句中的时候，如果是第二声用在句尾，情况似乎会好一些，原因可能是英美学生对在句尾提升语调（即疑问句的语调）并不生疏的缘故。

相比较，第三声是五个声调（包括轻声）在调查的六篇对话中出现频率最高的一个（134个字占总字数的29%），但是偏误的趋势在两届学生中则很不一样：2007级的学生几乎没有什么明显的错误倾向，但是2006级学生的错误是每个对话的主流问题。在查找原因的过程中，我们发现分析第三声前后的声调没有什么用，因为第三声好像对2006级的学生来说在什么声调环境中都会出错，这样出错的根源自然就归入学生是如何学习第三声的问题上，也就是说学生学习第三声的时候，只学字调和词调的话，他们在说"我/你是……"、"我/你叫……"时就会把原本应该是降调（21）的第三声说成升调，其结果就是表2中2006级学生犯错的情况；如果把三声变调跟词的句法功能（即主、谓、宾）和语调结合起来一起学的话，也就是2007级用的教学法，就能避免大部分跟三声变调有关联的声调问题。①

第四声在本文调查的六篇对话中的频率也比较高（119个字，占总字数的26%）。我们发现第四声在两个班中的偏误都比较多，而且在2007级出现的偏误当中，最多的就是第四声。无论第四声用在句首、句中、句尾还是跟第一声、第二声或是第三声连用，似乎对学生来说都在某种程度上是一种挑战。笔者认为问题的根源应该是受学生母语习得的影响，就是说由于学生的母语里没有或者说很少使用（特别是在句中）像第四声这种从很高的调阶降到很低的调阶的声调或语调，因此让学生在短时间内、在没有足够的输入情况下，掌握这种声调/语调是很难的。这个结果跟前文提到的赵元任（1979）和Shen（1989）的研究结果相似。

轻声跟第一声和第二声一样，在六篇对话中出现的频率也比较低（68个字，占总字数的15%）。比较两届学生出现的偏误，总的来说轻声的偏误率都

---

① 一位匿名审稿人建议在教三声变调时，可选一段录音，让学生注意其中某个或者某几个上声连读，然后加以分析理解，并让学生体会在正常语流中的变调规律，笔者认为这是一个很不错的建议，可以在语言教学中使用。

比较低，而且好像也没有什么明显、固定的规律，为此，笔者认为轻声不构成学生学习声调的问题，所以这里不作进一步讨论。

　　根据上文对汉语的五个声调在学生录音中的偏误分析，我们看到第四声是两个班都存在的问题；对 2006 级的学生来说第三声是最主要的问题，其次是第二声；第一声和轻声似乎在两届学生中都不是主要问题。我们不排除这些结果受下面两种研究局限的影响：第一，语料不均衡（即第一声、第二声和轻声的语料比第三声和第四声的语料少）；第二，老师讲授第四声的方法不很有效。笔者认为第一个局限性导致上面讨论的学生偏误倾向的可能性比较小，因为虽说有的声调出现的频率低，但是它出错的频率也很低，只要使用频率和偏误频率的绝对值低，就不能构成教学和习得的问题。相对来说，第二个局限性则有可能构成影响上面讨论的偏误倾向。假设授课的老师能找到一种更有效地教第四声的方法，那么，也许第四声就会跟 2007 级学生的第三声一样不会有很多的问题。但是话又说回来，如果我们比较第四声在六篇课文中出现的频率和 2007 级学生第四声偏误的频率，后者实际上很低，每课只有三个左右的语调组的偏误，而且这些偏误（如：太好了！怎么样？九月十二号）好像又没有什么规律可循[①]。因此笔者认为，除非有更丰富的语料，更严谨、合理地分析学生偏误的方法，否则我们只能说还没有找到一个行之有效地教第四声的方法，根据这些现象可以得出如下结论：

- 第一声虽然是高声调，对英美学生来说并不难学，原因可能是这个声调没有什么方向（即升降），比较容易跟其他有方向的声调连用。
- 第二声对英美学生来说比较难，特别是在句首和句中。在句尾问句中的第二声相对问题少一些，可能是因为英语的问句在句尾要用升调。
- 第三声如果老师用语调组教学的方法，英美学生就不应该有太大问题；但是如果只教字调和词调，第三声会成为汉语五个声调中最大的问题。
- 第四声对英美学生来说最难，原因可能有两个：① 受学生母语语调习

[①] "太好了！"、"怎么样？"似乎受学生母语里跟这两个语调组相对的英语语调的影响，即 "That's great!"、"How's that?"，从语调的调值来看，他们很相似。不过这只是笔者的感觉，要证明这一点还需要认真分析更多的语料。

惯的影响；② 汉语第四声调阶（从很高到很低）和调域（很宽）。
- 轻声是汉语五个声调中最容易的一个，特别是对母语是无声调的学生来说。只要学生从感性和理性上认识到轻声不需要有任何调值，就可以了。

除了上面这几点以外，我们还发现在声调教学中学生主要受母语习得的两种干扰：受他们母语里有的语音特征的干扰（如语调）；受他们母语里没有或很少用的语音特征的干扰（如第四声）；当然也有可能受学生心理因素的干扰，比如：成年人说外语时的心态（Long 2003，Johnson & Newport 1989，Odlin 1989，Kellerman & Smith 1986 等）。这三种干扰对学生的声调的学习有不同程度的影响，但是这里的试验结果似乎并不能说明对学生的学习哪一种干扰影响大，哪一种小。

四　小结

这一章讨论了有关汉语声调教学的一些问题，分析了以往声调教学研究中的一个困惑：是第一声和第四声最难学还是第二声和第三声最难学？试图从教学和习得两个不同的侧面论证、说明学生声调偏误的原因。实验结果表明对母语为无声调语言的学生来说，第四声最难学、其次是第二声，其他三个声调相对比较容易。笔者认为第四声和第二声难学的主要原因是这两个声调调阶相差很大（5—1、3—5）——第四声有五个调阶，第二声有三个调阶。而变调后的第三声（2—1）有两个调阶，第一声（5—5）只有一个调阶。也就是说，调阶相差越大的调越难学；调阶相差越小越容易。至于如何帮助学生学习不同的声调，教学实践表明要让学生通过对语调组的声调和语调的学习，逐渐掌握以下汉语声调和他们熟悉的语调的特点：

- 第四声：只在英美学生母语里表示生气语调的第四声可以在汉语里表示各种不同的语调和意思。
- 第二声：不但在句尾可以用学生母语里有的声调（即英语疑问语调），而且可以在句首和句中使用。

- 第三声：在句中，除了句尾，其他位置的第三声都发又短又低的降调。
- 第一声：本调没有升降的变化，因此在跟其他声调和语调使用时，它的调阶的高与低会受到周边声调和句子语调的影响。
- 轻声：本调没有调值，所以应避免强加给它任何声调或语调。

看到这里，读者一定已经发现，笔者主张声调和语调互动的语音教学法。通过对比分析汉语和学生母语语调的差异以及学生母语对学习汉语造成的干扰，找出学生学习的难点，然后教师可以根据这些难点的特征，对症下药，帮助学生有效地学习汉语的声调和语调。

思考与练习

1. 卷舌音和腭音对英美学生来说相对困难，如何通过对比分析汉英语音的差异，设计有效的课堂教学？

2. 有人主张应该把语音（包括声调）和汉字分开来教，有人认为二者应该同期并进。这两种观点有哪些利弊？

3. 下面这几句话的声调和语调是初学汉语的英美学生最难掌握的，请说明为什么？

    a. 你喜欢吃中国饭还是美国饭？

    b. 你今天忙不忙？

    c. 你的生日是几月几号？

    d. 今天是九月六号星期四。

    e. 明天晚上我们一起去看电影。

4. 有些研究表明模仿能力强或者有音乐才能的学生比较容易掌握汉语的声调，这一现象说明什么问题？

5. 在汉语普通话里，三声变调相当普遍，完整的第三声只在词尾或句尾出现。这种情况下，教师有必要教第三声吗？为什么？

6. 不同母语的学生，他们的"洋腔洋调"一样吗？为什么？

第三章　词汇教学

在过去几十年中，汉字一直是对外汉语教学中一个非常重要的环节。由于汉字的书写形式跟字母（alphabetical）语言不同，加上声调是辨别字义的主要成分，汉语在西方被看成跟阿拉伯语一样是最难学的外语之一。也正是这个原因，多年来在汉语教学界不断探讨如何教汉字最有效，而且出现了不少有关汉字教学的论文和专著（黄沛荣 2003，孙德金 2006 等）。相比之下，探讨如何教词汇的研究到近几年才引起学者们的关注（崔永华 1997，孙德金 2006，张博等 2008）。同时，我们还发现，在美国设有中文课的系所里，很多汉语学生（三年级及以上）对词汇的掌握和使用仍然停留在低年级的水平上（即一、二年级），无论是听说还是读写，高年级的学生都很难在词汇方面达到高级汉语的水平，也就是说，学生到了三年级，他们在用汉语沟通的时候（包括听、说、读、写）使用的词汇没有什么深度。尽管他们的课本里有一些层次比较高的词汇，像表示抽象、色彩、生动、高雅等意念的词汇，但是学生因为某种原因就是不用或不会用。这里，笔者把高年级的低级词汇水平现象叫做词汇的"断层"。本章将围绕着"词汇断层"这个问题展开讨论。首先我们调查研究造成词汇断层的原因，然后根据断层产生的原因再探讨教师如何帮助学生解决词汇断层的问题。要追究词汇断层的根源，笔者认为我们有必要先搞清楚汉语词汇教学的等级（即一、二年级学生学哪些词汇；三、四年级学哪些词汇）以及不同等级词汇的特点。下一步则是通过对比分析不同等级的汉语词汇和学生母语词汇的结构、语义、语用的差异来辨识两种语言在词汇上的不同功用。然后再调查、分析学生母语词汇的哪些特点会对汉语词汇学习造成干扰。通过这三个步骤的研究和分析寻找词汇断层的原因。至于如何帮助学生解决词汇断层的问题，由于这个问题的性质和寻求断层的根源不同，它主要跟词汇教学的方法有关，因此本章后一部分将根据词汇教学的现状，参考词汇断层的原因，寻求能帮助学生提高词汇能力的有效方法。

一 词汇的排序

词汇的排序应该是教材编写首当其冲要解决的问题。近年来这个问题也引起了词汇学、应用语言学、对外汉语教学等相关领域不少学者的关注，更可喜的是到目前已经有几部关于现代汉语词频的专著，如：北京语言学院王还主编的《现代汉语频率词典》（1986），国家语委和国家教委编的《现代汉语常用字表》（1988），中国对外汉语教学学会（以下简称汉办）主编的《汉语水平词汇与汉字等级大纲》（以下简称"汉语词汇等级大纲"）（1992），以及国家语委发布的《现代汉语常用词表》（2008）（以下简称"绿皮书"）。这四个常用字表、词表代表着不同类型的字、词排序，虽然这些字、词频表在使用时各自都有不少问题，但是它们从不同的角度为对外汉语教材的编写和教学提供了第一手参考资料。北语的频率词典综合统计了四种体裁和题材的语言作品（报刊政论文体、科普书刊、剧本和日常口语、各种文学作品），包括8,000多个常用词；国家语委和教委的常用字表共收集了3,500个常用汉字（包括2,500常用字，1,000次常用字）；20年后国家语委发布的绿皮书就是在语委和教委的常用字表基础上进一步收集的平衡词表，共有5,144个字，56,008个词；国家汉办的《汉语词汇等级大纲》在国内现有的字、词频率统计、分析的基础上共收集8,822个词（2,905个汉字），包括1,033个甲级词汇（800个字），2,018个乙级词汇（804个字），2,202个丙级词汇（601个字）和3,569个丁级词汇（700个字）。这个词汇等级大纲完全是为对外汉语教学统计、整理、排序的；它跟前面提到的三个字、词频表不同的另一个特点是它有等级的分配，而不只是按照频率排序。根据《汉语词汇等级大纲》序的介绍，这个大纲的等级是按照下面8个基本原则设定的（参阅大纲7～10页）：

i. 常用性原则［按照词频决定一个词是否具有常用性］
ii. 均匀性原则［确定一个词是否常用要考虑词频和词的分布状态］
iii. 科学性原则［从语义和语用的角度对此进行切分］
iv. 规范性原则［考虑词的规范化，不收方言词汇］
v. 实用性原则［如果一个词有两种用法，就把两种用法都标出来，如：在（动、介）］
vi. 联想性原则［从一个常用词联想到跟它有关的词，如：春天—秋天］
vii. 包容性（节省性）原则［词汇形式的节省，如：竹子（竹）］
viii. 序列性（等级性）原则［按照频率分配等级，如：刀（甲级），刀子（乙级）］

从上面的八个原则看，等级大纲比较周全地顾及了词汇排序所涉及的各种主要因素，因此这个大纲为不同等级的教材编写和语言等级测试提供了具体的内容。但值得注意的是这是一个词汇等级大纲，而不是词汇教学大纲，要编撰词汇教学大纲的话，除了考虑词频和等级的排序，还须考量另外两个教学的主要成分：第一，词汇语义、语用功能的排序，也就是说，当一个词有两个或两个以上的语义、语用功能（或义项）时，应该先教/学哪个功能，后教/学哪个功能。第二，跨语言干扰的问题，就是当学生学习汉语的词汇时会受到母语词汇的干扰，这时候干扰小的词汇是否应该先教，干扰大的后教。

另外，《汉语词汇等级大纲》里面的四个等级（甲、乙、丙、丁）跟国外汉语普通班[①]的四个年级（或者说三个等级：初级汉语、中级汉语、高级汉语）的词汇教学内容不太一样。通过对比、统计，我们发现等级大纲里甲和乙级词汇（共3,051个词含1,604个字）基本上都出现在国外一、二、三年级的课本里（如：《中文听说读写》、《今日台湾》、《乐在沟通》、《变化中的中国》等），部分丙级词汇也出现在二、三年级的课本里，大部分丁级词汇和另一部分的丙级词汇出现在国外的四年级或高级汉语课本里面。总的来说，国外的一年级

---

① 国外的普通班（即每天授课时间50分钟，与强化班相对应），一、二年级每学年（30个星期）授课时间为150学时左右，三、四年级的授课时间一般比一、二年级每星期少一到两个小时。

（普通班）学生学不完或学不了所有的甲级词汇，二年级也学不完或学不了所有的乙级词汇，这样以此类推，就形成了国外学生的汉语水平比国内词汇大纲等级设定低的趋势。不过，2010年中国国家汉办推出的新汉语水平考试（HSK）的等级跟美国及欧洲的语言框架的等级基本对应：新HSK的一、二级相当于国外的初级汉语，三、四级相当于中级汉语，五、六级相当于高级汉语。

对汉语的词汇等级有了比较明确的认识后，编教材的老师们就可以把不同等级的词汇拿来编写不同年级的教材。不过考虑到汉语词汇的特点，即很多词都有两个或两个以上的义项，而且很多词都有近义词或同义词①，因此需要考虑哪个义项先教，哪个义项后教的问题；如果同时把某个词所有的义项在某一课里全教/学，大概不太现实。因此如何排序多义词、近义词、同义词便是我们需要解决的问题。在第一章的导论里提到词汇排序的问题，并提出词汇排序跟语法排序一样应该有一些基本原则，而且词汇的排序原则应该和句法的排序原则一样，就是从它们的使用频率、语义功能、语用功能、跨语言干扰四个方面考虑。下面是第一章提出的四个排序的基本原则：

规则一：若A的频率高于B，则A在B之前

规则二：若A的语义功能比B简单，则A在B之前

规则三：若A的语用功能比B简单，则A在B之前

规则四：若A的跨语言干扰比B小，则A在B之前

第一个规则可以把那些等级相同，但在语义、语用功能方面毫不相关的词汇进行排序，使用规则一的方法很简单，只要参考国家语委的绿皮书《现代汉语常用词表》就可得知哪个词频率高，应该先教；哪个频率低，应该后教，如41页表一所示。对于一词多义或近义词/同义词，比如：动词"看"，形容词"老"、"小"，名词"经验"、"经历"等，需要上述四个排序规则才能决定他们的前后排序。下面我们先看看如何使用规则二给近义词和多义词排序。规则二

---

① 本书对"近义词"和"同义词"不作进一步区分；把它们看做同类词。一般来说近义词居多，同义词比较少。

的主要问题是检测哪个近义词/同义词的语义简单,哪个复杂,下面我们参考吕叔湘先生的《现代汉语八百词》(1980)和《现代汉语词典》(1988)先列出一些词的主要义项或语义功能。

(1)(助)动词:
- 看:用视线接触,看望,诊治,观察/认为
- 会:有能力做,擅长,有可能
- 能:有能力做,善于做某事,有可能,许可

(2)形容词:
- 老:存在了很久/陈旧,经常,名词前缀
- 够:数量/标准/程度的上满足,达到某种程度/地方
- 足够:达到应有的程度,满足
- 同样:相同
- 一样:同样,相似

(3)名词/代词:
- 人:能制造工具和进行劳动的高级动物
- 人们:泛指许多人
- 经历:亲身见过/做过
- 经验:由实践得来的知识或技能,经历
- 家:家庭,房子,掌握专门学术的人

(4)副词:
- 还:仍然,更加,不到预想的程度,没想到如此
- 又:某个动作的重复或两个动作的继续,几种情况的同时存在,转折,强调
- 再:某个动作的重复或继续,两个动作的次序,更加,另外
- 突然:情况在短促的时间内发生/出乎意外
- 忽然:情况在短促的时间内发生/出乎意外

从(1)~(4)所列的七对近义词/同义词的语义功能(或义项)看,有四对词的语义功能是一样的,另外三对不一样,根据上文谈到的词汇排序规则

二，我们知道语义功能少的应该先教，语义功能多的应该后教，语义功能一样多的先教哪个、后教哪个没有关系。下文表一（41页），规则二所给的就是七对同义词/近义词按照他们语义功能多少排序的结果。对多义词来说，用规则二排序的方法跟近义词/同义词的排序方法稍有不同，从上面给的四个不同词性的多义词的语义功能看，每一个至少有三个语义功能，因此需要考察的是哪个语义功能简单，哪个复杂。要这样做，首先我们需要给"语义功能的简单/复杂"作明确的说明。我们知道多义词的各种功能一般都是从这个词的基本义通过隐语或转喻引申出来的（对语义引申有兴趣的读者可参阅有关语义演变和语法化的论文、专著），基本义一般用来表示比较具体的、容易感知的事物或行为动作，引申义虽然还带有基本义的某些语义特征，但是也有一些抽象成分，只是还不像抽象义那样完全表示抽象的意思。基于这些语义之间的关系和特点，考虑到教学上由简到繁、循序渐进的理念，我们把每个词的多义功能分成三种：基本义（basic meaning）、引申义（extended meaning）和抽象义（abstract meaning），如（5）所示。（5a）中的"看"表示用眼睛看，是"看"的基本义；（5b）中的"看"虽然也是用眼睛看，但是跟（5a）的"看"不一样，它不是表示要看"你的父母"是什么样的，而是"看望"他们，促进一下看的人和被看得人的人际关系，因此它是"看"的引申义。（5c）和（5d）中的"看"已经跟原有的表示用眼睛看的语义有了相当的距离，一个表示"诊治"义，一个表示"观察"义。我们知道诊治疾病涉及多项程序（如挂号、检查、化验、付款、买药等），绝不是基本义和引申义所能涵盖的，同样地，"观察"某种情况或问题也要涉及不同的行为动作，如：各方面考察，思想（包括推理）等，也脱离了"看"的基本义，所以我们把看的"诊治"义和"观察"义看成是它的抽象义。

(5) a. 我很喜欢**看**电影、电视，但是不喜欢**看**书。

b. 如果星期天不下雨，我想去**看看**你的父母。

c. 我的头疼让王大夫给**看**好了。

d. 我**看**这个问题不好解决。

由于抽象义来源于引申义，引申义来源于基本义，我们把基本义当做最简单的语义功能,其次是引申义,最复杂的是抽象义。有了这些指导原则,我们就可以给多义词的不同语义功能排序了。这样排序的结果注明在表二的规则二下面。

现在我们再看规则三,跟规则二一样,在排序前,有必要先明确如何界定"语用功能的简单与否"。借助于认知语言学的研究,本章把无标记(unmarked)的语用功能,也就是常用的、没有特别限制的用法,当做简单的功能,把有标记(marked)的,即有某种语用限制的功能,当做复杂的功能,请对比例(6)里面"人"和"人们"的用法。

(6) a. **人**都喜欢听好听的。

b. **人们**都喜欢听好听的。

c. 今天我们家的**人**都来了。

d. ＊今天我们家的人们都来了。

e. 我是**人们**眼中的幸运儿。

f. ＊我是人眼中的幸运儿。

g. 如果我不能实现这个目标,**人们**就会把我当成失败者。

h. ＊如果我不能实现这个目标,人就会把我当成失败者。

i. 他们都是北京**人**。

j. ＊他们都是北京人们。

k. 你找**人**把自行车修修。

l. ＊你找人们把自行车修修。

从例(6)中"人"和"人们"的用法看,它们都可以用来泛指人(6a~b),主要的不同在于"人们"必须泛指"很多人",而"人"没有"很多"这个语义概念,这就是为什么例(6)中带星号的句子都不能接受。这里我们说"很多"这个用法是有标记的功能、是复杂的功能,因此它跟"人"按照规则三排序时应该放在后面。用同样的方法分析"会"和"能"的语用功能,我们发现它们都能表示"有可能"、"有能力"和"会某种技能",但是如果要表示某种能力的效率时,只可以用"能",不可以用"会"(如:他能(＊会)一口气吃十个包子。),这个区别使得"会"的语用功能比较简单,因此按照规则三排序时"会"应该先于"能"。我们再来看如何为多义词"家"的三个语用功能排序，大家都知道"家"指"某人的住处"还是"某人的家庭"语义不同，但是在语用上没有明显的标记（如：我有一个温馨的家。），因此我们说这两种用法的语用难易度相当，但是"家"的"专家"（即后缀）用法是有标记的用法，特指有某种专长或技能的人，这个功能相对比较复杂。其他几对近义词/同义词和多义词就不在这里一一介绍了。按照规则三排序的结果标注在表一、表二（41~42页）规则三的下面。

排序规则的最后一个是用来检测同义词/近义词和多义词跨语言干扰大小的问题。本书的第一章曾提到早期的外语习得研究提出使用跨语言差异预测外语学习的难易度的说法，后来这种说法进一步发展出跨语言干扰学说，也就是说跨语言干扰越大越难学。在这个基础上，只要我们能够量化跨语言干扰的大小问题，就可以使用规则四给同义词和多义词排序。在调查跨语言干扰的问题时，我们发现学生在学习汉语的词汇（A）时跟他们的母语（这里指英语）（B）对比的情况可分成下面几种：

I. A 比 B 的用法广（如：例（7）"笑"与"smile"）

II. A 比 B 的用法窄（如：例（8）"旧"与"old"）

III. A 跟 B 有相同的用法也有不同的用法（如：例（9）"去"与"go"）

IV. A 跟 B 的用法完全一样（如："电脑"与"computer"）

V. A 跟 B 没有相对应的用法（如：例（10）"咱们"、"走后门儿"）

(7) a. 他一开始**笑**，就止不住了。（英文：smile/laugh/giggle/chuckle）

(8) a. 这些家具太**旧**了。（英文：The furniture is really **old**.）

b. 我们都**老**了。（英文：We are all **old**.）

c. 你今年多**大**？（英文：How **old** are you?）

(9) a. 他**去**了中国。（英文：He **went** to China.）

b. 我们**去**看电影吧。（英文：Let's **go** to see a movie.）

c. 我给他**去**过两封信。（英文：I **sent** him two letters.）

d. 他把那本书拿**去**了。（英文：He took (**away**) that book.）

e. 黄瓜应该先**去**皮。（英文：Cucumbers' skin should be first **peel**ed.）

  f. I must be **go**ing now. （中文：我得**走**了。）

  g. This car can **go** 50 miles per gallon. （中文：这车一加仑油能**跑** 50英里。）

  h. My headache is **gone**. （中文：我得头疼**好/消失**了。）

  i. The first place **goes** to Columbia High School. （中文：哥伦比亚中学**获得**了第一名。）

  j. We **are going to** write a report. （中文：我们**要**写一个报告。）

  k. The meeting **went** well. （中文：会议**进行**得很顺利。）

(10) a. **咱们（包括听话人）**吃意大利饭。（英文：**Let's** eat Italian food.）

  b. **我们（不包括听话人）**吃意大利饭。（英文：**We** go to eat Italian food.）

  比较上面提到的五种跨语言干扰的情况，我们可以把跨语言干扰的大小设定为下面四个等级：零级，如果 A（汉语词）跟 B（学生母语词）的用法完全一样（如："书"与 book）或者学生的母语中没有 A 相对应的用法（如例（10）所示），那么我们说学生学 A 时没有跨语言的干扰。第一级：如果 A 的用法比 B 的广，就是说汉语某个词的用法相当于学生母语（这里指英语）几个词的用法，如例（7）所示（汉语的"笑"可翻成英语的 smile, laugh, chuckle, giggle 等），那么我们说学生的母语对汉语学习的干扰不太大。第二级：如果 A 的用法比 B 窄，就是说汉语几个词的用法相当于学生母语某个词的用法，如例（8）所示（英语的 old 可翻成汉语的"老"、"旧"、"大"等），那么学生的母语对学习汉语相对的词就有一定的干扰，至少比第一级的干扰要大，因为学生容易混淆"老"和"旧"的用法。第三级：如果 A 跟 B 的用法相比，有的用法相同，有的不同，如例（9）所示，学生的母语对学习汉语相对的词造成的干扰会很大。尽管学生学习相同用法时比较容易，但是在学习其他各个不同用法的时候就很容易混淆用法与用法之间的差异，而且同一个词的不同用法越多，干扰就越大。我们可以把这四个跨语言干扰的等级简化为：

  零级：没有什么干扰（零干扰），指 A 和 B 的用法完全一样或者完全不一

样（A＝B 或 A≠B）

第一级：干扰很小（小干扰），指：A 的用法多于 B 的用法（A＞B）

第二级：有一定的干扰（中干扰），指 A 的用法没有 B 的多（A＜B）

第三级：干扰很大（大干扰），指 A 和 B 有一样的用法，也有不一样的用法（A≈B）

在词汇排序时，小干扰先教，其次是中干扰，大干扰后教，零干扰什么时候教都可以。由于零干扰跟测量干扰大小没有关系，因此它不是规则四考量的范围。按照刚才讨论的衡量跨语言干扰大小的方法和其教学排序的关系，为多义词、同义词/近义词排序的结果在表一、表二列为规则四。

表一　同义词、近义词的排序

	规则一	规则二	规则三	规则四	总序
人	12 前	一样	前	前	前
人们	112 后	一样	后	后	后
能	29 前	后	后	一样	后
会	35 后	前	前	一样	前
又	30 前	一样	一样	一样	前
再	80 后	一样	一样	一样	后
一样	224 前	后	一样	后	后
同样	748 后	前	一样	前	前
经验	343 前	后	前	后	前
经历	1054 后	前	后	前	后
突然	741 前	一样	前	一样	前
忽然	1977 后	一样	后	一样	后
够	1816 前	一样	前	一样	前
足够	3437 后	一样	后	一样	后

表二　多义词的排序

	规则一	规则二	规则三	规则四	总序
家$_1$（house）		前	前	中	前
家$_2$（family）	78	中	前	后	中
家$_3$（suffix: -ist）		后	后	前	后
老$_1$（old/outdated）		前	前	后	前
老$_2$（always）	132	后	中	中	中
老$_3$（prefix: senior）		中	后	前	中
还$_1$（still）		前	前	前	前
还$_2$（even）	550①	中	中	中	中
还$_3$（unexpectedly）		后	后	后	后
看$_1$（see）		前	前	前	前
看$_2$（visit）	1660	中	中	中	中
看$_3$（medical care）		后	中	后	后
看$_4$（believe）		最后	后	后	最后

表一、表二中，列在"规则一"下面的指数代表词汇的"频序号"（参考《现代汉语常用词表》）；数字越小，使用频率越高，所以在表一列的七对同义/近义词里，"人"使用频率最高，应该在这几对词中最先教。由于"人"和"人们"是近义词，虽然"人"的使用频率比"人们"高，也不能只看这一点就决定"人"比"人们"先教，还要通过其他三个规则来检测，才能最后决定哪个词先教。从表一给的结果看，"人"的语用和跨语言干扰都比"人们"简单一点，因此最终的排序还是先教"人"，后教"人们"。其他的规则测试的方法也一样，都用"前"（先教）、"中"（其次）、"后"（后教）表示排序的结果。但是有一点需要说明一下：当用四个规则检测两个词的排序结果为二比二时（如"经验"和"经历"），就要看这两个词的使用频率，频率高的先教（前），频率低的后教（后），也就是说规则一的比重在排序中比其他三个规则要大。

按照上面探讨的四个排序规则为对外汉语教学词汇排序的结果，与《汉语

---

① 国家语委发布的绿皮书《现代汉语常用词表》没有把动词"还 huán"和副词"还 hái"分开排列，因此这里引用的"频序号"不是单指副词的用法。

词汇等级大纲》的主要区别在于前者不仅参考每个词的使用频率，更重要的是包容了对外汉语教学、习得的特点，考虑了语义、语用功能的复杂度以及跨语言干扰的问题。这里举两个比较简单的例子，我们先看"能"跟"会"如果不考虑他们的语义和语用功能，就很难知道先教哪个、后教哪个，但是如果了解了这两个词的排序原则二和三，知道为什么先教"会"、后教"能"，就能提高教学质量和效率。我们再看"够"，在《汉语词汇等级大纲》中列为甲级词汇，但是"足够"不在等级大纲的四级词汇里面，显然专家们在划分词汇等级的时候没有考虑到跨语言干扰的问题，因为我们知道当学生学"够"的时候，他们通常会知道这个词的意思相当于英文的 enough，如果老师不明确说明中文的"够"不完全等于英文的 enough，学生就会犯"我有够的钱"这样的错误，所以笔者认为要教英美学生"够"就应该在适当的时候教"足够"。另外，由于《汉语词汇等级大纲》并没有把同一个等级的词进行排序，本文作词汇排序的时候参考的是国家语委发布的绿皮书《现代汉语常用词表》。但是后者也有不少问题，比如它并没有把多义词分开来计算词频度，因此，我们无法用它来为多义词的用法排序。表二在总排序时没有参考规则一的结果。

二 "识字"与"学词"

早在大约两千年前，语法家、词汇学家许慎就清楚地告诉我们识字的过程跟造字的过程是截然不同的。清代著名的文字学家段玉裁为王念孙《广雅疏证》（2000）写的序，这样解释许慎关于造字和考字的区别：

> 圣人之**制字**，有义而后有音，有音而后有形。学者之**考字**，因形以得其音，因音以得其义。

从上面的这段话，我们知道造字的过程是人先想要表达某个意念或意思，然后找到某个声音跟那个意思匹配，最后再找跟已有的义和声匹配的书写形式。但是识字的过程则是先看一个字的书写形式，然后根据字的形式来辨认它的发音和意思。我们把这两种不同的程序归纳为下面两个简单的公式：

造字的过程：义⇒声⇒形
识字的过程：形⇒声⇒义

也就是说在造字和识字过程中，形、声、义三者的先后顺序不同：造字是先有"义"后有"形"；识字是先有"形"后有"义"。这里需要思考的问题是，我们是否可以把造字的过程看做是说话、写作的过程，把识字的过程看做是阅读的过程？因为一个人要说话或写作总是先有某个想法或意念要表达，然后再想想看用什么方式来表达，而不是反过来。而阅读时，总是先看写好的文字（即形式），然后辨别那些语言形式的意思。由于"听"只涉及"声"和"义"，我们这里暂且不予讨论。如果刚才我们分析的形、声、义和说、写、读的关系正确的话，那么，我们是否可以说，对外汉语教学中最常使用的是识字教学，不是造字教学。这里为了更适应于讨论教学问题，我们有必要把"造字"改称"学字"，意思是说如果老师/学生是先教/学书写形式（即形），就是识字教学；如果先教/学语义功能（即义），就是学词教学。测验这种说法的正确与否很容易，先看看学生每学一课，是先学生词表、还是先听录音。如果是前者，学生就是先学形；如果是后者，就是先学义。因为义和音的关系密切（即有义而后有音），听懂了声就等于听懂了义，这一点无论是第一语言习得还是第二语言习得都是一样的；而知道意思或会写某个汉字不等于知道怎么发音，需要审形才知音。等到学生学了一年中文以后，测验一下他们的听、说、读、写的能力时，老师会发现使用识字方法的学生，他们的阅读能力比其他三种能力都强；而使用学词方法的学生，他们听、说、读、写的能力基本上是一致的。这说明识字教学主要帮助学生提高阅读能力；而学词教学可以提高听、说、读、写四种能力。

鉴于汉语初级教学注重听说的特点，我们建议无论是编教材还是课堂教学，都应该使用学词的方法，而不是识字的方法。当然如果课程的主要目的是为了提高学生的阅读能力，识字法应该是自然的选择。

三　汉语的词汇

孙德金（2006：3）指出："构词和词义研究与对外汉语词汇教学关系密切，只有充分了解汉语词的结构和语义特点，教学中才能有的放矢。"赵金铭（2006：13）也提醒我们"其实，在掌握了汉语的基本语法规则之后，还应有大量的词汇作基础，尤其应该掌握常用词的不同义项及其功能和用法，惟其如此，才能真正学会汉语，语法也才管用，这是因为词汇是语言的唯一实体，语法也只有依托词汇才得以存在"。以上这两位学者从词汇在对外汉语教学中的不同侧面道出了词汇教学的重要性。此外，赵金铭先生还进一步阐明了词汇教学和语法教学的关系：把句法看成是语言的框架，把词汇看成是填补这些框架的内容。这里也许我们可以说在对外汉语教学中，框架和内容在初级阶段应该同期并进，到了高级阶段，学生已经掌握了基本的语法规则，所以他们可以把精力集中在学习词汇的各种语义、语用和篇章功能上面。

除了词汇的功能，汉语词汇的结构特点以及它们跟学生母语的构词特点的异同也是词汇教学另外一个特别值得考量的问题。我们知道现代汉语的词汇有两大特点：第一，百分之八十以上的汉字都是形声字；第二，百分之八十以上的词都是复合词。由于汉语大部分的词都有这两种特点，因此它们自然成了词汇教学的重点。如果我们把这两个特点跟印欧语或者东亚的一些语言相比，比如日语和韩语，我们发现大部分印欧语的词汇是通过词缀形成具有不同语法、语义功能的词。就拿英语来说，百分之八十以上的词和词缀是从古拉丁、希腊和其他语言借来的外来词（loan words），只有大约百分之二十的词是从古英语沿袭下来的。即使是日语和韩语，这两种曾在历史上借代了许多汉语词汇的语言，它们的词汇结构和语义特征跟汉语也有很多差异。所以我们在词汇教学的过程中，不得不考虑跨语言干扰的问题，否则就会跟其他层次（语音教学、句法教学等）的教学一样事倍功半。下面我们先简单地说明一下汉语构词的特点，然后对比分析汉语和英语的构词差异。

（一）汉语词汇的特点

汉语的词汇主要有三个特点：第一，复合词很多；第二，一词多义的词很多；第三，不少词有重叠的功能。比较起来第三个特点要比第一和第二个特点简单得多，所以这里我们先简单介绍一下重叠的问题。按照刘月华（2002）和 Li & Thompson（1981）的说法，现代汉语有三种词有重叠使用的功能：动词（如：看看、说说、走走、看看），亲属名词①（如：**爸爸、爷爷、嫂嫂**）和形容词（如：**红红的、快快地、好好地、小小的、认认真真、高高兴兴**）。一般来说，只要把重叠形式的语义、语用功能和不重叠形式的区别给学生讲清楚了，学生还是比较容易学的。我们可以对比一下"看"和"看看"、"认真"和"认认真真"、"红的"和"红红的"、"嫂"和"嫂嫂"在下面几句话里的区别：

(11) a. 我明天要去**看**一个电影。（*我明天要去看看一个电影。）

b. 我明天要去**看看**你。

(12) a. 你看，他们都复习得很**认真**。（*你看，他们都复习得认认真真。）

b. 要考试了，大家一定要**认认真真**地复习。

c. 教室打扫得很干净。（教室打扫得干干净净。）

d. *教室干干净净地打扫。

(13) a. 太阳现在**红红的**。（*太阳现在红的。）

b. 太阳现在是**红（红）的**。

c. 那件衣服**红红的**很漂亮。（*那件衣服红的很漂亮。）

d. 那件**红**衣服很漂亮。（*那件红红衣服很漂亮。）

e. 那件**红红的**衣服很漂亮。

(14) 他的**嫂嫂**现在在哪儿？（*他的嫂现在在哪儿？）（？他嫂现在在哪儿？）

显然上面四组句子里面的重叠和相应的不重叠词的功能很不一样：例(11)里面不能说"看看一个电影"因为行为动词的重叠主要表示那个动作的

---

① 汉语中有的亲属名词，如公公、奶奶，本身是词；其单音节形式，如公、奶，是不同的词。单音节词的用法和叠音词用法不同。

简短性或随意性、非正式性，但是"看一个电影"至少要一个多小时，跟动词重叠的属性不符；例（12）"认真"强调的是过程/动作，"干净"强调的是结果/状态，这两个形容词重叠后虽然都更强调整个事件的状态，但仍是一个偏重过程，一个偏重结果。偏重过程的形容词重叠后不能放在"得"后做补语，可以做状语；偏重结果的形容词重叠后可以做"得"的补语，不能做状语。例（13）中的几个句子说明形容词重叠作定语要跟"的"一起用，它跟不重叠的形容词作定语最大的区别在于重叠形式生动形象，不重叠只是简单的描述；例（14）表明亲属名词重叠是一种基本形式，不重叠是一种非普遍用法或有标记的用法。这些例子告诉我们如果课本上或授课时讲不清楚重叠和不重叠的差异，学生就不会用或用不对，其结果不但不能准确表达意思，有时候甚至会出现尴尬的局面或沟通失败。可见，对比分析重叠和不重叠的区别很重要。

现在我们再看汉语的复合词。由于复合词占现代汉语词汇的多数，而且是汉语构词的一个主要特点，所以一般的语法书或词汇教学研究都会提及复合词内部的结构、语义特点（如并列、偏正、动补等），复合词的离合性等（王志洁2005，孙德金主编2006，刘月华2002，崔永华1997），因此这里就不再重复，但是，学者们讨论较少的话题是在词汇教学中，我们是否可以把语法书里面描述有关复合词的各种语言特点不加修饰地、不作选择地照搬到课本或者课堂的讲授当中。大家对这个问题的简单回答一定是否定的，要不然我们就不需要探讨词汇教学法了。这个问题较复杂的一面是在不能照搬语法书的情况下，如何系统地、循序渐进地帮助学生学好复合词在交际中的使用。笔者认为词汇教学和语法书里面的词汇研究最大的不同，在于前者注重词汇的语义、语用功能和习得的特点，而后者研究构词的方法和各种词汇的用法。也就是说在课本和课堂上不需要讲解跟复合词的构词法有关的问题（如：哪些词是偏正结构？"你好"是一个复合词还是两个字？），教学的重点应该放在词汇的交际功能上，只要学生知道"你好"、"跳舞"、"不用"怎么用，就达到了词汇教学的目的，至于他们是不是一个复合词，是什么复合词都不重要。

一词多义是汉语词汇的另一个特点。这个特点应该是词汇教学的重点，也是词汇教学的难点。成为难点的原因在于一个词有多种用法，教学的程序比较复杂；成为重点的原因也比较简单，因为每个词汇的语义直接影响交流的内容和结果，如能灵活使用某个词的各种语义（即义项），表述个人的想法，交流就比较自然、流畅，容易达到交流的目的。

(15) 甲：你看今天的天气**多**好啊。（比较：很好）

乙：是啊，天气一好，外面总是有那么**多**人。（比较：很多）

甲：那你说这**人多**是好还是不好？（比较：很多人）

乙：我不太喜欢人**多**的地方，吵吵闹闹的**多**烦人哪，影响环境，也影响情绪。（比较：很多；很/太）

甲：那你真是一个爱静的人。

乙：我想是那么回事，不仅如此，如果我想**多**吃东西的话，我一定要到一个人少的餐馆去。（比较：吃很多）

上面这段简短的对话用了"多"的三个义项：作副词修饰形容词表"非常/很"义；作形容词修饰名词表"数量多"义；作副词修饰动词表"动作的重复数量"义。对会用的人来说"多"的这些义项可以使话语听上去轻松、流畅、自然、不费力气，但是对外国学生来说，可不是那么容易的事情，大部分学生会用"很多"代替"多"的用法，如例（15）括弧里列出的比较词汇，那这段对话就会显得生硬、单调、缺乏感情色彩，因此我们说要提高学生的词汇水平，需要加强多义词的学习，并且把这些词的用法跟近义词进行对比（如"多"与"很多"），让学生意识到二者的区别。此外，由于学生不可能在某一个阶段掌握多义词的各项语义、语用功能（注：《词汇等级大纲》把上面讨论的"多"的三项功能都列为甲级），所以有必要对多义词的教学按照上文讨论的排序原则进行排序。

近义词和同义词虽然不是汉语的特点，但是由于它们跟多义词的表意特点正好相反（即"不同的词有类似的语义"与"同一个词有多种不同的语义"），而且它们也都直接会影响到交流的内容和结果，所以也应该是词汇教学的一个重点。试比较下面"一样"和"同样"的用法：

(16) a. 同样（*一样）一个人，怎么会做出两种性质完全不同的事情呢？

b. 我们两个人的衣服是一样（*同样）的。

c. 他们同样（一样）从中国来，学的却是不同的专业。

  d. 他们说的都一样（＊同样）。
  e. 他们都有同样/一样的问题。

  例（16）中的"同样"和"一样"都可用作形容词修饰名词表"类同"义，英文翻译都可作 same 用，可是为什么在上面的五句中两句只能用"同样"，两句只能用"一样"？通过分析它们的语用功能，我们发现这两个近义词有三个语用功能上的特点：第一，"同样"，"一样"都可以用作副词修饰动词；第二，"同样"所修饰的名词主体可以是同一个，也可以是两个，但是"一样"修饰的名词主体一般是两个；第三，"同样"不能做谓语，但是"一样"可以。这些差异和特点，特别是第二和第三，对美国学生来说比较难学，因为英语没有跟他们相对应的近义词，上面的五个句子，除了（16c）以外，都可以用 same 来翻译，所以笔者认为近义词也需要排序，在教学中哪个词、哪个功能先讲/对比学习，哪个后讲/对比学习，需要有一个清楚的概念，要不然学生的偏误就会很多，影响交流或沟通的效果。

（二）汉英词汇对比分析

  不同语言的词汇有不同的特点，把汉语的构词和词汇特点跟印欧语的词汇相比是一种情况，把汉语跟日、韩语的词汇特点相比则是另外一种情况。为了帮助不同母语的学生提高汉语词汇学习的效率，我们有必要通过对比分析的方法，找出跨语言词汇结构和使用的差异，以及跨语言的干扰。对比分析跨语言的差异在对外汉语教学界已经得到一些学者的认同（孟柱亿 2005，罗青松 2006，王顺洪 2006），不过对跨语言的干扰以及它给学生的词汇学习带来的困扰这方面的研究为数甚少，只有最近出版的由张博等撰写的论文集《基于中介语语料库的汉语词汇专题研究》(2008）对词汇学习中跨语言干扰的问题做了一些探讨。下面我们着重讨论一下汉语和印欧语词汇的差异，以及跟跨语言干扰有关的一些问题

  汉语跟印欧语相比属于不同的语言类型：汉语是孤立（isolating）、分析型（analytical）语言，而大部分的印欧语属于屈折型语言（inflectional language)[①]，

[①] 现代英语也逐渐具有分析语言的特点，比如除了人称代词以外，它没有系统的"格"（case）和"性"（masculine, feminine, neutral）的变化形式。

因此汉语的词汇特点跟印欧语不一样。上文提到汉语的词汇主要有三个特点：复合词多、多义词多以及重叠词。印欧语的词汇有两大类：第一类，从古拉丁和古希腊语借来的外来词，无论是属于日耳曼语族的英语、德语，还是属于罗曼语族的法语、西班牙语都有大量这类的词；第二，很多词都是通过词缀构成的，如：anti-dis-establ-ish-ment-ar-ian-ism。这个英文词的词根是 estable，它可以带两个前缀，五个后缀，分别构成不同词类，表达不同意思。印欧语词汇的这两个特点跟汉语词汇的特点截然不同。如果我们把这些语言类型的词汇结构差异再具体地分类，就会比较清楚地看到词汇教学的重点和难点。

比较汉语和印欧语的词汇结构、语义、语用特点，我们发现汉语中复合词的特点跟印欧语中词缀的特点相对；汉语的一词多义和印欧语的多词近义相对。请参考下面的例子。

（17）汉语：①

  动补：写错、听懂、看见、改正、学识、打开、失掉、失去、理解
  动宾：开口、开饭、开幕、开头、开车、开工、开会、开刀、开心
  偏正：名人、名义、名牌、名称、名声、名单、名胜、名字、明年
  并列：朋友、东西、知识、喜爱、检查、思念、开关、丧失、羡慕
英语：
-able：terrible, capable, enable, manageable, sensible, reasonable, edible
-ly：happily, quickly, slowly, worldly, easily, merrily, happily, excitedly
-ize：modernize, socialize, grammaticalize, realize, revolutionize
-ness：happiness, consciousness, usefulness, kindness, madness
-ist：socialist, linguist, scientist, capitalist, physicist, pharmacist, naturalist
in-：innate, inhale, indeed, intone, increase, infect, inhabitant, inherent
dis-：distance, distress, dispatch, dislocation, dismantle, dislike, discrepancy
pre-：preliminary, precious, predecessor, prelude, premature, pretend

对比分析（17）的词语，我们看到汉语的复合词是由两个或两个以上的词

---

① 按照某些分法，"听懂"、"很多"等不是词，"听见"、"好多"是词，笔者认为他们之间没有词性方面的差异，只有使用频率上的不同，因此本书按照同类情况处理。

素组成新词,如:朋+友=朋友,认+识=认识,好+看=好看,可+怕=可怕,现代+化=现代化,语言+学=语言学,实+用+主义=实用主义等。这些例子表明词素本身的词性是决定复合词词性的重要因素,但是不是唯一的因素,因为我们看到动词和动词组合的时候可以构成动词词组,也可以构成名词词组;形容词和动词组合的时候可以构成动词词组,也可以构成形容词词组。而在英语的例子里,词根或后缀的词性决定一个词的词性,如:形容词的后缀-able,副词的后缀-ly,名词的后缀-mess,动词的后缀-ize,这些不同的后缀跟不同的词构成新词时,后缀的词性就是新词的词性,如:manage-able、happy-ly、happi-ness、modern-ize等。虽然前缀不能决定新词的词性,但是与前缀构成新词的词根就是新词的词性,如:in-nate、in-hale等。汉英的这种构词上的差异说明英语有很严格的词性分类,这样在组词、造句方面相对比较有规律性:动词只能作谓语,名词可以做主语或宾语,形容词、副词作修饰语;而汉语的词性比较灵活(即两个动词可以组成名词词组用,也可作动词或动词词组用,同一个词可用作名词、动词、形容词、副词、介词、连词等),因此对英美学生来说需要特别注意这种汉语词性的灵活性。

(18) 汉语跟英语比较:

  过:过来、过错、过节、超过、错过、难过
    come over, wrong doing, celebrate holiday, surpass, miss, sad

  好:很好、好久、好吃、好玩、爱好
    very good, very long, tasty, fun, hobby

  红:红颜、红眼、脸红、红卫兵、走红、红人
    young girl, jealous, flush, red guard, lucky, favorable person

  看:看书、看戏、看人、好看、看不下去、看上
    read a book, watch a play, visit friends, good looking, can't stand it, fall in love with

(19) 英语跟汉语比较:

  red:magenta, scarlet, crimson, burgundy, maroon, claret, blush, ruby
    洋红、深红、深红、暗红、褐红、紫红、脸红、鲜红

cherry, flush, glow, garnet, cranberry, rose, vermilion
鲜红、发红、红光、石榴红、玫红、淡红、朱红

good：great, super, terrific, fabulous, extraordinary, wonderful, excellent
很好、极好、极好、极好、特别好、极好、极好
remarkable, brilliant, superb, magnificent, outstanding, splendid
非常好、极好、极好、顶呱呱的、特别好、极好

smile：laugh, chuckle, giggle, hoot, snigger, titter, gurgle, snicker
笑、暗笑、痴笑、嘲笑、窃笑、傻笑、咯咯地笑、嬉皮笑脸地笑
chortle, grin, beam, smirk, guffaw, snort, sneer
哈哈大笑、龇牙咧嘴地笑、大笑、假笑、哄笑/大笑、高声大笑、冷笑

see：watch, view, look, observe, stare, gaze, scrutinize, glance
看着、看法、看、查看、盯着看、瞪着看、细看、匆匆一看
gawk, gape, inspect, glimpse, peek, peep
发呆地看着、目瞪口呆地看着、查看、瞥见、偷看、偷看

对比分析（18）里面的汉英词汇，我们发现另一个差异：汉语的一个单音节词或复合词的各个词素除了它的本义外，常有多个引申义或义项，如："过"的本义是表示时间、空间的"经过"或"通过"义（即英语的 pass），也可以表示从时空的"经过"义引申出的"超过"（即英语的 surpass, exceed, outdo, 等）、"错过"（即英语的 miss）、"过于"（即英语的 over）等义。"过"的这些引申义或义项跟另一个词素经过词汇化，便构成不同的新词；汉语很多复合词都是动词和另一个词素词汇化的结果（董秀芳 2005），也有很多复合词是由形容词跟另一个词素词汇化的结果，如："红"的本义是"红色"，它的引申义也有好几个："少女"、"嫉妒"、"革命"、"走运"等（邢 2008），所以汉语有"红颜"、"红眼"、"红卫兵"、"红人"这些词。这种使用某个词素的不同义项构成新词的现象是汉语的构词特点，我们也许可以说一个词素的义项越多，它的构词能力就会越强。

英语的构词特点则不同。如果对比（19）里面的英汉词汇，英语的词素

（如：red, good, see）很明显没有汉语相对应的词素（即红、好、看）有那么多引申义或义项，因此英语的词素不能像汉语的词素一样构成很多复合词，但是英语的每个词素都有大量的同义词或近义词。从（19）列出的词汇看，英语的那些近义词/同义词翻成汉语时都可以用同一个词素外加某个修饰词。如，magenta 洋红，scarlet 鲜红，crimson 深红，burgundy 暗红，maroon 褐红，claret 紫红，ruby 宝石红，cherry 樱桃红，garnet 石榴红，cranberry 酸果红，rose 玫瑰红/淡红，vermilion 朱红等，都可表示"红色"义，它们的区别只是"红"的程度。英汉的词汇在表现这些程度时形式不同：英语用不同的词汇表示[①]，汉语用同样的词根外加不同的修饰语表示。我们看到，形容词是这样，动词也是这样。英语的 laugh（笑）有很多近义词或同义词：smile, chuckle, giggle, hoot, snigger, titter, gurgle, snicker, chortle, grin, beam, smirk, guffaw, snort, sneer 等，这些不同的词都用来表示某种形式的"笑"；而汉语是用"笑"外加一个修饰词表示类型上的不同，如：微笑、轻声地笑、痴笑、嘲笑、窃笑、傻笑、咯咯地笑、哈哈大笑、露着牙齿笑、假笑、哄笑、狂笑、冷笑等。这就是为什么英语的词汇量（*Oxford English Dictionary*《牛津英语大字典》第一版共收入 252,500 个词头［headwords］）比汉语的词汇量（《汉语大字典》共收 54,000 个字头）大将近四倍的主要原因。

汉英词汇使用的第三个不同是现代汉语词汇受韵律和性质的限制，英文却没有。请看下面例句：

(20) a. 你得租一辆**很大的车**才行。（＊很大车）

　　 b. 这个**大学**举世闻名。（＊大学校）

　　 c. 他非常**热爱**自己的工作（＊爱自己的工作）

　　 d. 没有办法向政府**求助**。（＊求帮助）

　　 e. 别**开他的玩笑**。（＊开玩笑他）

例（20）中的错误用法都是不能满足现代汉语韵律规则导致的。如果我们

[①] 其实英语的颜色词里也有一些借用实体名词的颜色表示色彩的语义，如：用 ruby "宝石"表示"宝石红"，用 cherry "樱桃"表示"樱桃红"，用 rose "玫瑰"表示"玫瑰红"或"淡红"等等。

看这几对词（"很大的车"与"*很大车"、"大学"与"*大学校"、"热爱"与"爱"、"求助"与"*求帮助"）的语义，每对之间没有差别，但现代汉语就是不那么用，原因在于现代汉语的韵律规则（对汉语的韵律学感兴趣的读者可参阅冯胜利 2005），比如：双音化（即 20b-d）、动补结构的可分性（即 20e）、定名结构的韵律规则（即 20a）等。要是不按照这些规则组词、造句，说出来的话、写出来的文章听上去就是"怪怪的"。这种现象在把汉语当做外语的初、中级学生中尤其普遍，因为他们没有汉语母语者的语感，如果老师不在课堂上操练韵律的规则，他们自然会犯例（20）演示的错误。因此，在词汇教学中适当地给学生讲授韵律规则是完全有必要的。对于高年级的学生来说，由于他们对汉语的词性有了一定的认识，老师也可以根据词性的特点说明例（20）中的语病和语用，比如："大车"与"很大的车"相比，前一个形容词"大"表示状态，后一个"很大的"表示性质（对形容词的特点和用法感兴趣的读者可参阅张国宪 2006）。

上文谈到的这些汉英构词、词汇语义表达上的差异对母语是印欧语的学生来说意味着什么呢？笔者认为不同的差异在教学中应该采取不同的处理方法。汉语的复合词和英语的词缀应该对比着教，汉语的一词多义应该和英语的多词一义对比着教。这样，英美学生就会对汉语词汇的构词特点和规律有一个系统的认识，在学习中慢慢地摸索出自己比较有效的学习方法。拿"看"这个词来说，一年级学生学了它的本义"用眼睛看"后，再碰到用"看"组成的词或词组，如"看朋友"、"好看"、"看法"、"看来"等，在老师的帮助下应该不仅可以理解"看朋友"和"好看"这类词里面"看"的比较简单的引申义，而且可以学会"看法"和"看来"里面"看"的更进一步的抽象义。这样的练习做多了，学生就会掌握复合词的特点和用法。

除了汉英构词上的差异导致学习者的困难以外，另一个词汇教学的难点源于汉英两种语言的同义词，和汉语自有的同义词。前一种属于跨语言干扰的范畴，后一种属于语言内部的干扰，如例（21）～（22）所示。

(21) a. "同意"与"agree"

我同意你的观点。（ * I agree your point of view. ）

I agree with you.（＊我跟你同意。）

b. "做"与"do"

What is he doing?（他在做什么？）

他在做饭。（＊He is doing food.）

c. "还是"与"or"

你喜欢中国菜还是美国菜？（Do you like Chinese food or American food?）

I can go to your house or you come to my house.（＊我去你家还是你来我家。）

d. "够"与"enough"

我的钱够了。（My money is enough.）

I have enough money.（＊我有够的钱。）

(22) a. "特别"与"尤其"（cf. special/especially）

父亲特别喜欢那幅画。（父亲尤其喜欢那幅画。）

这种吃法很特别。（＊这种吃法很尤其。）

b. "一定"与"肯定"（cf. definitely）

星期五的晚会我一定来。（星期五的晚会我肯定来。）

他说得很肯定。（＊他说得很一定。）

c. "觉得"与"想"（cf. think/feel）

我觉得你说的是对的。（我想你说的是对的。）

我觉得很不舒服。（＊我想很不舒服。）

我想去看电影。（＊我觉得去看电影。）

d. "经历"与"经验"（cf. experience）

他的经历可以写一本小说。（他的经验可以写一本小说。）

那个人经历了很多事儿。（＊那个人经验了很多事儿。）

我对教学没有什么经验。（＊我对教学没有什么经历。）

我们先看（21）里面的汉英词汇对比，汉语的"同意"跟英语的 agree 语义基本相同，可以说他们是同义词，但是它们的表现形式不同："同意"可以直接跟一个表示"观点/看法"的宾语,而英语则不行,agree 是一个不及物动词需要跟一个介词连用才能带一个有生命力、可以表达意见的人物名词/代词作宾语。对母语为英语的学生来说当他们看到"同意"的语义为 agree 的时候,再加上没有老师或教材解释的情况下,很容易犯"*我跟你同意"这样中英混用(Chinglish)的错误。这类的错误应该说主要是教材或教师没有说清楚跨语言的差异导致的跨语言干扰,因为学生实际上对汉语句子里的词汇排序已经有了一定的认识,他们没有说"*我同意跟你",而是按照汉语的语序把修饰动词的词组放到了动词的前面。如果对比(21b)~(21c)里面汉英近义词,两种语言之间的差异和干扰又跟(21a)不太一样。"做"和"do"、"还是"和"or"、"够"和"enough"除了分别有某个义项相同以外,还有不同的地方:"做"可表"制作"义,"do"不可以;"还是"没有"或者"义,"or"有;"够"不能单独做谓语或定语,需要跟另一个词素一起用才行,但是"enough"没有这种韵律上的限制。这些跨语言的差异(即:用法和搭配上的不同)在词汇教学中无疑是教学的重点和难点。

(22)里面的演示的都是汉语的近义词,对母语为英语或其他语言的学生来说,这类的近义词在学习的时候需要借助于母语的翻译,但是这类词翻译成学生的母语时很难找到两个对应的近义词,因此汉语课本的词汇表里这类近义词一般都用同样的英文标注(如:"经历"和"经验"都标为"experience","一定"和"肯定"都标为"definitely","觉得"和"想"都标为"think/feel","特别"和"尤其"都标为"especially")。在这种情况下,如果课本或老师不讲清楚这些同义词的区别,学生自然会受母语的影响,在用这类词的时候出现(22a)至(22d)的词汇偏误。

从上面对比、分析汉英在词汇方面的差异和习得的偏误,我们知道对英美学生来说汉语词汇教学的重点和难点在于汉英构词的差异和两种语言之间以及汉语自身的近义词受学生母语的影响造成学习的困难。汉英构词差异的主要表现形式为汉语的新词主要通过把两个词素放在一起形成复合词,而英语则通过前缀或后缀构成新词或从其他语言借用。从语义功能上看,汉语有很多的多义词,而英语有很多词可以表示同样或类似的意思。这些语言类型的构词及词汇语义在表现形式上的差异应该是词汇教学最重要的内容。其次是近义词的辨析。无论是跨语言的近义词，还是汉语的近义词，教学中不但需要讲清楚他们在什么情况下可用，而且更重要的是要讲清楚什么情况下跟学生母语不一样，所以不可以用。

四 等级词汇教学

上文谈到不同等级的词汇和词汇量都有不同的标准，那么每个等级的词汇教学是否也应该有不同的重点？如何衡量每个等级的词汇教学的好与坏？我们是否可以说如果学生记住了每个等级所设定的词汇，就意味着词汇教学的成功？问题可能没有那么简单，凡有些教学经验的教师都知道词汇教学的好与坏，关键在于学生是否会用学过的词汇。纵观《汉语词汇等级大纲》不同等级的词汇，我们发现1033个甲级词汇是由800个汉字组成的，也就是说，这个等级的词汇多数都是单音节词，但是随着等级的提高，已学过的、可以构成新词的词素也逐渐增加。乙级的2018个词由804个新汉字构成，丁级3569个词只含700个新汉字。这说明甲级阶段学生要学的基本词素最多，到了高级（丙级）虽然学生要学的词汇量比初级多几倍，但是要学的新词素并没有初级阶段多。此外，不同等级词汇的另一个特点是初级阶段的大部分词汇（包括甲、乙级）都是交流时非用不可的一些基本词汇，而高级阶段的词汇（即丙、丁级）则不然，有很多词汇在交谈时可以用基本词汇代替。鉴于等级词汇的这些特点，初级阶段的老师如何帮助学生有效地学习大量的基本词汇，高级阶段的老师如何帮助学生学习、辨析近义词同义词和高层次的词汇是这一节主要探讨的内容。

（一）初、中级阶段的词汇教学

从上文提到的不同类型的词汇大纲的排序看，我们发现初、中级阶段的词汇，特别是初级阶段的词汇，都是日常生活中出现频率高的"纪实"或"实体"词汇，也就是说大部分这类的词所表达的意思都具有两种特点：第一，具体、清楚，还可能看得见、摸得着，比如：在、一、不、这、上、他、人、要、到、历史、政府、国际、科学等；第二，这类词大部分都能在学生的母语中找到基本上对应（虽然不一定是完全对应）的词汇，也就是说在习得中跨语言的干扰相对比较小。这两个初、中级词汇的特点实际上已经表明这个阶段的教学重点应该放在汉字和如何扩大学生的词汇量上。以往的研究和教学实践也证实了这一点（Xing 2006、张博 2008 等）。由于汉语的书写形式跟印欧语有本质上的区别（汉语是表意文字，印欧语是拼音文字），在初级阶段，大部分的汉语课都花较多的时间教学生认字、写字。具体地说，学生要学习汉字的笔画和笔顺，常用的偏旁部首，汉字的基本结构（主要是形声字），以及简单的构词法。如，"好"可以跟另一个动词构成新词：好看、好吃、好用、好听等。这样学了一年以后（这里指美国的情况），学生可以学到大约 400 个汉字、600 个词，而且从习得中基本掌握汉字的构词原理。

到了中级阶段，学生的词汇学习重点就会从汉字转到词汇。组词的方法自然也成了词汇学习的重要组成部分。在本章第三节讨论汉语词汇的特点时，我们谈到最主要的有三个：双音（复合词）、重叠、（一词）多义。这三个特点在中级阶段都是学生学习的重点，但是学生学完中级汉语后，他们对这三个特点的掌握会有程度上的差别。一般来说，学生对复合词和重叠词的掌握会比对多义词好，因为无论是重叠词/复合词的结构原理，还是他们的语用功能都比较简单、直接，而且跨语言的干扰小，所以比较容易学习掌握。相比之下，多义词的语义、语用功能比较复杂，跨语言的干扰也大，因此需要更长的时间学习和练习才能掌握。这样一来，衡量中级汉语词汇教学成功与否的标准只能放在考量学生是否掌握了复合词和重叠词的组词方法和它们的基本语义/语用功能。另外，由于多义词和复合词有可能指的是同一个词（如：就是），因此我们说中级阶段学生要掌握的是复合/多义词的基本语义和语用功能，而不是复合/多义词的各种语义、语用功能。

（二）高级阶段的词汇教学

本章一开始，我们提到学生词汇学习的"断层"情况，指的是到了高年级，学生的词汇量没有一个质的变化，他们的词汇能力仍然停留在中级水平，即：只会使用复合/多义词的基本功能，而高级阶段的词汇水平一般显示在学生是否有使用复合/多义词的各种功能的能力,以及是否有灵活使用具有不同典雅度的近义词/同义词的能力。第一种能力跟中级阶段的词汇能力有密切的联系,更准确地说是建立在中级词汇能力的基础上。如果中级阶段有比较扎实的基础,那么到了高级阶段,使用复合/多义词的能力就比较容易进一步提高;反之,在高级阶段就需要倍加努力才能达到该阶段的词汇水平。对于高级阶段的第二种能力,即同义词/近义词的典雅度,要提高这种能力,不仅需要有一个扎实的中级阶段的词汇基础,更重要的是要排除很多跨语言词汇的差异和干扰,因此比较难掌握。这可能就是为什么在高级阶段出现词汇"断层"的主要原因。鉴于这种情况,如何帮助学生从词汇断层的现象中解脱出来是当今美国汉语词汇教学的难点,也是首当其冲的任务之一。下面笔者想通过《乐在沟通》(2008[1996],与白建华、宋如瑜合编)这本中、高级汉语教材的编写体会和使用实践为高级阶段的词汇学习提几点建议,供大家参考。

熟悉高级教材编写或《乐在沟通》这本教材的老师都知道,高级教材的特点就是每一课的词汇量都很大。《乐在沟通》共15课,每一课的生词介于35到89个之间不等;除了这些课文的生词,每一课还有10到50个补充词汇。这样平均下来每一课至少有50多个,至多达100多个生词。有的读者可能会觉得这样的编排不太合理,学生怎么可能每一课学那么多生词,但是如果考虑一下高级阶段词汇能力的标准,就会知道这样的词汇安排在高级阶段不但合理,而且很有必要,否则学生的词汇能力不可能达到高级水平。

我们首先看一下为什么高级阶段的词汇量大是合理的。上文谈到在《汉语词汇等级大纲》中甲级词汇的生词和生字的比率是10比8(1033:800)(就是每增加10个生词得学会8个生字);乙级词汇的生词和生字的比率是10比4(2018:804)(即每增加10个生词要掌握4个生字);丙级词汇的生词和生字的比率就更大:10比2(3569:700)(即每增加10个词只需要新学2个生字)。按照这样的比率,如果我们把《乐在沟通》当做中级教材的话,那么对于一个有70个生词的课文来说,它只有28个生字;如果当做高级教材的话,它只有14个生字。对高级阶段的学生来说,14个生字应该是可以掌握的,因此我们说词汇量大是合理的。

此外,高级阶段词汇量大不仅是外语习得理论特别强调的理念,即增加输入,也完全符合汉语词汇的特点和习得的特点,即:一词多义、近义词/同义词很多,这类词受跨语言干扰大。为了说明这一点,我们再看一下《乐在沟通》其中一课的词汇选择和输入练习。第七课的题目是"音乐欣赏",这一课一共有62个生词,大多数是用来描述音乐的类型与欣赏音乐的心理活动和感受。如果再仔细分析一下这两类词,我们发现描述音乐类型的词基本上都属于"实体"词,比如:摇滚乐、爵士乐、弦乐、四重奏、圆舞曲、小夜曲、交响曲等,比较具体、跨语言干扰小,因此对学生来说比较容易学;但是描述心理活动和受音乐感染后的感受则属于"抽象"类的词汇,如:造诣、寄托、浪漫、毫无生气、内心烦恼、解除疲倦、乡土气息、风格、天堂般、宁静、烦躁不安、失去活力等。这类抽象词汇由于所表达的意念看不见、摸不着,学生学习的时候免不了要在自己母语里面寻找相对应的词汇,以确定它们的准确意思,但是一般情况下又很难找到完全对应的词。如:在学习"造诣"这个词的时候,书上标的英文翻译是 accomplishment,可是用的时候,我们只能说"某个人的<u>学术</u>或者<u>艺术造诣很深</u>",不能说"他做<u>生意的造诣很大</u>"(注意搭配的问题),可是英文可以说 His accomplishment in business is huge. 显然在这样的学习过程中学习效果会受到母语的干扰,造成学生使用词汇时的困惑。此外,在同一课里面,我们还看到有不少的近义词,比如:"消除"与"解除","烦恼"与"烦躁","感觉"与"感受","心境/心态"与"心情"等,要是跟前几课出现过的词汇比,同义词/近义词就更多了。这些同义词有他们相近似的语义/语用功能,也有不同的地方,如例(23)~(26)所示。

(23) a. 音乐既能**消除**我身体的疲倦,又能**解除**我内心的烦恼。

 b. 由于他犯的错误,公司不得不**解除**他的职务。(﹡消除他的职务)

 c. 政府下决心要**消除**这种病毒的传播。(﹡解除病毒)

(24) a. 这件事让他很**烦恼/烦躁**。

 b. 有的音乐让人心境平和,有的却让人**烦躁**不安。(﹡烦恼不安)

 c. 这几天他有很多**烦恼**的事儿。(﹡很多烦躁的事儿)

(25) a. 古典音乐给人一种高雅、浪漫的**感觉/感受**。

 b. 太阳一下山就**感觉**有点冷了。(﹡感受有点冷了)

  c. 听了他的生平经历让我**感受**很深。(＊感觉很深)

(26) a. 我认为保持平和的**心态/心情/心境**很重要。

  b. 他现在的**心情**很舒畅。(＊心境/＊心态很舒畅)

  c. 一般人很难修炼出那样的**心境/心态**。(＊心情)

  学生在学习这些同义词/近义词的时候很重要的一个任务就是辨别它们微妙的差异，如，语义的不同和词汇的搭配，搞不清楚这一点，就不具有使用高级词汇（即丙级），甚至是中级词汇（即乙级）的能力。另外，有些近义词/同义词也属于表达抽象概念的词，所以会受到跨语言的干扰。比如：(23) 中的"解除"和"消除"都可以翻译成英文的 rid of 或 free from，可是这两种英文翻译并不能帮助学生区别汉语两个近义词的差异，反而会导致病句的产生，这就是我们在第二节中谈到的母语"大干扰"的情况。要减少这种干扰（注：我们不可能完全解除这种干扰），只有通过增加输入（如：增加阅读量和词汇练习）才会有效果。因此我们说高级阶段的词汇学习需要强调有一定的词汇量，也需要强调有一定的输入量。

  除了词汇量和输入量，高级阶段词汇教学的第三个重点是典雅度。这里所说的词汇典雅度指的是书面语（formal usage）使用的频率。书面语使用的频率越高，典雅度也越高。书面语跟口语（informal/oral usage）相对应（对书面语有兴趣的读者请参阅冯胜利、胡文泽 2005）。我们再看一下《乐在沟通》第九课的几个生词：为情所困、岂不是、仿佛、炽热、利害、凡人。这几个词的词性不同，但都是书面语，如果学生到了高级阶段，还只会使用与这些词相对应的口语词汇（即：有了爱情方面的麻烦、难道、好像、特别热、好处和坏处、普通人），那么他们的词汇水平也就只能停留在初、中级阶段，也就是上文描述的词汇"断层"现象。因此我们建议在高级阶段要增加书面语，通过对比分析（即书面语和口语的对比）的方式，提高学生词汇使用的典雅度。

五　小结

  著名翻译家严复先生提出翻译的最高标准在于信、达、雅，"信"指忠实原文,"达"指流利通畅,"雅"指文雅。虽然这三个标准的对象是翻译,但是我们也许可以把它们借鉴到对外汉语词汇教学中,稍微加以说明,就会比较贴切地描述汉语词汇等级教学的特点。在对外汉语词汇教学中,我们把"信"理解为词汇的原义或本义;把"达"理解为通俗流利的口语;而"雅"跟翻译中的理解一样指文雅。这样一来,我们可以说在初、中级的词汇教学中,要强调"信"和"达",到了高级阶段需要增加"雅"的成分。要是一个高年级学生的词汇能力可以达到这三个标准,那么他的词汇学习就是成功的。

思考与练习

1. 现有的关于现代汉语词频研究的专著存在一些什么问题?
2. 使用本章介绍的排序原则,为下面的词汇进行教学排序。
    a. "说"、"得"、"好"的各种功能
    b. "小"和"少";"叫"和"让"
3. 比较把汉语当做第一语言的词汇教学和对外汉语词汇教学,说明两种教学过程的异同。
4. 汉语的双音重叠结构,有的使用 AABB 的形式(如:我要让他们**高高兴兴**地来,**欢欢喜喜**地回去。),有的则使用 ABAB(如:我要让你**高兴高兴**。)的形式。解释一下哪些词用第一种形式,而不是第二种形式,哪些正相反,如何才能让学生掌握这两种重叠的语用功能。
5. 汉语的"再"和"又"常翻译成英语的 again,如下面的 a~c 所示;如何用简单易懂的语言帮助学生掌握"再"和"又"的用法?
    a. 他又来看你了。He came to see you again.
    b. 他下星期再来看你。He will come to see you again next week.
    c. 他下星期又要去中国了。He will go to China again next week.
6. 不同等级的词汇教学内容不同,那么教学法是否也应该不同?为什么?
7. 词汇"断层"的问题是怎么形成的?

第四章　句法教学

在第一章导论中提到对外汉语教学跟汉语语言学的研究有不可分割的关系。对外汉语教学虽然不能完全照搬汉语语言学的研究结果，但是它在很大的程度上依赖于汉语语言学研究的结果。语音教学、词汇教学是这样，句法教学也不例外。在过去几十年的对外汉语教学实践中，句法教学似乎是对外汉语教学流程中最受宠的一个环节，这可能是因为有关句法研究的经典参考书居多，如，王力《中国现代语法》(1954)，赵元任《中国话的文法》(1968)，吕叔湘《现代汉语八百词》(1980)，刘月华等《实用现代汉语语法》(2002)等；而且句法教学，与语音教学、词汇教学相比，容易有立竿见影的教学效果，就是说学生学了某个句型后，就可以用它造句，会造句就有可能在实际的交流中表达一个完整的意思，而学会某个语音或词汇单位并不能在交流中表达一个完整的意思。有时候如果某一课里面没有几个语法点，有的老师甚至会觉得没什么内容可教，学生也会觉得没学到实用的东西。鉴于句法在教学中的这种特殊地位，句法教学、习得方面的研究与词汇和语音教学研究相比，应该说在近几年"汉语热"的浪潮中有一个飞跃性的进展，国外和中国台湾地区教学语法方面的论著不太多，具有代表性的有邓守信的《对外汉语教学语法》(2009)，Xing 的 *Teaching and Learning Chinese as a Foreign Language：A Pedagogical Grammar*（《对外汉语教学语法》2006）；国内这方面的论著也有一些，如国家汉办教学处主编的首届国际对外汉语教学语法研讨会的论文集《对外汉语教学语法初探》(2003)，陆庆和《实用对外汉语教学语法》(2009)，张宝林《汉语教学参考语法》(2009)，孙德金《对外汉语语法及语法教学研究》(2006)等。这些论著基本上都是通过分析外国人学习汉语的难点，探讨语法教学的方法。有些教师认为国内出的有关教学语法的论著对国外的汉语教师来说似乎不太适用,但是又不太清楚为什么。笔者认为产生这种情况可能有几个因素:第一,对国外学生外语教学和习得的习惯了解的程度;第二,语法教学和语用教学的关系;第三,本体语法和教学语法的关系。任何一本对外汉语教学语法书,要顾全这三方面的各个因素都很不容易。这一章我们希望能从这三方面探讨句法教学的目的,句法教学的内容和句法教学的方法。① 首先我们从对外汉语教学的目的出发探讨句法教学的主要任务,然后通过对比分析的方法解释说明句法教学的主要内容和笔者认为行之有效的一些教学法。

一 句法教学的目的

句法,顾名思义指的是句子结构的方法,那么句法教学,从字面理解应该指句子结构的教学方法,但是实际上句法教学的主要目的并不是让学生学习句子结构(如:主谓怎么排序,定语放在被修饰词前面还是后面,复杂谓语的结构等),而是帮助学生学习在交际中怎么使用某个句子或语法点。教学实践证明如果学生只学习句子的结构,如:主动句和被动句的结构,无论他们对这两种结构掌握得如何熟练,在交流中他们一定还是不知道什么时候用主动句,什么时候用被动句,自然也就达不到学以致用的目的。那么怎样才能帮助学生达到这个目的呢?Xing(2006)提出对任何一个句型学生都应该学到三方面的知识:什么时候用?怎么用?为什么用?只有具备了这三方面的知识,他们才有可能在实际交流中使用学过的句型。这里我们坚持 Xing 的观点,并在此基础上把跨语言差异和干扰的成分加到处理这三方面的问题中。先看几个被动句的用法。

(1) a. 他搞政治搞不了,被人利用了。
  b. 前一段日子,刘斌被一家文化公司请去做了美术总监。

---

① 对外汉语教学界有的学者用"教学语法"或"语法教学"专指"句法教学",有的含指"句法教学"。本文使用的"教学语法"泛指教学中所有的语法规则,包括语音规则,构词规则,句法规则等;用"句法教学"专指句子/句型的教学法。

c. 赵凤芝疯了，被送进了疯人院。
d. 他被我盯得不好意思，扑哧一声笑了起来。
e. 他的脸被太阳晒得黑黑的。
f. 他被爱情，也被生活彻底地抛弃了。
g. 我被他吓成了这样，他开心地笑了。

所有（1）中的例句都选自北京大学汉语语言中心汇集的 CCL 语料库，它们是从语料库众多被动句中选出的具有代表性的用法。认真分析这些用法后，我们发现被动句在交流中的使用大体可以归纳为下面五种：

第一：表述负面的行为动作或意念；
第二：有意不提及施事者或者不明确施事者是谁；
第三：表明受事者在句子中的重要性（与施事者相比）；
第四：连接话题链（即统一两个或两个以上句子的主题）；
第五：满足句子结构的要求（即句子有补语的时候）。

这五种功能中，第一种是被动句的语义特点，第二、三、四是被动句的语用、篇章特点，第五种是被动句的句法特点。另外，我们注意到这五种功能的其中几种可以在某一个句子中同时出现，当然不一定五种功能都同时出现，我们先看（1a）、（1b）两句，除了第五种特点外（即：使用被动句不是出于句子结构的要求，不用被动句也可以，如："人利用了他。"），其他四种功能都具备；例（1c）没有第二种功能，但是有第五种功能，因为它不能改成主动句（﹡送她进疯人院。）；例（1d）、（1e）没有负面的意思，也没有特意掩饰施事者，因此没有第一种和第二种功能，其他的都有；例（1f）用来表示负面的意念，连接主题链，突出受事者在句子中的重要性，也可以用主动句来表示，所以这一句只缺乏第二种功能；例（1g）用被动句式主要是为了表达受事者（即"我"）与下一句的施事者的对比，以此表示"我"在句子中的重要性，值得注意的是这样做就打断了两句话的主题链，因此这一句没有第四种功能。

由于这五种功能，或者说被动句的特点，是在实际交流中常见的，因此要提高学生的交际能力，这些特点就是学生学习的目的。此外，这五个特点也在不同的程度上回答了怎么用，什么时候用和为什么用被动句的问题。对于"什么时候用"和"为什么用"这两个问题，上面五个特点就是答案；对于"怎么用"的问题，把第四和第五个特点作简单的解释便是怎么用的答案，也就是解释怎么用被动句连接主题链和怎么在有补语的情况下使用被动句。明确了学习被动句的目的，就在很大的程度上确定了句法教学的主要内容，即：教什么的问题。从上面的例句看，汉语的被动句有多种功能，跟词汇教学一样，句法教学也不可能同时把所有的功能全盘托给学生，需要明确哪个或哪些功能先教，哪个或哪些功能后教的问题。下一节我们就着重讨论这个问题。

二　句法教学内容的排序

　　句法教学的排序主要包括对外汉语教学中"语法点"的排序，有些教材把语法点称为"句型"，但是由于"句型"是一个强调句子结构的词汇，所以我们用"语法点"作为排序的内容。如果用 A、B 作为语法点的代称，那么 A 比 B 的频率高，就是说语法点 A 比语法点 B 的频率高。在导论中，我们提出三个为语法点排序的规则：

　　规则一：若 A 的频率高于 B，则 A 在 B 之前（"就" vs. "才"）
　　规则二：若 A 的语义、语用功能比 B 简单，则 A 在 B 之前（把$_2$ vs. 把$_1$）
　　规则三：若 A 的跨语言差距和干扰比 B 小，则 A 在 B 之前（了$_2$ vs. 了$_1$）

在这三个规则中，规则一比较简单，我们只需要参阅国家语委的"绿皮书"（即《现代汉语常用词表》）就会知道哪个语法点使用频率高，哪个低。以"就"和"才"为例，绿皮书中"就"的使用频率（频序号为 13）比"才"的使用频率（频序号为 82）高（频序号越低，使用频率越高），因此按照排序规则一，"就"应该先教，"才"后教。这是如何使用规则一界定不同语法点或者具有近似句法功能的语法点在教学中的先后顺序。另外一种需要排序的语法点是同一个语法点具有两种或多种的句法功能，如："就"的各种句法功能，导论提到的"了"和"把"各自的两种主要功能等。这时候用规则一就无法界定哪一种功能先教,哪种后教。对这种语法点排序,严格地来说,需要统计这个词各种不同功能的使用频率,然后根据统计结果决定哪个功能先教、哪个后教。但是由于到目前为止还没有这方面的统计,因此对这类语法点的排序只能依赖于规则二和规则三。

规则二主要界定的情况是哪个语法点的语义、语用功能简单,哪个复杂。搞清楚了这个问题,就按照由浅入深、由简入繁的教学理念安排教学内容,即:简单的语法功能先教,复杂的后教。那么如何界定语法功能的简单与否?我们先看一下"就"的一些用法:

(2) a. 他们的习惯是死了<u>就</u>埋。
 b. 那一按门铃儿您<u>就</u>得跑出去。
 c. 多花钱<u>就</u>可以找到。
 d. 你给钱,我<u>就</u>拿。
 e. 过去<u>就</u>有这个工作,
 f. 我们俩呀,早<u>就</u>分家了。
 g. 不一会儿<u>就</u>蜷缩在沙发上睡着了。
 h. 很快我们<u>就</u>都醉了。
 i. 这穷人<u>就</u>最怕丧事和喜事儿,穷人办不起。
 j. "人之初,性本善"呐,<u>就</u>念那个。
 k. 女水房<u>就</u>是洗女的,男水房<u>就</u>是洗男的。
 l. 啊,孙女儿<u>就</u>一个,<u>就</u>一个孙女儿。
 m. 反正我<u>就</u>出身不好,吃剥削饭儿长大的。

分析上面这些"就"(例句全部选自北京大学汉语语言中心汇集的CCL语料库)的用法,可以把它们大体分成下面五种:

第一:连接两个动作的先后顺序(2a、2b)
第二:引出结果(2c、2d)
第三:表示某个动作发生的时间比较早(2e、2f)
第四:表示某个动作发生得比较快(2g、2h)

第五：强调、肯定某种情况或行为动作（2i、2m）

这里说明一下，这些用法并不是"就"的所有功能，有一些特殊功能没有包括在内，比如：它跟"着"连用时，表示"接近"义（如：就着路灯细看）。从语料库的例句看，特殊功能出现的频率比较低，而上面提到的五种功能则都是现代汉语中使用频率很高的，因此我们把他们看做"就"的常用功能，对把汉语当做外语的学生来说不仅应该学懂他们的用法，而且能在交际中使用。

现在我们再回到如何在教学中为这五种常用功能排序的问题上，就是按照排序规则二，我们需要从语义和语用的角度辨别哪种功能比较简单、哪种比较复杂。根据以往对"就"的研究（吕叔湘1980，邢志群2005）以及笔者对"就"在现代汉语语料库中的各种用法的分析，我们认为"就"的五种用法就应该按照下面的排序进行教学。

第一个功能"连接两个动作的先后顺序"最先教。从时间角度看，两个行为动作的先后是最具体、最容易理解的一个概念，任何具有一般辨识能力的人都具有这种理解能力，因此只要给学生讲清楚"就"用在两个行为动作之间，如例（2a、2b）所示，就可以了。"就"的第二个功能"引出结果"虽然也连接两个行为动作或概念，但是这两个动作或概念之间不是时间顺序的前后，而是具有某种逻辑关系，这种关系可以是"原因"和"结果"，也可以是"条件"与"结果"，如例（2c、2d）所示。从语义、语用的角度看，"因果"关系要比"时序"概念抽象一些，因此我们说"就"的第二个功能比第一个功能难一点，教学时应该后于第一个功能。第三个功能和第四个功能类似，都是跟某个动作发生的时间有关，但是二者又不完全相同，一个是表示某个动作发生的时间比说话人预期得早（第三个功能），一个表示某个动作发生的时间比说话人预期得快（即第四个功能）。从语义、语用的角度看，这两种功能属于同类，不存在哪个难、哪个容易的问题，因此这两个功能哪个先教都可以。但是如果跟"就"的其他功能相比，这两种"就"显然比第一、二个功能复杂，原因是第一、二个功能连接的是两个实体存在的，有时间顺序或逻辑关系的行为动作或概念，而第三、四个功能只有一个实体存在的行为动作或概念（即2e中的"有这个工作"，2f中的"分家了"，2g中的"睡着了"和2h中的"醉了"），这几个动作发生得"早"与"快"的参照物都没有具体的语言表示形式,只是说话人用"就"表示自己对那几个动作发生的"早"与"快"的看法或设定,这样一来"就"不仅仅用来连接两个有关系的动作或概念(一个有语言实体——句子,一个没有),而且它本身就表示某个动作或意念——相当于句子的功能,因此我们说"就"的第三种和第四种功能比第一、二种复杂,教学时应该后于第一、二种功能。最后我们看第五个功能,"强调、肯定某种情况或行为动作",这个功能跟第三、四种功能一样也不是连接两个具体的动作或逻辑概念,因此肯定比第一、二种功能复杂,那么它是否比第三、四种功能复杂,我们需要从语义和语用两个角度来观察。第三、四种功能复杂焦点在于"就"用来表示"说话人对某个动作发生的早/快的设定或推测",相当于一个完整句子的功能。比较来说,第五种功能用来表示说话人"强调某种情况(即人/物或动作)的重要性",这也相当于一个完整的句子的功能,只是第三、四种功能表示的是"时间早/快"的语义、语用概念,而第五种功能表示一个更抽象的语义、语用概念"强调"。对学习者来说,越具体的概念越容易学,越抽象的概念越难学,所以第五个功能在教学中应该排在"就"的五个功能的最后。根据以上分析,我们把"就"的五个功能在教学中的排序总结如下:

最先教　　第一种功能
　　　　　第二种功能
　　　　　第三种功能
　　　　　第四种功能
最后教　　第五种功能

根据上文提到的三个语法点的排序规则,似乎还不能只用语义、语用功能来决定其在教学中的先后顺序,还需要考虑跨语言差异和干扰的问题。跨语言差异和干扰小的语法点或语义、语用功能应该先教,差异和干扰大的应该后教。但是如果我们把英语当成汉语跨语言的参照语言,就很难找到任何一个英语的词或功能词可以跟"就"的各种功能相对应,因此没有办法客观地考量"就"的哪种功能跨语言的差异和干扰大、哪种小。在这种情况下,我们只能依赖于语义、语用功能的复杂性为同一个语法点的不同功能排序。但这并不是说所有的语法点或同一个语法点的不同功能在排序的时候都不需要考虑跨语言差异和干扰的问题。第一章导论，提到了$了_1$（表示动作的完成）和$了_2$（表示某种情况的变化）的排序情况，我们的结论是由于$了_1$跨语言干扰比$了_2$大，因此$了_2$应该先教，$了_1$后教。这就是说，在排序的时候，可以考量跨语言差异和干扰大小的语法点，就必须使用第三个排序原则，否则就只能依赖第二个排序规则为语法功能排序。

在上一节讨论教学目的的时候，我们谈到被字句的五种主要语义、语用功能。根据语法点的排序原则，被字句的五种功能应该按照下面的顺序教学：

最先教　│　第一种功能（表述负面的行为动作或意念）
　　　　　第五种功能（满足句子结构的要求）
　　　　　第二种功能（有意不提及施事者或者不明确施事者是谁）
　　　　　第三种功能（表明受事者在句子中的重要性）
最后教↓　第四种功能（连接话题链）

无论在哪个语料库中，上面列的第一种功能总是被字句使用频率最高的一种，不仅如此，我们知道这种功能也是它最早、最基本的功能，因此这种功能应该最先教。其次是第五种功能，因为被字句的这种功能是出于句法的要求，不是语义或语用的要求。当受事名词在句首，谓语又有补语的时候，经常使用被字句（如：他被大家看成学习的模范。＊大家看他成学习的模范。）。这种情况跟第一章中提到的把字句的情况一样，所以相对应该先教。但从使用频率来看，虽然第五种功能和第一种有不少同时使用的情况，但是总的来说还是低一些，因此在教学中要后于第一种。现在我们再来看第二种和第三种功能，这两种都是被字句的语用特点：一个强调受事者的重要性，一个强调施事者的非重要性，两种用法的频率也差不多，跨语言的差异（跟英语被动态的功能相比）也差不多，因此这两种功能哪个先教哪个后教都可以，但是跟第一、第五种功能相比，第二、第三种功能显然后于第一和第五种，因为第一和第五种是被字句最基本、最常用的功能。当然排序在最后的应该是第四种功能，因为它表示语篇连贯功能。

现在我们明确了"就"和被字句的主要功能的先后排序，但是这个排序结果仍然不能告诉编教材的老师或上课的老师初级汉语应该讲哪个或哪些功能，中级汉语讲哪些，高级汉语还需要讲"就"和被字句的用法吗？这个问题 Xing（2006）有过比较详细的讨论，Xing 认为如果某个语法点有多种功能，具体的、基本的功能（basic function）应该在初级阶段教，常用功能（common function）放在中级阶段，抽象的、特殊功能（special function）放在高级阶段。原则上我们认同 Xing 对同一个语法点的不同功能的等级分配方法，只在等级分配的术语上稍微加以调整。我们把"就"和被字句的各种功能也分成三个等级：把"就"的第一、二种功能称为"具体功能"（因为它连接两个具体的、有逻辑关系的动作或情况），把第三、四种功能称为"半抽象功能"（因为它表示"某种行为动作的早/快"），把第五种功能称为"抽象功能"（因为它表示"强调"），这样一来，就可以把"就"的三个等级的功能分别安排在初、中、高三个语言学习阶段。

初级阶段：具体功能（第一、二种功能）
中级阶段：半抽象功能（第三、四种功能）
高级阶段：抽象功能（第五种功能）

同样地，我们也可以把被字句的五种功能安排在三个阶段进行教学：

初级阶段：第一、五种功能
中级阶段：第二、三种功能
高级阶段：第四种功能

这样的分配方法不仅符合语法点的三个排序原则，而且也跟语言教学的等级标准匹配。无论是美国外语教师协会颁布的 *Chinese Proficiency Guidelines*（《汉语水平指南》，1986），还是新汉语水平考试（HSK）的标准，都把初级汉语句法能力定在掌握简单、具体的日常用语上；中级汉语，学生学习的目标是掌握主要的、常用的句子结构和功能；到了高级阶段（包括 advanced 和 superior），学生的学习目标则上升为用篇章的结构表示个人的意见或用事实论证说明某种假设，显然这种高级语言能力需使用可以表达抽象概念的词汇、句子和篇章结构。可以说"就"的"强调"用法和被字句的"连接话题链"只是高级语言阶段的某个语法点而已。

从上文讨论的"就"和被字句的语法功能排序的方法,我们知道当某个语法点有多项功能时,需要先按照他们语义、语用功能的简易度进行排序,然后再考虑这些功能是否给学生造成习得方面的困难,即是否有跨语言的差异或干扰。如果同一个语法点的两个语义、语用功能的难易度相近,但是其中一个有跨语言干扰,一个没有,那么没有干扰的那个功能先教,有干扰的后教;如果两种功能都有干扰,那么先教哪个、后教哪个就无关紧要。表一总结归纳"就"、"了"、"把"和"被"四个语法点的各种不同语义、语用功能的排序结果。

表一 "就"、"了"、"把"、"被"的教学排序

初级阶段		中级阶段		高级阶段	
先教	后教	先教	后教	先教	后教
就$_1$	就$_2$	就$_3$	就$_4$	就$_5$	
了$_2$	了$_1$				
把$_2$		把$_1$			
被$_1$	被$_5$	被$_2$	被$_3$	被$_4$	

上文提到"就"和"了"的功能排序,也讨论了"就"和"被"的教学等级排序,这里就不再说明。对于"了"的教学等级排序,考虑到两种"了"的语义、语用属于同类,一个表示动作的完成,一个表示动作的结果,因此我们认为这两种功能都应该是初级阶段的教学内容,不同的只是了$_2$跨语言的干扰小,所以先教了$_2$。

"把"的两个功能(把$_1$:她把头发剪了。把$_2$:请把书放在桌子上。),第一章的导论也讨论过,把$_2$不仅语义、语用功能比把$_1$简单,而且跨语言的干扰和差异也比把$_1$小,因此把$_2$应该先教,把$_1$后教。在表一里,我们把把$_2$放在初级阶段,把$_1$放在中级阶段的原因跟"就"和"了"的排序原因完全一样,就是把$_2$的语义、语用功能是"具体的",即"把某物放在某个地方";而把$_1$的语义、语用功能则有"抽象"的成分,也就是说,用把$_1$的原因不是非用不可,而是为了在某种程度上强调"头发"被剪了这件事,这是一个抽象原因,

因此有必要放到中级阶段，这时候学生对汉语的语句有了一定的了解，学习这种用法相对会比较容易；如果把把₁放在初级阶段，虽然句子结构简单，但是从语用的角度看，很难让学生真正理解把₁的这种功能，他们完全可以不用把字句，只用一般"主谓宾"句式就可表述他们要表达的意思。

以上演示的排序方法应可用于为汉语所有的语法点排序。跟词汇的排序相比，句法排序需要三个程序：第一，为不同的语法点排序；第二，为同一个语法点的不同功能排序；第三，为不同的功能在哪个等级教学排序。相比较来说，为词汇排序要稍微简单一点儿，只有两个程序：第一，为不同词汇排序；第二，为同一个词的不同功能排序。至于哪些词汇是初级的，哪些是中、高级的问题，老师们只要参考常用词频表（国家语委的《绿皮书》或者汉办主编《汉语水平词汇与汉字等级大纲》）就知道哪些词汇应该在哪个年级讲授。

三 汉语的句法

汉语的句法跟英语的相比有一样的地方，也有很多不同的特点。这一节我们将从这两种语言的句子结构出发，使用对比分析的方法，说明它们在交际中的语用功能和对外汉语教学中需要特别注意的一些问题。

（一）汉语句法的特点

汉语的句法跟英语比有两个特点：一个是"主语"（subject）或"主题"（topic）的表现形式，另一个是"谓语"（predicate）（有时也称为"述语"）的表现形式。我们知道这两项内容是任何一种人类语言要表达某个完整意念必不可少的成分。换句话说，由于表达某个完整意念的最小语言单位是句子，而且构成句子的两个基本成分是"主语/主题"和"谓语"，这两个成分的表现形式自然成了句法研究和教学语法研究的焦点。下面我们将分别讨论汉语的这两个成分的表现形式的特点。

1. 主语/主题（名词）的表现形式

Li & Thompson（1981：15）提出汉语是一种主题突出的语言（topic prominent language）而印欧语则不同，是主语突出的语言（subject prominent language）。为什么称为"主题突出"呢？两位学者的解释是"主题"这个成分在世界上其他语言中很少见，汉语呈现主题的句子现象很特别，有必要把汉语跟没有主题呈现的语言看成不同类型的语言来研究。他们指出汉语的句子有的只有主题，没有主语，有的二者都有，有的没有主题；而英语的每个句子都必须有主语，请看下面（3）中的例句（选自 Li & Thompson 1981：15—16，88—90）。

（3） a. 张三我已经看过了。（Zhangsan, I've already seen (him).）
　　　b. 这棵树叶子很大。（This tree's leaves are very big.）
　　　c. 昨天念了两个钟头的书。（Yesterday, (I) read for two hours.）
　　　d. 那本书出版了。（That book has been published.）
　　　e. 橘子坏了。（The oranges are spoiled.）
　　　f. 下雨了。（It's raining.）

（3a～b）既有主题（张三/这棵树），又有主语（我/叶子）；（3c～d）只有主题，没有主语；（3e～f）只有主语①，没有主题。这些句子除了（3f）以外，我们在教学中通常称之为"主题评论句"。虽然到目前为止还没有准确的调查数据表明主题评论句在日常沟通中的使用频率，但有一点是毫无疑问的，那就是这类句子在汉语中很普遍，结构很简单，对把汉语作为外语的学生来说，不但应该学习，而且应该学好。至于学生应该什么时候学习这类的句子，我们在第四节中将详细探讨。

另一个跟主题/主语表现形式有直接关系的是名词词组的结构和特点。汉语名词的结构为"修饰语＋名词"，形容词、名词、代词、动词、介词词组、数量词组等都可以充当修饰语，如例（4）所示：

（4） a. 好东西（good stuff）
　　　b. 汉语语法（Chinese grammar）

---

① 很多教师并不细分谓语前面的名词词组是主题还是主语，为了教学方便，他们把（3e）中的"橘子"也看成是主题。

c. 他的小算盘（his little plan）

d. 在电脑里的档案（files in the computer）

e. 四五个孩子（four or five kids）

f. 烂了的水果（rotten fruits）

若名词只有一个修饰语的话，学生在学习时一般都没有什么问题，但是沟通中，很多名词都会有两个或两个以上的修饰成分，如例（5）所示：

(5) a. ［一件］［白色的］［结婚］礼服（三个修饰成分）

(a white wedding gown)

b. ［这个］［老少三代］［住北京天桥的］［王］老头（四个修饰成分）

(this elder Wang who lived in Tianqiao, Beijing, for three generations)

c. ［他的］［那个］［用了好几年的］［手提］电脑（四个修饰成分）

(the laptop computer that he has used for a good number of years)

d. ［写了两年的］［现代汉语语言学］［学生］手册（三个修饰成分）

(the modern Chinese linguistic handbook for students that he wrote in two years)

e. ［那些］［红卫兵上街打死人的］［无法处理的］案子（三个修饰成分）

(those difficult processed cases that involved the Red Guards hitting people to death)

f. ［华盛顿的］［那个］［独一无二的］［白色］官邸（四个修饰成分）

(the only white house in Washington)

上面的例子中，每一个［ ］表示一个修饰成分。我们看到例（5）中给的每一个名词词组都有三个或四个修饰成分。这些修饰成分从词序结构上看，很简单，就是无论是什么词类都统统放在被修饰的成分之前，但是值得考虑的问题是哪个成分在前、哪个在后？也就是名词修饰语的词序问题。从上面的例子可以看到汉语名词修饰语的词序基本上是按照下面这个顺序来安排的：

［代词/指示代词/数量词］＋［介词词组/从句＋的］＋［形容词（的）］＋

［名词］＋［名词］

"/"表示"或者"，意思是它两边的修饰成分可以同时出现，也可以取其中一个或两个。括弧里的"的"可有可无，要看前面形容词的词性。另外，从北京大学汉语语言学的CCL语料库看，例（5）中的词组属于结构比较复杂的，出现的频率也不太高，而最常见的仍然是那些只有一两个修饰语的名词词组，如例（6）所示。

(6) a. 这个卓别林的帽子（卓别林的这个帽子）
 (the hat worn by Chaplin)

 b. 这会儿的年轻人儿（＊年轻的这会儿的人儿）
 (these modern young people)

 c. 一些犄角旮旯的词儿（犄角旮旯的一些词）
 (some uncommon words)

 d. 这个旧的习惯（＊旧的这个习惯）
 (this old habit)

 e. 我祖父的遗产（＊祖父的我的遗产）
 (my grandfather's heritage)

 f. 他们家的那个小儿子（＊那个他们家的小儿子）
 (their family's youngest son 或者 the youngest son of their family)

 g. 几位南方的同学（南方的几位同学）
 (a few classmates from the south)

虽然例（6）给出的名词词组为数不多，但是这类的例子在北大语料库中很普遍，颇具代表性。不难看出有两个修饰成分的时候，指示代词（包括近指和远指）和数量词一般都在形容词和从句的前面，但是如果指示代词和代词同时出现，那么一般代词在前，指示代词在后，如例（6f）所示。这里值得注意的是（6a）、（6c）、（6g）中两个修饰成分的排序，我们看到指示代词（这个）、数量词（一些、几位）和名词性成分（卓别林、犄角旮旯、南方）在前在后均可。这说明这两种修饰语跟他们所修饰的名词（帽子、词、同学）的关系相当，没有远近之分。我们知道在一般的情况下修饰成分跟被修饰的成分的语义关系近，两者的结构距离也近（Tai 1985）。

涉及汉语名词词组的另一个问题是名量词（nominal classifiers[①]）。由于名量词的使用只在世界上某些汉藏语和南岛语（Austronesian languages）中存在，印欧语中没有名量词，只有集合量词、度量词（英语统称 measure words）和个别的动量词（verbal classifiers），因此在探讨对英汉语教学法的时候有必要说明汉语名量词的特点及功用。根据近几年对于汉语名量词的研究结果（邢志群 2009），我们知道现代汉语中最常用的名量词为：个、位、条、件、句、项、只、张、座、本、支、份、把、部、篇、封。在这 16 个名量词中，"个"的使用频率要比其他 15 个高得多。这是因为"个"本身没有特定的语义，几乎可以跟任何一个名词，特别是那些没有什么特殊的语义特征的名词配合使用，而其他 15 个都需要跟特定的事物名词使用。如例（7）所示。

(7) a. 一个小孩、一个人、一个苹果、一个猫、一个事情、一个成语、一个任务、一个老虎、一个照片、一个桥、一个字典、一个笔、一个椅子、一个电子信

b. 一位先生（＊一位学生、＊一位小孩、＊一位相片等）

c. 两条鱼、三条道路、那条消息（＊两条人、＊两条苹果、＊两条头发等）

d. 三件衣服、四件事情、两件东西（＊三件人、＊三件书、＊三件面包等）

e. 四句话、三句成语（＊四句人、＊四句书、＊四句电脑等）

f. 几项任务、一项工程、两项成果（＊几项人、＊几项饭、＊几项东西等）

g. 这只老虎、那只手、一只花瓶、两只耳朵（＊这只人、＊这只头、＊这只书等）

h. 那张照片、这张桌子、一张纸（＊那张人、＊那张书、＊那张电

[①] 这里我们讨论的数量词不包括集合量词、度量词（measure words）和动量词（verbal classifiers）。

脑等）

i. 哪座桥、一座雕像（＊哪座人、＊哪座沙发、＊哪座树等）

j. 一本书、两本杂志（＊一本人、＊一本狗、＊一本笔等）

k. 两支笔、一支蜡烛（＊两支人、＊两支书、＊两支杯子等）

l. 三份报告、两份饭、这份东西（＊三份书、＊三份杯子、＊三份信等）

m. 四把椅子、两把梳子、一把锁（＊四把桌子、＊四把杯子、＊四把书等）

n. 一部古典名著（＊一部本子、＊两部杂志、三部报纸等）

o. 两篇文章（＊三篇书、＊四篇信、＊五篇吃的东西等）

p. 三封信（＊一封书、＊两封信封、＊三封画儿等）

例（7）中的例子表明，"个"的使用范围最广，"件"、"只"、"份"次之，其他的相对比较窄。鉴于这些常用名量词的使用特点，在教学中"个"必然最先教，至于其他的名量词哪个先教、哪个后教，则需要看哪个使用频率高且语义、语用功能简单。现在我们以"件"和"句"为例，根据《现代汉语常用词表》，"件"的使用频率很高（频序号为166），"句"相对低一些（频序号为367），因此"件"应该先教，"句"后教，这是第一步的决定。其次，由于"件"的语义、语用功能比较复杂：它可以修饰"衣服"类的名词，也可以修饰没有什么特别语义的综合/抽象名词像"事情"或"东西"之类的名词，所以需要决定它修饰的哪类名词的语义、语用比较简单。显然"衣服"类名词（如：衬衫、大衣、毛衣等）比"事情""东西"具体、简单、容易理解，因此前者的用法应该先教，后者的用法后教。

综上所述，汉语名词的表现形式跟印欧语比有两个特点：第一是名词词组的词序不同，第二是名量词的使用。虽然汉英的句子语序都是"主＋谓＋宾"，但是两种语言的修饰语的词序不同：汉语名词的修饰语都在名词之前，而英语的修饰语有的在名词前，有的在名词后，如（8）所示。

(8) a. the president of Western Washington University

（西华盛顿大学的校长）

b. the people who care about the environments

（那些关心环境的人们）

c. two university students who risked their lives to save a girl who fell into a river

（两个冒着生命危险抢救掉进河里的一个女孩子的大学生）

(8a)和(8b)中的名词分别由介词短语和从句修饰，英语的这两种修饰成分必须放在被修饰的名词之后；(8c)中名词"学生"既有数词（two）和名词（university）修饰，又有从句（who risked their lives to save a girl who fell into a river）修饰，数词和名词修饰语在被修饰的名词之前，从句在名词之后。而汉语相对应的句子，所有的修饰语都在名词之前，而且汉语有量词，英语没有。我们认为，这些汉英名词表现形式的区别就是句法教学的重点。

2. 谓语/述语的表现形式

汉语的谓语（有的也叫述语）的表现形式跟英语比有两个最大的不同，一是汉语的形容词可以作谓语，二是动词可以由补语修饰，也就是常说的动补结构；这两个特点英语都没有。因此在句法教学中应该是重点。下面我们将详细探讨这两种谓语表现形式在教学中应该注意的一些问题。

汉语的形容词具有静态动词的功能，所以可以作谓语，而英语的形容词必须跟系动词（如：be，become 等）连用才能充当谓语。那么，汉语的任何形容词都可以作谓语吗？请看下面的例子：

(9) a. 今天的天气很好。[？今天的天气好。]

b. 他们都很忙。他们都忙。他们很忙。[？他们忙。]

c. 这个菜很咸。[？这个菜咸。]

d. 天黑了。[＊天黑。]

e. 她的头发白了。[＊她的头发白。]

f. 他们家的草地绿绿的。[＊他们家的草地绿。]

g. 那件衣服（颜色）很红。[＊那件衣服（颜色）红。]

h. 这几天的天气格外晴朗。[？这几天的天气晴朗。]

i. 她很可爱。[？她可爱。]

   j. 他们特别高兴。[？他们高兴。]

（9）中的例子表明，汉语的形容词都可以作谓语，但是有一个制约的条件，就是需要用"很"、"非常"、"特别"或者重叠的方式来修饰作谓语的形容词，要不然它只能表对比义（如：今天的天气好，昨天的不好。我们不忙，他们忙。），如果没有上下文的对比，交流中是很难接受的（即那些打问号的句子）。那么，为什么作谓语的形容词会有这样的制约呢？冯胜利（2005）指出是受韵律的制约。他认为挂单形容词作谓语的本义跟它作定语的不一样，不是用来表"描述"义，而是表"对比"义，因此要用谓语表示对一般事物的描述，除了形容词外，还需要像"很"这样的语言成分来注明。除此之外，我们还看到例（9）中的（d 和 e）跟其他例句又有一些不同，那就是挂单形容词"红"和"白"如果跟"很"这样的词连用，就表示"描述"义，但是如果跟"了"连用，则表"变化"义（刘月华 2002）。这进一步说明形容词作谓语的本意不是"描述"，而是对比。要表示非对比义，需要跟另一个有语法/语义功能的词连用，如，"很"表示"描述"，"了"表示"变化"，重叠表示"程度"等。这些解释不仅帮助我们了解形容词作谓语的特点，更重要的是让我们明确汉英形容词在功能上的差异。这些差异在句法教学中必须给学生讲清楚，否则他们就会出现例句里演示的各种偏误。

汉语谓语表现形式的另一个特点是动词可以由后置补语来修饰。虽然动补句式的结构看似很简单，动词（＋得）＋补语，但是什么时候用"得"，什么时候不用，什么样的词可以作补语，什么时候用动补结构，则是教学中应该注意的问题。我们先参看下面的一组结构。

(10) a. **看到/见**一只漂亮的小鸟

   b. **看懂**这句话的意思

   c. **看完**一本小说

   d. **看穿/破**他们的诡计

   e. **看重**时间

   f. **看上**了他

g. **看错**了那个人
h. **看清**那个人
i. **看成**很重要的一件事
j. **看出（来）**你是一个老实人
k. **看中**了我那幅画

例（10）中的动补结构都用"看"为动词，加不同的补语。这些补语在北大语料库中跟"看"使用的频率如下：看到（64447）、看见（32311）、看出（11365）、看上（5048）、看成（3424）、看清（2867）、看中（2104）、看重（1782）、看完（1747）、看错（416）、看穿（354）、看懂（334）、看破（272）。有趣的是《现代汉语常用词表》（即绿皮书）并没有把（10）中列出的动补结构当做同类的语言单位处理：绿皮书把例（10）中有的动补结构当做"词"（加下画线的），有的不是（没加下画线的）。但是如果分析这些动补结构的语用功能的话，补语成分都是用来表示动作产生的结果。为什么"看见"是个词，"看完"就不是呢？如果是因为"看见"比"看完"的使用频率高，那么"看成"的使用频率比"看破"的高，前者不是词，后者为什么反而是呢？除了词频标准外，绿皮书在研制报告中也提到另一个收词原则（667页）"经常出现的双音节结构，如果其中一个组成语素在现代汉语中基本不单用，则把该结构视为词收录；如果该结构中有一个成分的意义已经虚化，也视为词加以收录"。这一规则似乎也不能说明上文提出的问题，因为看出的"出"显然已经虚化，但是"看出"并没收录为词。这说明绿皮书收录词的标准还有待进一步协调、统一。笔者的意见是，只要两个（或两个以上的）语素的使用频率高，就可以把它当做一个词。这种界定词的方法虽然笼统了一些，也缺乏一定的科学性，但是在对外汉语教学中是很有必要的，因为学生学的就是交际中常用的词汇和句子。

上面的这组动补结构共有的特点是补语部分都是由另一个可以充当谓语的成分（即动词或形容词）表示前一个动作的结果，这种结果在没有动补结构的语言中一般是通过时态、语态或者其他连动的形式表示出来，这一点将在下一节中详细探讨。这里只说明一下结果补语的特点。总的来说，任何一个动词或动作都有其特有的一些性质，这些性质决定了这个动作可能产生的结果。比如下面几种最常用的表示不同动作的动词（参阅绿皮书）和可以跟它们连用的补语：

(11) a. **说**：完、错、好、对、出、着、破、累、多、少、成、死
　　 b. **用**：完、错、好、对、坏、破、尽、多、少
　　 c. **做**：完、错、好、对、坏、累、多、少、会、成
　　 d. **走**：完、错、好、对、出、进、掉、累、多
　　 f. **想**：完、错、好、对、出、累、多
　　 g. **吃**：完、错、好、饱、掉、累、多、少、馋、死、坏

上面这些表示结果的补语大部分都可以修饰所列的动词，只有个别的，像"饱"、"馋"这两个跟"吃"有关系的词一般不作跟"吃"没关系的动作的补语。换句话说，描述人类行为动作的动词都可以跟一个描述这个动作产生结果的词连用构成动补结构，这是汉语动补结构的一个特点，也是它的一个功能。值得注意的是表示结果的补语不用"得"连接动词和补语两个成分。如果加"得"，补语的功能就变了。如例（12）所示。

(12) a. 说得完、用得完、做得完、走得完、吃得完
　　 b. 说得对、用得对、做得对、走得对、想得对

动词后面带"得"的补语不再表示结果，(12a) 表示"可能"，"得＋完"表示"可能完"，如"说得完"表示"（可）能说完"；(12b) 表示对事情的判断，如"说得对""说的是对的"。这两个词（完、对），不加"得"作补语时表示结果，加"得"后一个表示"可能"，一个表示"判断"。后两种功能可算是补语成分比较复杂的功能，教学时应该后于结果补语。①

　　除了结果补语以外，另一种常见的补语是描述动作的"性质"。这种补语一定带"得"。我们看到例（13）中的补语表示的既不是"说"的结果，也不

---

① 为了教学方便，这里对补语的分类与国内常见的分类有一定的差异，比如国内通常的补语分类，主要有：结果补语、可能补语、程度补语、状态补语、趋向补语等几种。这里笔者建议在一二年级只给学生介绍结果补语，描述性补语和趋向补语。

是判断，而是动作"说"的话的性质，即多少、好坏、清楚与否等。这种补语的特点是属描述性的（descriptive），所以一般使用形容词来充当。在某种程度上这种补语的功能跟上一节中谈到的作谓语的形容词的功能类似。

(13) a. 说得太多/少
   b. 说得没理
   c. 说得好听/难听
   d. 说得地道
   e. 说得有趣
   f. 说得流利
   g. 说得清楚
   h. 说得头头是道
   i. 说得很坚定
   j. 说得很认真
   k. 说得慢/快
   l. 说得很诚恳

第三种常见的补语，语法书称作"趋向补语"，通俗地说，就是表示方向的补语。这类补语一般由表示方向的动词或介词构成。汉语这类的词有十个：来、去、进、出、到、过、回、上、下、起来①。其中"来/去"的语义、语用是交流中最基本的：一个是朝着说话人的方向，另一个是背着说话人的方向，因此也是最常用的。这两个方向词除了单独使用以外，还跟其他八个方向词连用，如例（14）所示。

(14) a. 走**进/出**教室来/去
   walk into/out of the classroom (* walk into/out of the classroom here/there)
   b. 走**到**学校来/去

---

① "起来"跟其他趋向词有些不同，虽然名词宾语可以放在"起来"的中间（如：走起路来，做起饭来），但它没有相对应的方向，也就是说没有"起去"的用法。

walk to school (* walk to school here/there)

c. 走**上/下楼**来/去

   walk upstairs/downstairs (* walk upstairs/downstairs here/here)

d. 走**过**来/去

   walk over here/there (? walk over)

e. 走**回家**来/去

   walk home (* walk home here/there)

f. 走**起**来

   start walking

我们看到动词"走"的动作是没有方向的，如果说话的人想表达走的方向，就必须加一个表示方向的补语。如果这个方向是朝着在教室里的说话人的，就用"来"表示（即走进教室来），否则就用"去"（即走出教室去）。补语表示方向的这种功能在英语中通常用介词短语或者副词表示（参看例（14）的英文翻译）。比较汉英表示方向的概念，我们发现英语表达方向的 here/there 相当于汉语的"这儿/那儿"，隐含"来/去"的意思，也就是说这对副词表示以说话人为出发点的方向：here 靠近说话人，there 远离说话人。但是它们并没有汉语"来/去"的功能强，因为它们一般不跟表示方向的介词短语或副词连用。英语表示方向时不需要表明说话人的相对方向；但对汉语来说，表明说话人的方向很重要，因此所有的方向词都可以跟"来/去"连用。这是汉语的趋向补语的一个特点，甚至可以说是汉语语用的一个特点。

以上我们讨论了汉语主要的三种补语：结果补语、描述补语和趋向补语。从结构上看，这三种补语基本上是一样的。但是从语义、语用上看，结果补语和趋向补语似乎比较简单，描述补语和其他几种我们没有详细探讨的补语，像：判断补语、可能补语等，较复杂一点儿。因此我们建议在教学中先教结果补语和趋向补语，后教描述补语和其他类型的补语。

（二）汉语和英语句法的对比分析

对比汉英句法的特点，我们发现有两个主要区别：一是汉语的句子结构大部分都围绕着某个主题展开，而英语的每个句子都围绕着句子的主语展开；第二个区别是汉语的句子有体貌标记（aspect markers），而英语的句子既有体貌标记又有时态标记（tense markers）。这两大区别基本概括了汉英这两种语言在类型上的区别，下面我们将分别对比分析这两个区别在对外汉语教学中的潜在意义，以及在教学和习得中应该注意的问题。

1. "主题"与"主语"

上文提到汉语和英语的句子在展开时一个是围绕着某个主题，一个是围绕着主语，具体地讲就是说当我们想用句子表达一个完整的意思（这是句子的定义）的时候，汉语首先考虑的是主题是什么，是"今天的天气"还是"这个苹果"，然后根据主题特点加以说明，即谓语部分，比如："很好"、"不怎么样"、"很甜"或者"皮太厚"等等。当然汉语的主题在很多情况下也可以是主语，只是"主语"这个术语通常跟谓语一起用来表示句子的结构（syntactic structure），而汉语又没有很多体态的标记（如：时态，语态、数、格等），因此"主语"不如"主题"更能说明汉语的句法特点和功能。而西方语言，像英语，主谓语之间的体态标记很明显，所以用"主语"这个词解释句法比较合适。正是因为汉英之间的这个区别，用汉语交流的时候，先选择的是主题，而用英语交流的时候，先选择的是哪种句式和句法是表达某个完整意思的最佳方式，请对比下面的汉英句子。

(15) a. <u>从这里到西雅图</u>只要30分钟。

It only takes 30 minutes from here to Seattle.

b. <u>地球变暖的问题</u>一时半会儿解决不了。

The problem of global warming will not be solved for a while.

c. <u>两天的饭</u>叫他一天就吃完了。

He finished eating the food of two days in one day.

Two-day's food was eaten by him in one day.

d. <u>没日没夜地干</u>才挣这么点儿钱，不值得。

It is not worth to work day and night to make this small amount of money.

    e. <u>今天的晚饭</u>不做了，我们出去吃。

    We are not going to cook dinner tonight; we are going to eat out.

例（15）的句子中带底线的部分都是句子的主题，主题后面是谓语，说明说话人对主题的观点、看法或者解释。我们看到主题部分不受结构的限制，它可以是介词短语（15a），名词短语（15b~c 和 15e）或者是动词短语（15d），同样地，谓语部分也不受任何结构或主题的结构的限制。把例（15）的汉语句子跟他们相对应的英语句子相比，很明显英语的每个句子都需要一个主语，这个主语必须跟谓语在句法结构上统一，也就是说主语的数（即单数或复数）、格（即主格或宾格）、语态（即主动态或被动态）必须跟谓语动词匹配。由于这个原因，在说或写英语句子的时候就不可能像汉语一样，想到什么主题就先说什么，然后加以评论或解释；英语说话人首先要考虑什么成分可以做主语以及怎么使主语和谓语统一的问题。拿（15a）来说，汉语的主题是"从这儿到西雅图"，而英语一般不用这个介词短语作主语，需要 it 这样一个所谓的"蠢代词"或"泛代词"（dummy it）代表介词短语作主语，另外谓语动词也要跟这个蠢代词在"数"和"时态"上统一，即：这句话说的是从一个地方到另一个地方需要的时间，主语为单数；句子的意思是说一个永恒不变的概念，用现在时，谓语动词加 -s。再看（15b）中的句子，"地球变暖的问题"（the problem of global warming）是汉语的主题，也是英语的主语，可是如果我们看它的谓语动词的话，就发现主语表示的语义和谓语动词表示的语义是被动的关系（受事者＋动词），不是主动的关系（施事者＋动词），为此英语的动词必须使用被动形式，而无论汉语的主题和谓语动词的关系是主动还是被动，动词的形式都没有语态、时态的变化。这些表达同样的句子意思时汉英表现出的句法结构上差异，是两种语言在句法方面最大的区别，因此也是母语为英语的学生学习汉语时最重要的语言现象。如果一个学生学不好汉语句法结构的特点，很难想象他有比较高的汉语水平。[①]

[①] 这一点对母语为汉语的英语学习者也一样，如果学英语时对英语主语和谓语动词的体态（体貌、时态、语态等）没有一个系统的了解，这个学生就不可能学好英语。

那么如何帮助学生有效地学习汉语句法中的"主题"呢？笔者认为对成年人来说需要两个主要步骤：第一，了解汉语的主题和英语主语的差异；第二，学习"主题"的语用功能。第一步的目的是消除跨语言的干扰，第二步是为了提高学生汉语语句表达的能力。第一步要解决的问题是汉语的"主题"跟英语的"主语"区别在哪里，也就是上文探讨的问题。除此之外，学生需要了解什么时候"主题"和"主语"可能指同一个概念，什么时候不可能。

2. 汉英的体貌标记

对比汉英的句法，主、谓语有无体貌标记是这两种语言的第二个主要区别。上文讨论主题和主语时也提到了这个问题，就是汉语除了几个"体貌标记"（aspect marker，如：了、过、着）以外，基本上没有什么其他的语言形态标记，而现代英语虽然不像古代英语的体貌标记那么完整，但仍然有语态（主动态和被动态）、时态（现在时、过去时、将来时）、数（单数和复数）、格（主格和宾格）、体（进行体、完成体）几种标记。这些标记是英语句法的主体框架，自然也是学习英语的人必须掌握的主要语法内容。那么对于母语为英语的汉语学习者来说，汉英之间这种体貌标记的区别意味着什么呢？

总结学生在造句写作时常犯的跟语言形态标记有关联的错误，我们发现大部分的错误发生在体标记和被动态的使用上（参阅 16 中的例句[①]）。有趣的是体标记和被动句在汉英中都有，只是汉语在表达被动的时候，动词没有语态的表现形式。当然由于汉语没有"时态"、"数"（名词的单复数标记）和"格"的表现形式，学生自然也谈不上犯这方面的错误。这个现象似乎跟第一章中提到的 Lado（1957）关于语言差异的程度和语言学习的难度成比例的说法基本一致，Lado 提出：学生母语和目标语中都有的语言现象最容易学；学生目标语中没有，可是母语中有的比较难学；学生目标语中有，但是母语中没有的语言现象最难学。根据这种说法，体标记和被动态都应该比较容易学，因为汉英都有体标记和被动句，虽然汉语的被动标记跟英语的不太一样：汉语只用"被"引出施事者，没有动词语态的形式，而英语则有。那为什么这两种句式对学生来

[①] 这些病句大部分都是从北京语言大学中介语语料库来的，也有一些是笔者的学生常犯的错误。

说都比较难学呢？这说明在汉语习得过程中，情况并没有 Lado 说的那么简单。我们还需要深入调查汉英体标记和被动句在语义、语用功能上异同，以及跨语言干扰的因素。

(16) a. *他已经找了房子。（意思是：他已经**找到了**房子。）
　　 b. *我们吃饭完了去看电影。（意思是：我们**吃完了**饭，去看电影。）
　　 c. *我们都去了看电影。（意思是：我们都**去看了**电影。）
　　 d. * 两年前他学了中文。（意思是：两年前他**学过**中文。）
　　 e. *我从来没看过火车。（意思是：我从来没**看见过**火车。）
　　 f. *生命是被上帝给我们的。（意思是：生命是上帝给我们的。）
　　 g. *那个学生被说坏人。（意思是：那个学生被说成坏人。）
　　 h. *每天妻子被病痛苦。（意思是：每天妻子被病折磨得很痛苦。）
　　 i. *我可不想被占我的便宜呀。（意思是：我可不想让人占我的便宜呀。）
　　 j. *他在医院里在身体上被装各种各样的医疗机器。
　　　　（意思是：他在医院的时候，身上装了各种各样的医疗机器。）
　　 k. *正是因为这些原因，流行歌曲才会被深受大家的喜爱。
　　　　（意思是：正是这个原因，流行歌曲才会深受大家的喜爱。）

从例(16)中的病句看，我们发现跟体标记有关的病句的根源主要在于两个方面：第一，体标记跟补语的混用(16a～b)；第二，体标记跟时态的混用(16c～d)。分析上面被动句的错误，我们发现问题的根源主要有一个，就是被动句中谓语动词的错误使用。下面我们分别讨论。

我们来看为什么学生会混淆体标记和补语的用法。汉语语言学探讨体标记，公认的有三个：了（表示"完成"或"变化"）、过（表示"经历"）、着（表示"持续"）。英语公认的体标记有两种：一种是 perfect/perfective，表述"完成"的动作，一种是 progressive，表述"持续"的动作。不过即使母语为英语的人也很难区别"完成体"（perfect/perfective aspect）与"过去时态"（past tense）的语用功能，如例(17)所示。

(17) a. I have read the book. （我读完那本书了。）

b. I read the book.（我读了那本书。）

(17a) 是"完成体"，表述的是在说这句话的时候，"读那本书"的动作做完了；(17b) 用的是"过去时态"，表示的是过去某个时候完成了"读那本书"的动作。这两句的共同点在于都有"完成"的意思，因此容易混淆。这里值得注意的是汉语在表述跟英语相对的完成体（17a）的时候，不但在句尾用了体标记"了"，而且在动词后还用了结果补语"完"，如果不用这个结果补语的话，就变成了跟英语的过去时态相对的句子（即：我读了那本书）。换句话说，结果补语和过去时态都有表示"完成"的体标记的功能，因此对母语为英语的汉语学生来说，不容易识别补语和体标记的不同。

实际上，对于把结果补语看做是体标记的说法在汉语体貌研究文献中有不少探讨（高名凯 1948，赵元任 1968，郑良伟 1988，吴福祥 1998，陈前瑞 2008）。学者们的共识是表示结果的补语，像完、好、过、见、到等都有完成体标记的功能。鉴于汉语的这个特点，在对外汉语教学中，有必要让学生了解汉语的完成体标记"了"不完全等同于英语的完成体"have＋V-ed"或者过去时态；更重要的是汉语的结果补语可以独立地（如：到目前为止，他**写完**五部作品。我**看到**他的时候，他已经快六十岁了。）或者跟"了"一起表示英语的完成体，如例（16）中改正的句子所示。这些例证充分说明母语为英语的汉语学生为什么容易把表示完成的体标记和补语、过去时态混用的原因。也就是说在对外汉语教学中，表示完成的体标记应该跟结果补语结合在一起进行教学，才能澄清学生混淆两者的倾向。

现在我们再来分析一下例（16）中被动句的问题。大体上看，病句中的问题几乎都是受学生母语（即英语）的影响。如果我们把汉语被动句跟它相对应的英语句子作比较的话，这个问题就比较清楚了。

(18) a. ＊生命是被上帝给我们的。（意思是：生命是上帝给我们的。）
       Life was given us by the God.
    b. ＊那个学生被说是坏人。（意思是：那个学生被说成坏人。）
       That student was said to be a bad person.
    c. ＊每天妻子被病痛苦。（意思是：每天妻子被病折磨得很痛苦。）

Every day (his) wife was hurt by the illness.

d. *我可不想被占我的便宜呀。(意思是：我可不想让人占我的便宜呀。)
I do not want to be taken advantage (by people).

e. *他在医院里在身体上被装各种各样的医疗机器。
(意思是：他在医院的时候，身上装了各种各样的医疗机器。)
In the hospital, he was equipped with variety of medical equipments.

f. *正是因为这些原因，流行歌曲才会被深受大家的喜爱。
(意思是：正是这个原因，流行歌曲才会深受大家的喜爱。)
Because of this reason, popular songs are deeply loved by everybody.

例（18）中演示的六对汉英句子都说明英语中的被动语态不能逐字地翻译成汉语的"被字句"。我们看到（18a）中，学生把句子的三个主要成分作了逐字的翻译："生命" = life，"是被上帝" = was V-pp by God，"给我们" = give us。在（18b）中，学生也是把三个主要成分做了相对应的翻译："那个学生" = that student，"被说" = is said，"是坏人" = to be a bad person。这一句我们注意到，逐字翻译的问题出在作补语的部分，因为英语没有补语成分，学生自然把 is said to be 翻译成"被说是"，而正确的汉语应该是"说成是"。例（18）中其他的病句，问题都出在学生把汉语的谓语动词（"痛苦"、"占"、"装"、"深受"）跟英语可以用作被动语态的动词（be hurt, be taken advantage, be equipped, be received）等同地看，强制性地使用"被字句"，实际上，这些英语的被动语态在汉语中或者不用被字句（18e~f），或者使用其他的句式，如，结果补语（18c）、兼语式（18d）。这些例证告诉我们两个值得注意的问题：第一，学生的母语对他们学习汉语句法的影响很大，在教学中我们必须考虑跨语言干扰的问题。第二，英语的被动语态不能逐字翻译成汉语的被动句，教学中需要弄清楚英语的哪些动作可以用在汉语的被动句中，哪些不可以。除此之外，对于那些不可以或者不适合使用汉语被动句的英语被动语态，讲清楚用汉语的什么句式表达也十分重要。

以上我们探讨了汉英体貌标记有哪些相同的地方和不同的地方，以及学生在学习汉语的体貌标记时常会遇到的一些问题。我们发现尽管汉英都有体标记，但是它们的表现形式和使用功能并不一样，如：汉语常把结果补语和表示完成的体标记结合在一起表示英语完成体的功能；汉语和英语都有被动句，但是汉语的被动句并不等于英语的被动语态。我们看到英语的被动语态在汉语中常用其他的句式表示，像动补结构、兼语式等。

四　句法等级教学

这一节我们将探讨两个主要问题：不同等级的汉语课程应该教哪些句法？用什么方法教最有效？在本章的第二节以及 Xing（2003，2006）都提到初级阶段（也就是初级汉语）的句法内容应该包括汉语常用句法的具体功能；中级阶段应该注重汉语句法的普通功能（或半抽象功能）；高级阶段应该注重汉语句法的特殊功能（或抽象功能）。在教学法方面，Xing（2006）建议初级阶段应该想方设法用既清楚又有趣的形式给学生介绍汉语常用句法的常用（具体）功能，学生需要通过模仿、反复练习的方法掌握所学句法的功能。在中级阶段，句法教学的重点应该放在某个语法点在什么情况下使用和为什么使用上，不应该放在句子的结构上。学生只有掌握了语法点的交际功能，才能在交际中正确使用。到了高级阶段，句法教学的重点应该从句段转移到语篇教学，也就是说通过大量地接触不同风格的语篇让学生学习各种语法点在语篇中的各种功用。这一节的讨论我们基本遵循 Xing（2006）提出的等级教学的内容和教学法以及本章第二节提出的句法排序的原则，并在此基础上使用对比分析的理论和外语习得理论（如跨语言干扰的问题），根据第三节中探讨的汉语句法的特点和汉英句法的差异，对每个等级的教学内容和教学法作进一步的探讨、说明和扩展。

（一）初级句法教学

根据本章第二节讨论的句法教学排序原则（使用频率、语义/语用特点）以及英汉跨语言干扰的习得情况，笔者建议初级阶段的句法教学内容和顺序应该按照表一进行。

表一　初级阶段句法教学的内容的顺序

最先教

- 汉语的基本语序（主＋谓＋宾）/主题评论句
- 简单的名词词组
- 数量结构（包括常用量词）
- 简单的谓语/述语结构
- 简单的疑问句（如：吗、V-not-V、A还是B）
- 简单的否定句
- 简单的体标记（如：了、过）
- 基本的动补结构（如：结果补语）
- 简单的语气助词（如：啊、吧、呢、呀等）
- 简单的连接词的用法（如：和、不但……而且、就等）
- 一些特殊句子的基本功能（如：是……的、把字句、被字句等）

最后教

表一的句法条列的教学内容和顺序是按照它们在汉语语法中的重要程度和它们的语用功能选择、安排的。这里我们先解释一下衡量句法条列的重要程度和语用功能的标准。其实很简单，就是看它们在交际中的使用频率：使用频率高的句法条列，在交际中的重要程度就高，就应该先教；使用频率低的重要程度相对低，就应该后教。同样地，哪个语用功能（可以是两个不同的句法条列，也可以是同一个语法条列的不同功能）的使用频率高，哪个就应该先教，否则就后教。就拿表一所列的最先教的"汉语的基本语序/主题评论句"来说，由于汉语在交际中约有90%的句子都使用"主＋谓（＋宾）"语序或主题评论句[①]（Xing 1994），因此这种句式应该最先教。相反的，排在表一最后的"特殊句子的基本功能"在交际中只占不到10%，所以应该放在初级阶段的后期介绍。除了使用频率外，在排序时还须考虑句法条列在表义方面的重要性，就拿"基本语序"和"名词词组"这两个句法条列来说，虽然名词词组出现的频

[①] 这里我们把"主谓（宾）"和"主题评论句"当做同一类的语序，是因为它们实际上是描述汉语基本语序的两种不同说法，前一种强调句法功能，后一种强调语用功能。为此很多句子既可以用"主谓（宾）"来描述，也可以用"主题评论"来描述。

率比基本句子结构出现的频率高,但是由于"名词词组"是"基本语序"或者说"基本句子结构"的一部分,更重要的是句子能够表达某个完整的意思,名词词组则不能,因此在交际中句子的语用功能比名词词组的语用功能重要,这样在教学中应该先介绍基本句子结构,后介绍名词词组。表一中其他的句法条列都是按照上面介绍的这两个标准选择、排序的。

另外,总结表一的教学内容,不难看出几乎所有的句法条列都含有"基本"或"简单"两个概念。这是初级阶段句法教学内容的特点,也是教师在教学时应该特别注意的一个方面。根据我们的经验,在讲授初级句法的时候,有的教师很容易忘记这一特点,常常是一提到某个句型,如:了字句、动补结构或者把字句,就忘乎所以,大谈特谈它们的各种用法,把一年级的语言课当成语法课(grammar course)或者句法课(syntax course)。那么如何在一年级的语言课上,有效地讲解表一中提到的句法功能呢?下面着重探讨这个问题。

根据初级汉语学生的情况跟以往的研究结果(如:汉语水平能力低,学习时容易受母语的影响等),初级阶段的句法教学总的来说应该有两个特点:简易实用、趣味性强。所谓"简易实用"是针对学生讲的。也就是说初级阶段的语法点对学生来说应该不仅简单、容易学,而且能立竿见影地用在交际中。对教师来说要把某个语法点用简单、精练的语言讲清楚,让学生比较容易地学会这个语法点,实际上并不是一件容易的事情。这也是为什么语言教学界常谈到的做一个一年级的语言老师不太难,但是要做一个好的一年级的语言老师并不容易的原因。无论是哪个语法点,教师在备课时需要考虑如何介绍这种句式学生最容易听懂,应该讲多少学生比较容易消化,什么样的练习学生更容易学会这种句子,哪些地方应该提醒学生特别注意跟他们的母语相似或不同,等等。如果在备课时不处理好这些问题,授课和学生学习的效果自然会受到影响。笔者认为任何一个语法点教师都应该从三个方面准备:备课的内容,授课的方法,以及学生练习的方法。现在我们拿"基本的动补结构"(即结果补语)为例,演示该结构的教学方法,供读者参考。

备课内容：

1. 解释课文中出现的结果补语的用法，为什么使用结果补语，是否可以使用其他学过的句型取代。
2. 通过一些典型例句说明结果补语的特点和学生母语的差异。
    a. 听（listen）：听懂（listen and understand）、听见（heard）、听到（heard）
    b. 看（see/watch）：看懂（read and understand）、看见（saw）、看到（saw）、看完（finish reading）
    c. 写（write）：写完（finish writing）、写好（finish writing）、写错（write incorrectly）、写对（write correctly）
    d. 吃（eat）：吃完（finish eating）、吃好（eat well/finish eating）、吃饱（eat and be full）
3. 准备学生的练习，帮助他们学会结果补语的用法。

上文谈到结果补语是动补结构中最基本的一种，因此应该放在初级教学阶段。根据我们一直提倡的句法教学理念（注重什么时候用，怎么用，为什么用某个语法点），在介绍某个新语法点的时候，一定要从课文中引出例句，这样学生才能了解什么时候用、为什么用。等他们明白了课文中的例句，再给学生一些典型例子让他们认识结果补语怎么使用。通过把汉语的结果补语翻译成学生的母语这样的练习，让他们进一步认识到有的补语可以用英语的过去时态表示，有的用复合谓语表示，英语没有跟汉语相对应的动补结构。这一点要让学生牢牢地记住。从而使他们在表达一个带有结果的复合谓语或者（过去）完成体的意思的时候，先看用哪个动词比较合适，然后再看此动词所产生的结果是什么。这个过程就是上面所列的备课内容的第三点。

授课方法：

1. 以学生为中心：把大部分的授课时间交给学生，让他们提出问题，回答问题。如果一个教师在课堂上说得比学生少，但学生把这一课的新语法点（结果补语）都学懂了，那么说明这是一个好老师。
2. 启发性教学：教师在课堂的角色除了解释新语法点，主要是引导学生理解（如：问学生"动补结构跟以前学过的句式有何不同？"，"英语怎么表示动作＋结果的意思？"等）新语法点，而不是告诉学生动补结构的特点是什么。

3. 趣味性教学：使用幽默有趣的例子（如：吃坏、吃胖、吃瘦、吃死、看哭、看笑、看傻、喝醉、喝胖、喝坏、喝死等）或者使用有趣的方法（如：用图画表示"吃"和"胖"的意思，让学生看图说话）帮助学生从感知、认知角度学习结果补语。

以上这三种教学法对初学汉语的学生来说都同样重要。"以学生为中心"让每一个学生都有参与、练习的机会。"启发性教学"让学生通过思考具体、实际的问题，认识汉语句法的特点；"趣味性教学"让学生对所学句法增加兴趣，以便进一步学好句法在交际中的功用。如果初级的学生对所学的内容没有兴趣，就谈不上学好这种语言了。

练习的方法：
1. 把新句法（结果补语）跟日常交际语言紧密地结合在一起。
2. 识别结果补语在学生母语（英语）中的表达形式，以减少跨语言的干扰，提高他们的语用能力。

虽然学生的学习、练习方法这里只介绍了两种，但是笔者认为如果教师能设计好并使学生能正确使用这两种方法，那么学生就能学好结果补语的交际功能。不过在采纳练习方法的第一条时，需要认真考虑日常生活中的哪些行为常用结果补语；不是任何一种动作都可以带结果补语的。下面可能是学生们在生活中常见的、也是初级学生可能学过怎么表达的行为动作：

○ 起床、睡觉、洗澡、吃饭、上课、喝、做功课、唱歌、跳舞、打球、看电视/电影、打电话、玩儿、上网、聊天
○ 听、说、读、写
○ 想、觉得、认识、喜欢、认为、要
○ 谢谢、再见、客气
○ 去、来

○ 走、坐、跑、飞

如果用常见的充当结果补语的"完"或者"好"测试上面日常行为动作的话，我们发现个别的动词在单句中不能带这两个补语（如：＊觉得完/好、＊认识完/好、＊喜欢完/好、＊认为完/好、＊再见完/好、＊去完/好、＊来完/好、＊坐完、＊谢谢好、＊客气好），其他的动作都可以跟"完"或"好"连用。如果用其他的，如"见、到、坏、懂"之类的结果补语，可以连用的动作就会少得多。显然这是受它们表述结果的语义范畴的限制。我们知道"见"是跟表"视觉"的动作有关；"到"跟表"距离"的动作有关；"坏"跟表某事物的质量向负面变化有关；"懂"跟表"理解"的动作有关。因此如果某个动作跟作补语的词的语义不匹配，那么这个动作就不能跟该补语连用。这一点在教学时不应该让教师告诉学生，最好的办法是让学生通过做练习，理解结果补语的特点和用法。在练习的过程中，学生自然会犯错误，但是改正错误可以进一步帮助他们牢记结果补语的交际功能。

（二）中级句法教学

中级阶段的教学内容跟初级阶段比，句法条列有很多类同，但是它们的交际功能比初级阶段的要高一级。表二给出中级阶段应该涵盖的句法条列，不难看出这些条列的特点是注重它们的"各种"或者"常用"功能。此外，这些语法条列跟初级阶段的结合起来，基本上包括了汉语句法中主要的内容。这就是说学生学完这两个阶段的课程，他们的汉语水平应该达到美国外语协会（American Council on the Teaching of Foreign Language）颁布的汉语水平指南（*Chinese Proficiency Guidelines*，1986）中描述的"中上"（intermediate high）水平，即听说读写四个方面，能够针对日常活动、个人的爱好和意见进行沟通，在沟通中能够使用各种主要的句法结构和一些简单的篇章结构。如果用中国国家汉办最近推出的新汉语水平考试（HSK）衡量学过初、中级阶段课程的学生，可以参加"新 HSK 一到四级的考试"。有关汉语水平考试的等级标准，有兴趣的读者可以参阅为这个考试建立的网站（http://www.hanban.edu.cn/tests/）。

表二　中级阶段句法教学的内容

- 各种复合句
- 各种主题评论句
- 各种名词词组（包括"的"的使用）
- 各种谓语/述语结构
- 各种疑问句和反问句
- 各种否定句
- 各种体标记
- 各种补语结构
- 各种语气助词
- 常用连接词的常用功能（如：就、否则、即使等）
- 常用特殊句子的常用功能（如：把字句、被字句、连字句等）

第二个跟初级阶段教学内容不同的地方是中级阶段的句法条列之间不需要排序，也就是说先教表二中列的哪种句法功能都没有什么关系，这是因为对学生来说，他们已经有了初级阶段学过的句法基础，在中级阶段学习哪个难度都差不多。

这些阶段值得注意的是某个语法点的哪些语法功能属于常用功能，哪些是学生初级阶段应该学的基本功能。我们看到表二中有两项涉及这个问题：连接词和特殊句子。在本章的第二节中，我们以"就"、"了"、"把"、"被"为例讨论了它们的各种功能和教学排序规则，即：简单、具体的语法功能常常是一个语法点的基本功能，使用频率高的通常是它的常用功能，语法功能复杂而且跨语言干扰大的一般是它的特殊功能。也就是说在教材编写或备课时，任何一个有两个或两个以上功能的连接词或者特殊句子都应该按照本章提出的排序原则进行分析、排序，确定哪些功能应该在三个不同的学习阶段讲授。这些排序原则的宗旨是由简入繁、循序渐进，以便学生能够有效地学好各种句法功能。

明确了中级阶段的教学内容后，下一个需要探讨的就是教学法的问题，进一步来说就是中级阶段的教学法跟初级阶段有无不同。上文在讨论初级阶段的教学时，我们提出"简易实用、趣味性强"的教学法理念，笔者认为这一理念在中级阶段仍然适用，不过需要把握好"简单实用"的尺度，因为用太简单的语言讲授某个语法点的常用功能可能讲不清楚，用太复杂的语言学生又有可能听不懂或者产生较大的跨语言的干扰。因此一个好的中级阶段的教师不仅对初级阶段所学的句法的基本功能了如指掌，而且对中级阶段的常用功能也了解得很透彻，这样才能把握好教学中怎么讲，讲多少的问题。当然如果一个教师能用幽默风趣的方法、简单明了的语言讲清楚一个语法点的常用功能是最理想的。下面我们以被字句为例，仍然从三个方面说明中级阶段教学法主要考虑的问题。

备课内容：

1. 明确被字句的常用功能和课文中出现的被字句的用法是否一致；明确被字句和非被字句的区别，也就是为什么用被字句的问题。
2. 明确被字句的常用功能跟学生母语（英语）中的被动态是否一样，不一样的地方应该有明确的解释。
3. 准备学生的练习，帮助他们学习被字句的常用功能。

关于备课内容的第一条，我们有必要重温一下本章第一节中列出的被字句的五个功能：

第一：表述负面的行为动作或意念；
第二：有意不提及施事者；
第三：表明受事者在句子中的重要性（与施事者相比）；
第四：连接话题链（即统一两个或两个以上句子的主题）；
第五：满足句子结构的要求（即句子有补语的时候）。

这个功能按照前文谈到的排序规则（即使用频率、语法、语义、语用功能的复杂度和跨语言差异和干扰的大小）应该做以下的教学安排：

初级阶段：第一和第五个功能
中级阶段：第二和第三个功能
高级阶段：第四个功能

至于这样安排被字句教学的具体过程,上文已经讨论过,这里就不再作详细介绍。明确了被字句的在中级阶段讲授的功能后,再介绍为什么用这些功能就比较容易了。请看下面的例句。

(19) a. 我就这样被邀请了。(比较:就这样(他们)邀请了我。)
　　　 This is how I was invited.
　　b. 我由于个子高,被选中了。(比较:由于个子高,(他们)选中了我。)
　　　 I was chosen because of my height.
　　c. 成绩下来后,我被我爸打了一顿。(比较:我爸打了我一顿。)
　　　 After the grades came in, I was specked by my dad.
　　d. 她已被刘小雄骗了一年多。(比较:刘小雄骗了她一年多。)
　　　 She was deceived by Liu Xiaoxiong for over a year.

从例(19a~b)中,我们看到说话人不想明确指明施事者是谁,而非被字句(如括弧里的句子)需要施事者的出现,因此用被字句更合适。例(19c~d)中的被字句跟前面两句用法不同,施事者("我爸"和"刘小雄")和受事者("我"和"她")都出现在句子里,不过比较它们在句中的地位,很明显受事者是句子的主题,比施事者重要,这时候只能用被字句。在教学时,把这些被字句的语用功能讲清楚了,学生才会知道为什么用被字句,而不用主谓宾的句式。此外,这里讲的被字句的两个常用功能跟英语被动态的常用功能基本上一致,所以学生学习的时候不应该有跨语言的干扰。

授课方法:

1. 以学生为中心
2. 启发性教学
3. 趣味性教学

这三种教学方法跟初级阶段介绍的一样,需要补充的一点是,在举例说明时,一定要用一些容易给学生留下深刻印象的句子,比如:

(20) a. 他那可爱的小狗被压死了。

b. 他那可爱的小狗被我的车压死了。

由于例（20）中的两个句子描述的是对美国学生来说非常残忍的事情，因此容易给他们留下印象，也以此帮助他们牢记被字句的两个功能：施事者不重要或者不需要提及；受事者比施事者重要。

练习方法：

1. 用句段的形式（如：协作、翻译等），让学生练习被字句的功能。
2. 避免一切把"主谓宾"句转换成"被字句"的练习。

这里笔者特别强调在练习时使用"句段"的形式，这是因为，要辨别施事者和受事者哪个在交际中更重要，必须看两个或两个以上的句子才能断定，只把一个句子拿来分析是看不出来的，这也是为什么要避免"主谓宾"和被字句转换的原因之一。两种句式转换的练习，无论学生做得多好，如果认不清二者的交际功能，在交际中还是不会使用。

（三）高级句法教学

到了高级阶段，学生基本上把常用的句法都学过了，只有一些特殊的、复杂的句法形式或者常用句的特殊语用功能需要在这个阶段强化学习，如表三所列。

表三　高级阶段句法教学的内容

- 各种复杂语序
- 各种复杂句型
- 连接词的各种功能
- 特殊句子的各种功能

汉语的语序除了在初、中级所涵盖的单一语序（如：主谓宾/主题评论句、疑问句、否定句等）或单一句型（如：是……的、所以、就是等）以外，还可以把这些单一的语序或句型结合起来构成较复杂的综合语序/句型，如例（21）所示。

(21) a. 他之所以要到中国留学,不是为了提高中文水平,而是跟他将来想要做的工作有直接的关系。

b. 本来我是可以去的,但是这件事被父母的一个电话给搞砸了。

c. 难道今天她没有来是我又对她怎么了吗?

例(21)的每个句子中都至少有两种或两种以上的句式:(21a)有两种句型:之所以……不是……而是,为了……;(21b)有三种句式:本来……但是……,是……的,被子句/主题评论句;(21c)有三种句式:难道……,否定句,怎么了吗。这些复杂句式需要学生奠定一个初、中级句法的良好基础才能在高级阶段有一个透彻的认识,然后得以掌握。

对于连接词和特殊句子的各种功能,高级阶段的重点在于它们的特殊功能,因为在初、中级阶段学生已经分别学过了这些语法点的基本功能和常用功能。由于前文几处(如:第二节和上一节)都提到句法功能教学等级的定界问题,这一节就不再详细探讨,这里只拿"被字句"和"把字句"的特殊功能为例(选自北大语料库),解释说明高级阶段的教学内容和教学法。

(22) a. 其中有一条棕色灯芯绒的裤子,[裤子]是我穿得最多的。[**裤子**]上面**被**我弄了一个洞,**我**很沮丧,但[**我**]依然会穿它。

Among those there is a pair of brown corduroy pants. That is the pair that I have worn the most. I got a hole on it which made me very sad but I still wore it.

b. 他把那老玉米棒子都给磨在里头了。

He made all of the corn cones grinded in it.

c. 他把老婆早早死了。

He had his wife die a long time ago.

例(21a)中的被字句是为了连接"裤子"的话题链。如果把被字句改成把字子(我把裤子弄了一个洞)或者主谓宾句子(我弄了裤子一个洞),便打断了"裤子"的话题链,而且整个句段也失去了原有的连贯性。这种连贯性,对母语为英语的汉语学生来说比较难学,需要有句段结构的基本常识,因此被字句的这种功能放在高级阶段讲授。

本章的第二节我们探讨了把字句的基本功能（带补语的处置义）和常用功能（强调受事者的处置义），没有提及它的特殊功能。例（22b～c）两句演示的是把字句的特殊功能。例（22b）是把字句和"给"字结合在一起的一个复杂句式，Li & Thompson（1981：482）指出"给"跟"把"一起用强化了句子的处置意思；而（22c）中的把字句则没有明显的处置意思，只表示某种"不如意的事情"（吕叔湘1980：49）。这个句子又跟"他早早死了老婆。"有些不同。有"把"的句子表示说话的人对主语（他）受到谓语（老婆死了）这件事情的（同情）态度；没有"把"的句子则不含说话人的语气或态度。把字句的这些微妙的语用差异只有在高级阶段学生才能慢慢地学习、领会。

下面我们以被字句为例，把高级阶段的备课内容作一简单的介绍。

备课内容：

1. 明确被字句的语篇连贯（主题链）功能，解释说明课文中的被字句是否有语篇连贯的功能。
2. 明确被字句的语篇连贯功能跟学生母语被动态的连贯功能是否一样，如果有不一样的地方，作明确的解释。
3. 准备学生的练习，帮助他们学好被字句的语篇连贯功能。

高级阶段的授课方法和学习方法，基本上跟中级阶段的一样，只是要更加强调语法点的句段、篇章使用功能。也就是说无论是教师备课、讲课，还是学生练习、复习都应该以"段"（paragraph）为最小的语言学习单位，这样才能真真学到高级阶段的句法功能。

五　小结

这一章我们从句法教学的目的入手，提出要帮助学生提高他们汉语交际能力，必须注重语法点的"三用"原则（什么时候用？怎么用？为什么用？）理念。由于大部分的语法点都有两个或两个以上的功能，本章第二节详细探讨了不同语法点和同一个语法点的不同功能的教学排序原则,这些原则为本章后半部分探讨的等级教学提供了理论基础。这一章我们也通过对比分析汉英句法的异同,找出汉语句法的特点和句法教学的重点和难点。在探讨等级教学的时候,我们把重点放在不同等级的句法教学内容和教学法两个方面。对教学法,我们又进一步细分为备课内容、授课方法和学习方法三个讨论议题,目的是为不同等级的教师提供一些具体的教学参考例证。

句法教学一向被认为是对外汉语教学的核心,但是以往的句法教学研究大多强调句子结构特点,不太注重甚至忽略语用和习得两方面的问题。笔者希望这一章能为这两个教学研究相对匮乏的领域提供一些微不足道的见解。

思考与练习

1. 解释、说明"语法教学"和"语法习得"应该探讨的主要问题。

2. 三用原则(什么时候用?怎么用?为什么用?)只适用于句法教学还是可以推广到其他汉语教学层面?具体说明。

3. 使用本章介绍的句法排序原则,为"连字句""有字句"的各种功能排序。

4. 下面的句子有主语还是主题?还是两者全无或全有?为什么?

   a. 一开门进来十几个人。

   b. 有很多人没来吃饭。

   c. 这种事有的是!

5. 汉语的名词没有"数"的形态,但是可以用数量结构(number+classifier)来修饰;英语的名词正相反。根据这种差异,你认为如何为英美学生设计名词词组教学最为有效?

6. 由于英语的形容词不能作谓语,也没有补语结构,那么母语为英语的汉语学习者最容易犯的谓语错误有哪些?

7. 汉语没有类似于英语的蠢动词 it,要把下面的句子翻译成汉语时,需要使用哪些句式?

a. It is a beautiful day.

   b. It is going to rain.

   c. It is important to explain the difference to students.

   d. It takes me about an hour to cook dinner.

8. 虽然汉语和英语的句法在某种程度上有很大的区别,但是这两种语言都被语言学家划分为"分析型"(analytical)语言,这是为什么?

第五章　篇章教学

前几章我们分别探讨了对外汉语教学中众人熟悉的三个主要环节："语音教学"、"词汇教学"和"句法教学"。相比较来说,"篇章教学"则是一个不太引人注意的领域。不仅汉语教材很少提及,连汉语语法书也讨论的不多。这是否说明篇章教学不重要,或者根本没有必要?对任何一个了解篇章教学的内容的教师来说,这无疑会被看做是无稽之谈。因为无论是哪个阶段的汉语水平,都离不开篇章方面的语用能力。比如,初级阶段的学生学了"帅哥儿"或者"小姐",见着谁(不管年龄大小、场合、身份)都用,肯定不合适;高级阶段的学生如果不知道怎么用连贯的各种手段论证、说明自己的某种观点,那这个学生就没有具备高年级学生应有的汉语表述能力。

那么篇章教学究竟包括哪些内容呢?篇章教学,也有的教师称之"语篇教学"(罗青松 2002),涉及的主要内容是语音语调,词汇,语法、文体在不用的语境中的语用功能。一般的教师通常不把语调和词汇看做篇章教学的范畴,但实际上语音语调的强弱变化直接影响到话语篇章的功能,所以欧美第二外语教学的学者(Chun 2002;Riggenbach 1999;Bolinger 1989;Brazil et al. 1977)都把它看做篇章教学的一个主要组成部分。词汇也是一样,什么情况下用正式用语,什么情况下用非正式用语,对什么人说什么话、用什么词,都是篇章语用探讨的内容。

毫无疑问,篇章教学在对外汉语教学的各个环节中是最难付诸于实践的,这可能就是为什么研究相对比较少,教材中讲授这方面知识更少的原因。鉴于这种情况,我们将在这一章详细探讨篇章教学的内容,对比分析汉语篇章的特点和汉英篇章结构的差异和交际功能,最后按照等级的差异,讨论不同等级的教学内容和教学方法。

一　篇章教学的排序

　　由于篇章教学涵盖的内容很多，因此在课程设置时，需要跟词汇和句法一样，对篇章教学的具体内容进行排序。至于哪些篇章教学内容需要排序，笔者认为我们只需要对语篇连接手段和不同的语体进行排序即可，对篇章关联词、词汇的正式与非正式、语音语调的强弱无需进行排序，因为这几项的语言单位都是词，对词汇的排序我们在第三章已经讨论过。此外，词汇的正式与否和读音的强弱都有趋向性的功能，即：正式的词语用在正式的场合（如：商务会议、工作面试等），非正式的词语用在非正式的场合（如：跟朋友聊天）；读音强的词语一般表示强调，读音弱的一般表示它的语义、语用功能不太重要。

　　邢志群（2005）详细讨论了汉语篇章中的七种语篇连贯手段：话题链、省略、替代、语序变化、篇章关联词、时间顺序、前景和背景。根据上文讲的，这里我们可以除去篇章关联词，需要排序的是剩下的六种连贯手段。笔者认为这些篇章连贯的手段仍然可以按照第一章提出的三个排序原则进行教学排序。为了读者方便，我们把三个排序原则再次拷贝到下面：

　　　　规则一：若A的频率高于B，则A在B之前
　　　　规则二：若A的语义、语用功能比B简单，则A在B之前
　　　　规则三：若A的跨语言差距和干扰比B小，则A在B之前

如果我们把被排序的A和B看做两种不同的篇章连贯手段（如：话题链、省略、替代），按照规则一，其排序结果就是哪个连贯手段的使用频率高，哪个就先教。这个原则比较容易使用。第二个排序原则涉及哪个连贯手段的语义功能简单，在应用时比第一个原则要复杂一些，但是并不是不可能采用。我们先看下面三个带有省略和替代的例子：

　　（1）a. 王朋是我大学的同学，**他**生在美国，但是（**他**）可以说一口流利

的北京话。

Wang Peng is my classmate in college. Although **he** was born in the US, **he** can speak a fluent Beijing dialect.

b. *王朋是我大学的同学，**王朋**生在美国，但是**王朋**可以说一口流利的北京话。

* Wang Peng is my classmate in college. Although **Wang Peng** was born in the US, **Wang Peng** can speak a fluent Beijing dialect.

c. ? 王朋是我大学的同学，**他**生在美国，但是**他**可以说一口流利的北京话。

Wang Peng is my classmate in college. Although (**he** was) born in the US, **he** can speak a fluent Beijing dialect.

(2) 甲：今天天气不好，我们不能去公园打球。

Today the weather is not good; we cannot go to the park to play a ball game.

乙：**那**我们去看电影吧！

Then, let's go to see a movie!

乙：*今天天气不好，我们不能去公园打球，我们去看电影吧！

Today the weather is not good; we cannot go to the park to play a ball game. Let's go to see a movie!

(3) 他十分重视修改，小说初稿完成后，（他）总要修改数十遍才定稿，一则（他）平日看惯了西洋经典，（他）心中自有标杆，再则英文是（他的）第二语言，（他）需多加琢磨。（选自《一代飞鸿》33页）

He pays attention to revision. After finishing a draft, **he** always revises it for about ten times before finalizing it. This is because for one **he** knows the standards after reading classic works in the west throughout **his** life and two English is **his** second language, so **he** needs to be cautious.

例（1）有替代（第一个"他"），也有省略（括弧中的"他"）。从这一句看两种连贯手段的功能，很难判断哪个简单，哪个复杂。我们只能说替代比省略在语篇中更重要，因为不使用替代的话，（1b）不被汉语母语者接受；不使用省略的话，（1c）还有可能被汉语母语者接受。这样看来，如果替代和省略的其他情况等同（使用频率、跨语言差异和干扰），那么替代应该先教，省略后教。例（2）～（3）可以进一步说明这一点。

排序原则三主要考虑的是跨语言的差异和干扰，这需要我们对比汉语和学生母语（如英语）表示篇章连贯手段的异同。如果我们还拿省略和替代为例的话，不难看出汉英的省略和替代方法基本上一样，只有一个区别，那就是汉语使用省略比英语频繁得多，如例（3）所示。这里（3）的这段话中，汉语可以省略四次人称代词"他"，一次"他的"，但是这些代词英语都不能省略。这个区别会造成学生学习汉语篇章连贯的障碍，也就是我们常提到的跨语言干扰。也就是说，在排序时省略造成的干扰比替代大，因此省略应该后教。

另外，由于篇章连贯中每一项手段都有不同的次项，如替代有人称代词（他/她/它、他们/她们/它们）和指示代词（这/那、这儿/那儿、这么/那么等）两类；省略也有名词/代词、短语、句子等表示不同概念的省略，因此对次项的排列也应该和上面讨论的主项的排列方法一样。这样按照层次使用两轮或者三轮排序原则以后，就能明确某个具体的篇章连贯手段什么时候在教学中讲授。

按照上面讨论的排序原则和排序方法，我们对汉语篇章的六种连贯手段先做一初步排序：

初级阶段：替代、省略
中级阶段：时间顺序、语序变换、话题链
高级阶段：前景和背景

"时间顺序"、"语序变换"和"话题链"都是句段连接的手段，他们的使用频率比"替代"和"省略"低，他们的语用功能也比"替代"和"省略"复杂。因此这三种篇章连接手段放在中级阶段讲授。相比较，前景和背景的语义、语用概念比较复杂，因此我们把这种连贯手段放在高级阶段讲授。下面我们以初级阶段的"替代"和"省略"为例，为教学做进一步的排序：

表一　初级阶段篇章连接手段的教学排序

先				后			
替代				省略			
先		后		先		后	
人称代词		指示代词		人称代词		所属代词	
先	后	先	后	先	后		
他/她（们）	它（们）	这/那 这儿/那儿	这/那样	我/你（们）	他/她/它（们）	我/你/他（的）	

篇章教学中级阶段的三项手段，"时间顺序"和"话题链"没有分次项的问题，只有语序变换可以分成不同的次项。比如：主动语序和被动语序的变换，把字句和主题评论句的变换等等。不过这些次项之间也不存在排序的问题，因为这些不同的语序，实际上是不同的句型，已经在句法的层次做过排序了（第四章第二节探讨的内容）。在中级阶段需要排序就是"时间顺序"、"话题链"这两大项。笔者认为时间顺序应该先于话题链，这样安排的主要原因是：在语篇中很难衡量"时间顺序"和"话题链"使用频率的高低和跨语言差异和干扰的大小，因此对这两个手段进行排序只能依赖排序原则二。"时间顺序"的语义、语用概念要比"话题链"简单，而且它是汉语叙述语篇的最基本的结构原则；比较来说，话题链有长有短，很灵活，对学生来说不太容易掌握，所以在中级阶段话题链应该后于"时间顺序"的教学。

到了高级阶段，由于只有一种篇章连贯手段，所以不存在排序的问题。

在篇章教学中，除了连贯手段以外，另一组跟语篇能力有直接关系的、需要排序的是各种语体的教学。邢志群（2007）提出学生应该学习的四种语体：叙述语篇、描述语篇、说明语篇、辩论语篇（或叫论证语篇）。按照它们的难易度和语用功能，笔者认为教学中也应该按照上面介绍的顺序进行教学，就是说叙述语篇最先教，其次是描述语篇，然后是说明语篇，论证语篇放在最后教。在安排等级教学时，应该按照下面的顺序进行：

初级阶段：叙述语篇
中级阶段：描述语篇、说明语篇

高级阶段：论证语篇

这样我们基本上把篇章教学的主要内容作了一个粗略的教学排序。本章第四节讨论汉语语体的特点时，将进一步说明这样排序的原因。下面我们详细探讨汉语篇章结构的特点以及跟英语篇章结构的主要差异。

二　篇章结构的特点[①]

Chu（屈承熹 1998）可能是研究篇章语法比较多的一位，他试图从不同的角度说明汉语篇章语法的内容，也提出了一些值得高年级的老师在教学和教材编写时注意的问题，遗憾的是他所讲的篇章语法和教学中的篇章语法还有一些距离，要让老师们把屈先生的研究成果搬到课堂上还有一定的困难。我们需要先把教学中有关篇章语法的主要内容有一个清楚的认识，然后才能慢慢地建立起一个篇章教学语法的体系。

这一节我们先从篇章结构谈起。什么是"篇章结构"？它是篇章语法的一部分，它的基本单位是句子。篇章结构指的是如何把两个或者两个以上的句子连起来，构成一个意思、语境合理，上下连贯的篇章。这样一来，"连贯"就成了篇章结构的核心，这也是为什么西方凡是研究篇章语法和第二外语教学的学者都要研究连贯的缘故（Halliday & Hasan 1976，Hobbs 1979，Conte et al. 1989，Gernsbacher & Givón 1995）。那么什么是"连贯"呢？Halliday & Hasan (1976：4) 是这样给"连贯"下的定义：

> 连贯指的是篇章中某个成分和另一个成分之间的依附关系。一个成分预测另一个成分，也就是说要正确理解其中一个成分，必须看另一个成分是什么。当这种语境发生的时候，连贯的关系就建立了。预测和被预测的意念在篇章中会由此体现出来。（笔者译）

国内也有一些文章和专著，试图介绍、解释西方学者对篇章连贯研究的结

[①] 这一节基于邢志群（2005）。

果（张德禄、刘汝山 2003），不过把西方学者的研究结果和汉语语篇连贯的规律结合起来的研究很少（胡壮麟 1994 的研究可算其中的一个）。这一节我们试图把东西方学者对语篇研究的结果和对外汉语教学结合起来，从而区别、分析汉语语篇结构的特点。根据 Halliday & Hasan 的定义，我们发现下面几项是连接汉语篇章的核心：

- 话题链
- 省略
- 替代
- 语序变化
- 篇章关联词
- 时间顺序
- 前景和背景

这几项的共同之处是他们在篇章中的使用都是为了篇章的连贯，下面我们将分别介绍这几种篇章连贯的手段，同时也跟英语相对应的连贯手段作比较，找出汉英连贯的差异。

（一）话题链

话题链指的是某个话题在篇章中连续不断地出现的现象（Chu 1998，Givón 1991，曹逢甫 1979）。汉语里的话题通常出现在主语所处的位置或者动词的前面，如例（4）所示：

(4) **我们**在中国学习的时候，一点儿都没有时间玩儿，每天除了学习就是学习，有时候连睡觉的时间都不够。

"我们"是例（4）中的话题。虽然它只出现在第一个短句中，后面三句的话题也是"我们"，所以都省略了。这种同一个话题连续出现在两个或者两个以上的短句时，就形成了一个话题链。话题链把不同的句子连起来形成连贯的篇章。有些研究汉语篇章的学者（曹逢甫 1979）认为，话题链是篇章连贯最主要的手段，也有的学者（Chu 1998）认为话题链只是汉语篇章连贯的一种手段。不过无论怎么看待话题链的地位，它在篇章教学中都是不可忽略的，因为这是最基本的连接句子的一种方法。

除此之外，话题链在对外汉语教学中的重要性还表现在它与其他语言话题链结构的不同。如果把例句（4）翻译成英文，我们发现同样的话题在英文中是不可以省略的，如（5）所示。

(5) "When **we** were attending school in China,（**we**）did not have any time playing. Every day,（**we**）studied then studied. Sometimes（**we**）didn't even have enough time to sleep."

这种现象说明，对母语是英语的学生来说，他们不知道话题链中的话题什么时候可以省略，什么时候不可以省略，他们的母语语感不能帮他们说出、写出符合汉语篇章语法的话语来，除非老师教给他们怎么做，这就为研究话题链的学者和老师提出了一些很好的问题：如何学习汉语的话题链？汉语的话题链跟英语的有什么区别？李文丹（2004）提出汉语和英语话题链的不同在于汉语的话题链可以连接各种不同的句子，而英语的话题链只能连接某种句式，比如例（6）中两个在时间上有逻辑顺序的句子。

(6) We sit down and ordered some dumplings. （我们坐下后，点了一些饺子。）

实际上，如果认真考察日常口语和书写语，我们会发现话题链的结构可以很复杂，也可以很简单，但总的来说是有规律的。试看下面的一段话：

(7) "(a) 你是不知道，有很多罪犯，(b) 前脚出了监狱，后脚就进枪店，买了枪就到处杀人。(c) 枪店也不查买枪的是什么人，不管 (d) 他是不是杀过人放过火，脑子正常不正常，只要给钱，他们就卖。"（《中文听说读写》第二册，328 页）

上面的这段话可以分成四个话语层次（用字母标出）：第一个层次的话题是"你"，但是没有话题链，因为"你"只出现了一次；第二个层次的话题是"罪犯"，并形成了话题链；第三个层次的话题是"枪店"，也有话题链；第四个层次出现在第三个层次之间,它的话题链是"他",也就是前面提到的"罪犯/买枪的人"。这四个层次的话题和话题链清楚地告诉我们话题和话题链不是以单行线的方式组成的,而是交叉着链起来的。每当一个新的话语层次出现时,一个新的话题就产生了。新话题在第一次出现时似乎总是出现在动词的后面。例(7)中的话题可以用下面的方法表示:

你不知道有很多**罪犯**;(第一个层次)
　(**罪犯**)前脚出了监狱,后脚进了**枪店**;(第二个层次)
　　枪店也不查买枪的是什么**人**,不管……(第三个层次)
　　　他(人)是不是杀过人放过火。(第四个层次)

当然,话题和话题链的产生并不局限在"主语+动词+宾语"这一种句式中,他们可以出现在多种不同的句式里,如例(8)所示:

(8)(a)女儿长大,(b)就要出嫁,(c)所以父母把她看成"别人家的人",(d)是"赔钱货"。(周质平等《现代汉语高级读本》第26页)
When daughters grow up, they have to get married. Therefore, parents treat them as "outsider" and "money loser."

上面这段话是以"女儿"为话题的一个话题链,其中有四个短句,前两句都是主谓结构,第三句是"把"字句,第四句是一个"是"字句。这些不同的句式似乎并没有打断话题链的形成。可是如果把这段话翻译成英文,情况就不一样了。我们看到"女儿"仍然是前面两个短句的话题,但不是后面句子的话题。英语翻译把汉语第三和第四短句合并起来形成一个并列句,它的话题是"父母"怎么做。这说明汉语的话题链比较灵活,可以连接各种不同的句式,但是英语的话题链只能连接有并列关系[例(5)]和有时间先后顺序关系的句式[例(3)]。

对高年级已经学过汉语的主要句型(如"把"字句,"被"字句,"是"字句,"连"字句和主题评论句)的学生来说,学习话题链不应该太难,所以不论是课堂教学,还是教材编写,都有必要把话题链包括进去,因为能否在写作和说话时使用话题链是衡量学生篇章连贯能力的标准之一,也是提高他们交际能力的必经之路。

(二) 省略

篇章中的省略是指那些上下文比较清楚，没有必要说出来、写出来的字、词或句子。省略的目的是为了篇章的紧凑和连贯。这个问题对汉语是母语的人来说，似乎没有必要探讨和说明，但是对把汉语当做外语的学生来说，他们不清楚什么情况下可以省略，什么情况下不可以，特别是当汉语的省略规则跟学生母语的不一样时，就有必要在课堂教学和教材编写时介绍这方面的内容和规律。我们先看下面一则广告：

(9) (a) 投资1.5万元，请一个工人，在集贸市场租一个5~10平米左右的门面，半月就可开一家"唐林香烧烤鸡鸭连锁店"。因店面形象好，(b) 特别是不需要回火可现吃，味道又美，(c) 简直卖疯了！(d) 当月投资，当月见效，一次投资，长期受益。(《知音》2004：4：60)

为了省钱，广告这种书写形式通常都比较简练。例(9)中的主语，大部分都是我们上文谈到的话题，都省略了，作者也无须顾及话题链的形成和破裂，以及上下文是否连贯等问题，一连串的动词引出的新概念：投资、请人、租门面、开店、不回火可现吃、味道美、卖疯了、投资、受益。这种篇章形式对不熟悉汉语篇章结构和特点的学生来说，比较难理解谁"投资、请人、开店"，什么"不回火可现吃、味道好"，谁或什么"卖疯了"等等，但是如果给学生讲明广告不讲求话题链，只给听者/读者提供连贯的信息，即：投资⇒请人⇒开店（烧烤鸡鸭店）⇒卖的东西好吃⇒卖很多⇒现在投资，马上受益，这样就比较容易理解上面这段广告了，也就是说篇章的文体和上下文是省略的奠基石。我们再看一段对话：

(10) 甲：谭嗣同是谁？

乙：好象听说过！反正犯了大罪，要不怎么会问斩呢？(《茶馆》第16页)

"(I) might have heard (the name) before. (He) must have committed a big crime, otherwise how could (he) be sentenced to death?"

乙说的话省略了第一短句中的主语和宾语,第二短句和第三短句中的主语,但不会影响听话人对整个对话的理解。母语是汉语的听话人不会把"好像"的主语或者宾语猜成"谭嗣同"。对英语是母语的学生来说,就不同了,因为英语不允许省略"听说"的宾语,也不允许省略疑问句中的主语。这说明英语的省略还是受句法的约束,而汉语的省略则跟语用有关。也就是说,只要不影响听者/读者理解话语篇章的意思,不论是主语还是宾语都可以省略。

汉语除了名词和名词短语可以省略外,有些学者(胡壮麟1994)还提出汉语的动词和小句也可以省略。我们认为汉语动词省略和分句省略跟英文的差不多,所以他们不一定是高年级教学的重点。

(三)替代

替代是指某个名词、短语或者句子为了避免重复、赘言,用指代词取而代之的情况。替代的最终目的也是为了达到篇章的连贯。汉语常用于篇章连贯的指代词主要有两大类:

- 人称代词:它、它们、她、他等
- 指示代词:这、这儿、这么、这样、这会儿、那、那儿、那么、那样、那会儿等

对汉语学习者来说,人称代词总的来说比较容易理解、掌握,但是指示代词用法广泛、功能复杂,所以需要老师循序渐进地介绍,引导学生理解它们在篇章中的功用。一般的语法书(刘月华等2002,吕叔湘主编1980)主要是对指代词本义和它们在句中用法的进行介绍,这里,我们想具体探讨一下篇章中的什么成分可以用指示代词替代,什么不可以替代,以及汉语的替代手段跟英语有什么异同等问题。

汉语的指示代词实际上只有两个:这、那,一个是近指,另一个是远指。无论他们所替代的成分如何复杂,一般都可以用这两个概念来理解,类似英文

的"this"和"that",如例(11)～(12)所示:

(11) 老街坊们,修沟的计划是先修一道暗沟;把暗沟修好,在填上那条老的明沟。**这**个,诸位都知道。(老舍《龙须沟》第130页)

(12) 甲:侵略者要是承认别人也是人,也有人性,会发火,它就无法侵略了!日本人始终认为咱们都是狗,踢着打着都不哼一声的狗!

乙:**那**是个最大的错误!(老舍《四世同堂》第45页)

例(11)里的"这"指的是前面刚刚说过的一段话,学生不会在理解上有分歧。同样,例(12)里的"那"也是指前面刚说过的日本人怎么对待中国人的情景。

其他的指示代词都是由"这"、"那"的基本意思引申而来。从英美学生学习这些指示代词的情况看,表示时间和地点的,"这会儿、那会儿、这儿、那儿"比较容易掌握,可能是因为英语有完全对应的指代词:now/at this time——这会儿,then/at that time——那会儿,here——这儿,there——那儿,但是表示程度、方式、性质的指示代词,"这么、这样"比较难掌握。我们先看看下面一段对话:

(13) 甲:冲着人家这股热心劲儿,咱们应当回去帮忙!

乙:这话说得对!有我跟刘掌柜的在这儿,放心,人也丢不了,东西也丢不了。我说,四十岁以上的去舀水,四十以下的去挖沟,合适不合适?

丙:就**这么**办啦!(老舍《龙须沟》第126页)

例(13)里,"这么"的前文比较复杂,虽说从丙说的话可以知道"这么"表示的是方式,但是听者/读者需要思考一下它指的是做什么事的方式。另外,由于"这么"应该指上文离它最近的某个行为动作的方式,也就是"合适不合适",但是语义上又说不通,这样,听者/读者就得继续往前文找可以用"这么"指代的行为动作。显然"四十岁以上的去舀水,四十以下的去挖沟"两句可以由"这么"指代。这时候,学生应该问的问题是"这么"只指这两句,还是它们前面的话语也包括在内。仔细一分析,就会知道乙说的话里,除了第一短句和最后一个短句不可用"这么"指代，其他的都可以。这说明"这么"可以指代前文一整段话语，唯一的条件是这段话语必须表示一系列逻辑上完整连贯的行为动作，可以用方式指示代词替代的话语。

如果我们比较汉语和英语替代手段在篇章连贯中的用法，会发现英语的非人称代词 it 比汉语的"它"用得广泛的多。

(14) The Dursleys had everything they wanted, but they also had a secret, and their greatest fear was that somebody would discover **it**. They did not think they could bear **it** if anyone found out about the Potters. (Rowlling: *Harry Potter and the Philosopher's Stone*, 7)
德斯雷一家想得到的东西都得到了，不过他们也有一个秘密，十分害怕别人发现这个秘密。他们觉得他们无法忍受任何人发现哈里波特一家的这件事。（罗琳《哈里波特与魔法石》第7页）（笔者译）

在上面这段英文话里，有两处用代词 it：第一个回指前文提到的秘密"secret"，第二个指后文所说的发现哈里波特一家的这件事儿"if anyone found out about the Potters"。如果把这段话翻译成汉语，我们发现英文两处用 it 的地方，汉语似乎都不可以用"它"来替代，必须明白地说出来英文 it 所指的内容。汉英的这种区别会给学习汉语的学生带来不少麻烦，他们常常受母语的影响，在篇章中滥用"它"，所以在教学中，有必要提醒、训练学生了解：第一，汉语没有英文所谓的"蠢代词"——dummy it，就是上文第二个 it 的用法；第二，处在宾语位置的名词常常不用"它"来指代，如上文第一个 it；第三，汉语的"它"只能指代某个具体的事儿、动物或东西，不像英语的 it 可指代某个情景、情况。鉴于这个原因，it 常常可以翻译成汉语的"这"或者"那"，如例（15）所示。

(15) It was on the corner of the street that he noticed the first sign of something peculiar——a cat reading a map. For a second, Mr Dursley didn't realize what he has seen-then he jerked his head around to look again. There was a tabby cat standing on the corner of Privet Drive, but there

wasn't a map in sight. ***What could he have been thinking of?*** *It* **must have been a trick of the light. Mr. Dursley blinked and stared at the cat.** *It* **stared back.** （Rowlling：*Harry Potter and the Philosopher's Stone*，8）在那条街的一个角落，他先看到一个奇特的景象：一只猫在看地图。一瞬间德斯雷先生并没有反应过来他所看到的，但是它摇一下头再看时，看到一只雌猫站在波利维特街的一个角落，只是地图不见了。他当时在想什么呢？**那**可能是光耍的花招。德斯雷先生眨了眨眼睛，盯着看那只猫。（？它）猫也盯着看他。（罗琳《哈里波特与魔法石》第8页）（笔者译）

汉语不能把第一个 it 翻译成"它"，因为"它"没有"远指"的功能，只有"那"可以在这种情况下指代前面提到的德斯雷先生看到的情景。虽然第二个 it 跟汉语的"它"很接近，但是为了篇章的连贯和流畅，似乎用"猫"比"它"更合适。综合上面谈到的情况，我们也许可以说，汉语代词"它"比英语 it 的用法窄得多，它只可以替代前文刚提到的事或物，不可以替代某个情景或情况。此外在翻译英语的 it 时，汉语需要翻译出它所指代的具体内容。

（四）语序变换

汉语的主要语序跟英语一样是"主＋谓＋宾"，可以变换的语序，或者说汉语的次语序大致可分为四种：1)"把"字句，2)"被"字句，3) 主题评论句，4) 强调句（包括"连"字句和"宾＋主＋谓"）。一般来说，学生学习这些次语序的句子结构和句子本身的功能都没有问题，困难的是他们不清楚什么情况下需要用主要语序，什么情况下用次语序。这一节，我们试图从篇章连贯的角度看主要语序和次语序的关系，找出语序变换的规律，帮助学生和老师提高使用不同语序的能力。我们先看几段话：

(16) 光是你妈妈，我已经受不了，况且你妈妈又作了所长呢！可是话到了嘴边上了，**她把它截住**。她的人情世故使她留了点心——大赤包无论怎么不好，恐怕高低也不高兴听别人攻击自己的妈妈吧。（老舍

《四世同堂》第232页）

It was hard for me just to deal with your mother. Now she became a director! (Implies: it becomes even harder for me.) However when the words came to her mouth, she stopped. Based on her life experience, she realized that she had to be cautious because no matter how bad Dachibao was, she did not like to hear other people bad-mouth about her mother.

(17) 瑞宣大哥是那么有思想有本事，**可是被家所累**，没法子逃出去！在家里，对谁他也说不来，可是对谁他也要笑眯眯的像个当家人似的！（同上，第47页）

Brother Rui-xuan was such a thinker and capable man, but he was burdened by the family and could not escape from home. He could not share anything with anyone at home, yet he had to act happily as the head of the household.

(18) 当天晚上，**门开了**，进来一个敌兵，打着手电筒。（同上，第241页）

That evening, the door opened and entered an enemy solder holding a flashlight in his hand.

(19) "你们捕了我来，我还不晓得为了什么。我应当问你们，我犯了什么罪！"可是，**连这个他也懒得说了**。看了看襟上的血，他闭了闭眼睛，……（同上，第238页）

"I don't know why you arrested me. I should ask you what crime I have committed." He glanced at the blood on his shirt and closed his eyes.

例（16）里的"把"字句本来可以用"主＋谓＋宾"的句式（她截住要说的话），但是为了连贯（跟前面刚说的话紧密地连起来），突出话题（她）和副话题（它，也就是"话"）用了"把"字句。不用的话，就淡化了副话题在话语中的重要性，同时也拉开了副话题跟前面刚说的话的距离。换句话说，篇章话题的重要性是通过它在句中的位置表现出来的。汉语语序的基本功能是，处于句首位置的名词表达的概念在篇章中最重要（即篇章中的语题、已知信息），处在动词前主语后的次之，处在动词后的最不重要（Xing 1994, Myhill & Xing

1993)。既然如此,例(16)中的"把"字句是否可以换成"被"字句((话)又被截住了),以此更加提高"它"在篇章中的重要性呢?从篇章语法结构看,换成"被"字句没有问题,需要考虑的是原文中的话题"她",在换了"被"字句以后,就失去它的话题地位,打断了话题链。如果说话人不希望突出这个话题,那"被"字句比较合适,反之,"把"字句更合适。

例(17)中用了一个"被"字句,显然如果用其他语序("主+谓+宾":可是家连累了他;"把"字句:可是家把他连累了;等等)这段话读起来会比较别扭,原因在于"被"字句的话题是省略了的"他"(即瑞宣大哥),跟上下文的话题链起来形成了一个主题链,从而使篇章得以连贯,而其他语序的话题都不是"瑞宣大哥",换了其他话题,这里就形不成主题链,没有话题链,也就失去了篇章的连贯。这表明在篇章中使用"被"字句的一个主要原因就是为了连贯,同时强调话题,降低其他句子表达的概念在篇章中的作用。

例(18)中出现了一个主题评论句。有时候这种句子跟"被"字句一样可以起强调话题,连贯上下文的作用。也有的时候,它用来引出主题,回避提到句子中行为动作的施事者。例(18)中的主题评论句属于后一种。如果我们把它换成"主+谓+宾"或者"把"字句,就得说出谁"开了门",而例(18)的语境很清楚是一段话语的开头,一下就说"某人开了门"显得很唐突,不如回避说谁开了门,只说"门开了",这样篇章就显得自然流畅了。

例(19)里的"连"字句也是一个宾语提前的强调句(即:连+宾+主+谓)。这种句子的主要功能是强调由"连"引出的名词表示的概念,它在篇章中跟其他句式一样必须跟上文有紧密的衔接关系。我们看到"连"后面的名词是"这个(话)"回指前面刚说的一席话。这里"连"字句的使用不仅强调了那一席话在篇章中的重要,而且使"这个(话)"跟上文紧紧地连在一起,有效地显示出使用不同语序在篇章中的作用。如果这里不用"连+宾+主+谓"的句子,用一般的"主+谓+宾"语序,这段话的力量就远远地削弱了。

如果把例(16)~(19)中的语序变化跟他们的英语翻译比较,可以看到除了把字句以外,其他汉语的语序都可以找到跟英语相对的语序。我们知道英语没有跟把字句相对的句子,所以汉语的把字句一般都翻译成英语的"主谓宾"句式。此外虽然英语没有主题评论句,但是正如第四章指出的有的主题评论句跟英语的主谓宾句有相同的语用功能。

值得指出的一点是,上面谈到的都是不同语序在篇章中的语用功能和它们之间的区别,至于这些语序的句法功能以及它们的句法局限,不是本文讨论的范围,有兴趣的老师可参阅相关语法书,比如:Li & Thompson 的 *Mandarin Chinese*(1981),赵元任先生的 *Spoken Chinese*(1968)等。刘月华等《实用现代汉语语法》增订本(2002:922—928)加了一点有关不同语序的篇章功能,但笔者认为里面的有些说法有待于进一步斟酌、探讨;有些地方还需要进一步说明。

(五)时间顺序

按时间顺序连接上下文是汉语句子、篇章结构的另一个特点。这里我们不谈汉语的句子是如何按时间顺序构造的,只谈按时间顺序连接的篇章段落。这种篇章连接方法常常出现在描写、叙述文体里。作者/说话人不必用什么篇章关联词,只要上下文谈及的事情是按它们发生的时间顺序安排的,这样的篇章就是连贯的篇章。参看例(20):

> (20)手掌又打到他的脸上,而且是一连几十掌。他一声不响,只想用身体的稳定不动作精神的抵抗。打人的微笑着,似乎是笑他的愚蠢。慢慢的,他的脖子没有力气;慢慢的,他的腿软起来;他动了。左右开弓的嘴巴使他像一个不倒翁似的向两边摆动。打人的笑出了声。(老舍《四世同堂》第239页)

这一段话基本上没有篇章关联词,但是句子与句子之间的关系一清二楚:第一句话中描述的动作事件发生后,就发生了第二句话描述的动作,然后发生第三句话描述的动作,第四句话……这样一个动作接一个动作,形成了一个按时间顺序安排,既清楚又连贯的故事情节。这种连贯的方式对初学篇章结构的学生来说是一个很好的练习。另外,为了避免学生写出记"流水账"的作文,老师可按照学生的程度,要求他们描述一连串比较复杂的行为动作,这样他们不仅得按时间顺序安排事件是如何发生的,而且得用不同的句子结构编织事件发生的详细情况。

(六) 背景和前景

背景和前景是篇章语法研究常提到的两个相对应的语境。到目前为止,这两个概念好像还没有充分引用到篇章教学中。按照 Hopper & Thompson (1980:280) 的说法,"在任何语境中,有些话跟主题有直接关系,有些话没有。那些不一定跟说话人的目的有直接关系的话,但是有助于达到说话的目的话是背景。相比之下,那些直接表达说话人的意念的话是前景。"(笔者译) 这个定义虽说有些笼统,但是对篇章中的背景和前景作了一个大概地解释。用比较通俗的话来说,前景直接说明主题,背景用来辅助说明主题。表面上看,这两种语境似乎跟语篇连贯没有什么直接的关系,但是根据篇章语法学研究的结果看 (Hopper 1979, Smith 2003),背景和前景是跟篇章的结构和语体有直接的关系。鉴于这个原因,我们认为有必要在高年级介绍这两个语篇概念。

Hopper (1979) 提出前景通常用来描述熟悉的人物和非持续的,但是有顺序的动作或事件;背景则描述不太熟悉的主题或者持续的状态,但是没有顺序的事件或动作。Smith (2003) 进一步提出 (2003:34—35) 前景在叙述文中按照顺序描述主题事件,背景提供辅助信息。这些研究结果表明前景和背景实际上是用来表示信息流 (information flow) 的一种手段。也就是说,前景表达主要信息;背景表达次要信息或者辅助信息。谈到信息流,另外两个比较熟悉的概念是"已知信息"(old information) 和"新信息"(new information)。学者们一般都同意前景常常介绍的是新信息,背景介绍的是已知信息。前景/背景和新信息/已知信息之间的区别在于前者用句子 (sentence) 来表示,后者则用词语 (phrases) 来表示 (Chu 1998, Brown & Yule 1983)。

(21) 当天晚上,**门开了**,进来**一个敌兵**,打着手电筒。(老舍《四世同堂》第 241 页)

例 (21) 中,"门"是已知信息,也就是说,说话人和听话人都知道说的是哪一扇门;而"一个敌兵"则是新信息,因为它在篇章中第一次提到。如果用背景和前景来解释这段话,"门开了"是背景,"进来一个敌兵"和"打着手电筒"都是前景。我们再看一段话：

(22) 甲：您从前见过？

乙：那还用说。我告诉你，要多丑有多丑，罗锅腰，灶王脸，粗大个，满身黑毛。(曹禺《原野》第45页)

在乙说的这段话里，"那还用说"是背景引出的前景，前景介绍的都是新信息。根据上面谈到的前景和背景的功用，也许在教学生的时候，我们可以这样总结、说明它们的用法：1) 前景通常包含新信息，背景包含已知信息；2) 背景常出现在前景之前，引出一段话；3) 背景描述静止的状态和事件，前景描述按顺序发生的事件或情景。我们认为这些用法对学生了解篇章的结构有帮助，但是是否能提高学生的篇章交际功能，还很难说，有待于老师们进一步的磋商，并在教学中摸索、体会、总结它们在篇章教学中的功效。

(七) 篇章标记

篇章标记可能是汉语课堂教学和教材编写最受宠的内容，因为其跟别的篇章连贯手段比，看得到摸得着。这里我们把篇章标记分成两种：篇章关联词和语篇标记。由于这两种标记的词性特点，有时候较难区别它们差异，但是如果对它们的语篇功能有一个清楚的了解，就不会轻易混淆它们的用法。下面我们将分别探讨这两种篇章标记的特点和语篇功能。

我们用"篇章关联词"泛指那些能够连接上下文的语言要素（参阅 Levinson 1983），这些要素常常有连词或副词的词性，用来连接有逻辑关系的语篇成分。汉语的篇章关联词还可进一步分成三种：一种是简单复句关联词，第二种是并联关联词，第三种是多重复句关联词。简单复句关联词指那些单一的连词，如：也、就、又、还、更、或者等。这类关联词的用法跟欧美学生母语中的连词用法类似，因此这里不作详细讨论。并联关联词指成对的关联词，其中一个引出逻辑关系中的原因，另一个引出结果。虽然很多逻辑关系都跟原因和结果有关，但是汉语用各种并联关联词来引介不同的逻辑关系。如表二的分类。

表二 并联篇章关联词的逻辑关系

逻辑关系	并联关联词
原因/结果：	因为……所以；既然……那么
条件/转折：	虽然……但是；虽然……可是；虽然……不过
条件/行动：	不管……都；只要……才；无论……都；不论……都；除非……才
假设/结果：	要是……就；假如……就；如果……就；倘若……就
让步/结果：	虽然……但是；即使……也；哪怕……也；就是……也；固然……可是
连续/递进：	不但……而且；尚且……何况
对比/选择：	宁可……也不；与其……不如

表二中所列的并联关联词对学生来说比较容易学，因为除了学生的母语里有类似的关联词以外，关联词本身的特点，即连接上下文的逻辑关系，也给学习汉语的成年学生提供了有利条件。跟英语相比，汉语唯一的特点是"并联"，如例（23）所示。

(23) **虽然**现在美国的经济不景气，很多人失业，**但是**他们公司还没有裁人。

Although the US economy is in recession and many people have lost their jobs, their company has not laid off any one.

比较（23）中汉英句子，我们看到汉语的"虽然"需要跟"但是"联用，但是英语的 although 不需要跟"但是"相对的 but 联用。由于这种差异，母语为英语的学生就比较容易受母语的影响，在用"虽然"的时候犯不用"但是"的错误。不过并联连接词之间的逻辑关系很强，再加上它们在句子中的固定位置，跟其他连贯手段相比，对学生来说，特别是初、中级阶段的学生，并联连接词比较容易学。学完中级阶段，学生对并联连接词的用法应该有一个比较透彻的了解。

对高级阶段或者说高年级的学生来说，并联关联词还需要学吗？笔者认为到了高年级，简单的复句关联词和上文谈到的并联关联词都不应该是篇章教学的重点。这一点通过查看它们的使用频率便可以得到证实，大部分的简单复句关联词和并联关联词的使用频率都比较高,在初级和中级教学阶段学生已学过了,到了高级阶段,除了学习上文谈到的篇章连贯手段以外,应该学习第三种,连接段落的多重复句的关联词,如表三所示:

表三　多重复句关联词的功能

功能	关联词
排列	首先、其次、再次/另外/此外,第一、第二、第三
时序	最初、后来、同时、从那以后、以前/从前、现在/目前、将来/以后
附加说明	再说、另外/此外、况且/何况、顺便说一下、除此之外
具体说明	关于/至于、对于、就……来说/而言、具体来说、这(也)就是说、换句话说
结果	因此/因而、于是、所以
预料结果	果然、不出所料
让步	退一步说、固然
侧面考察	(另)一方面、从……方面看
转折	然而/不过、但是、言归正传
比较	相比之下、同样地、而今、反之、与此相反
概括说明	一般来说、总的来说
说明真相	实际上、实话说、不瞒你说、说句心里话
推理	由此可见、这说明、毫无疑问
举例	比如/例如、比方说、拿……来说
总结	综上所述、总(而言)之、一句话

这类的关联词除了跟并联关联词有某些重叠的功能(如:连接因果关系)以外,它们都可以引出一段话,而且可以把这段话跟前一段或后一段话紧密地连接在一起。也就是说它们可以起连接段落的作用。一般来说,大部分这类的关联词在学生母语里都有,而且大部分用法相近,因为他们连接的逻辑概念相同,所以只要循序渐进地、有系统地给学生介绍,学生学起来还是比较容易的。

除了上面提到的三种篇章关联词以外,篇章教学中的另一个主要内容是语篇标记(discourse marker)。虽然语篇标记在篇章研究领域并不是一个生疏的词,但是学者们还是很难对这个术语的使用达成共识。西方的学者有的用"语用标记"pragmatic marker,有的用"语篇助词"discourse particle,或者"语用助词"pragmatic article (Schiffrin 1994,Jucker & Ziv 1998,Blackmore 2002),汉语界的学者则用"语气助词"、"叹词"和"插入语"来描述不同语篇标记的用法(刘月华等 2002,吕叔湘 1980)。为了简化篇章教学程序、避免多个术语造成的不必要的麻烦,这里笔者选用"语篇标记"泛指那些引出下文或回应上文、但不是前文提到的关联词的词。表四罗列了一些常用的语篇标记。

表四 汉语常用语篇标记

语篇功能	语篇标记
表示同意:	好、对、嗯、就是、行、没问题、说的是 good, right, yes, exactly, okay, no problem, indeed
表示非议:	不、不对、不行、不过、得了、瞎掰 no, wrong, no, however, forget it, nonsense
表示结果:	那、那么、天那、就这样 then, so, my God, so
表示肯定:	的确、是的、当然、对、没错 indeed, yes, of course, correct, that's right
表示转折:	不过、但是、可是、就是、可、然而 however, but, nonetheless, only that, however, otherwise
表示系列:	那、然后、后来、以后、就 then, afterward, later, since then, then
表示吃惊:	真的、啊、呵、奇怪、哎呀、什么 really, ah, ah, strange, oh, what
引起注意:	瞧、嘿、喂、小心 look, hey, hello, careful
表示失望:	唉、嗨、天那、怎么搞得 oh, hey, my God, what's the matter
表示感叹:	对了、得了、哎、嘿、有意思 good, bomber, aye, hey, interesting
引出话题:	喂、嘿、你说、哎 hello, hey, you mean, aye
表示回应:	嗯、嗳、啊 en, aye, ah

续表

语篇功能	语篇标记
表示放弃：	算了、罢了 forget it, forget it
结束话题：	好吧、好了、就这样 okay, good, that's it

分析、比较表四中的语篇标记，读者会注意到所有的语篇标记都有"承前"或者"启后"的功能，有的甚至有两种或两种以上这类的功能，如："嘿"，不仅可以表示"感叹"还可以引出话题，或表示"引人注意"的功能。另外，我们还注意到，表示"转折"的语篇标记也可以用作并联关联词，它们的区别仅在于语篇标记在篇章中作副词用，而并列关联词作连词用。实际上，这些语篇标记的功能和特点跟英语中的很相似，如表四中的英语翻译所示。由于学生在学习这些语篇标记的时候没有什么从母语来的干扰，因此在教学中无需过多地强调它们的语法特点，笔者认为只要把它们的语篇功能讲清楚了，学生就应该能够学会。

三　语篇教学模式[①]

语篇（discourse）教学是篇章教学的高级阶段。虽然中外学者至今没有给这个概念下一个明确的定义，但是大家都知道语篇比词汇和句子连贯在篇章中的语言单位要大，结构要复杂。西方最近有的学者（Smith 2003）用"篇章模式"（discourse mode）这个概念描述不同的语篇内容，说明每一种语篇模式在篇章中都有自己独特的功能。根据不同篇章模式在语文中的重要性，这一节我们选了六种主要的篇章模式进行讨论：语篇的开头、叙述语篇、描述语篇、说明语篇、辩论语篇和语篇结尾，希望能够帮助教师和学生了解语篇教学的内容。由于篇章分析没有一个统一的评介标准，有的学者把篇章规划成不同的语

---

① 这一节基于邢志群（2007）。

体(Berger 1997),有的把篇章分成不同的语篇模式(Smith 2003),也有的根据篇章的功能来区别不同的语篇(Linde 1993)。显然上面提到的六种篇章模式不是按照语体划分的。选择开头和结尾两种模式是因为它们无论在哪种语体中都会出现,所以必须包括在篇章教学中。选择其他四种模式则是因为他们各自都有独特的语篇功能,学生要想掌握篇章的技能,也必须学习。下面我们分别讨论这六种篇章模式的特点,必要之处将对比分析汉英篇章模式的区别。这里的"语篇"是各种篇章模式的总称,"语体"专指不同体裁的语篇,如书写体、口译、报告、论说文。

(一)语篇的开头

语篇的开头应该是语篇中最重要的一部分。无论是什么语体(如讲演、报告、论文等),一个好的开头便是"成功之母"。我们先看看下面几种语篇的开头:

(24) 我在《收获》上发表的《巴金全集》后记《最后的话》,就是我想对读者说的话,我希望读者理解我。我这一生是靠读者养活的。我为读者写作,我把心交给读者。(巴金《说真话》1995,第45页)

(25) 秋天的傍晚。
大地是沉郁的,生命藏在里面。泥土散着香,禾根在土里暗暗滋长。
(曹禺《原野》第3页)

(26) 你好,别来无恙吗?
相识至今差不多四年了,一路走来,风风雨雨,有笑有累,有花有果,有苦也有甜。而我,也从一个不谙世事的少女磨炼成了独立自强的新女性。(安顿《情证今生》第68—69页)

(27) 我的一个朋友对我说过一句很深刻的话:"你要看一个国家的文明,只需要考察三件事:第一,看他们怎么对待小孩子;第二,看他们怎么对待女人;第三,看他们怎么利用闲暇时间。"(胡适《论妇女和儿女》,周质平等《现代汉语高级读本》第13页)

例(24)是著名作家巴金写给年轻读者的一席话的开头;例(25)描写《原野》这个剧情开始的景象;例(26)是一封情书的开场白;例(27)是一

篇论说有关妇女和儿女问题的开篇陈述。这几种开头不过是几种不同的语篇的开头，不可能代表所有语篇开头的形式，但是这四种开头可以清楚地说明语篇的开头可以用不同的篇章结构手段，引出不同的语篇主题。《说真话》开门见山地表白作者的愿望和他对写作的态度，是一种十分有效的跟读者交流的方式。《原野》的开头则直扣主题描写一片原野的自然景色。而那封情书的开始则是按照书信的格式先问候对方，然后用精练的语言总结、陈述作者和读者在过去四年中不平常的恋爱经历，这激发了读者想继续读下去的愿望。第四个例子跟前三个不同之处在于一开始作者就把文章要探讨的三个问题说得清清楚楚，但是作者并没有把他自己对这三个问题的观点立即写出来，而是在下文详细讨论三个问题的时候才把自己的观点说出来。

比较这四种语篇的开头，我们发现《说真话》开头用的是一种"陈述"（statement）的句式，简单、清楚、直截了当的"说实话"。剧本《原野》则不同，开头用的语言是一种生动地对一片原野的"描述"（description）。这种开头的形式在其他语篇（比如：信件、论文、报刊文章等）很少见。情书的开头用一种隐喻（metaphor）的方式（用"风/雨"、"花/果"、"苦/甜"）描述作者和读者的恋爱关系，颇有浪漫的感觉。胡适那篇论文的开头用一种"提议"（proposition）的形式（要看……，只需要……），引出作者的观点。这四种开头的模式也许可以简单地总结如下：

- 笔记/编者按语⇒陈述
- 剧本⇒描述
- 情书⇒隐喻
- 论文⇒提议

虽然这四种模式不可能代表四种语体（笔记、剧本、情书和论文）所有的开头形式，但至少我们可以看出语篇的开头形式跟语篇的主题有直接的关系。如果是一片短短的笔记，很少见到用生动的"描述"开始。同样的，一个剧本的序幕如果用某种直截了当的"陈述"或"提议"，也很不常见。为此，我们认为在教学生怎么写篇章的开头时，教师应该把篇章的模式（陈述、描述、隐喻、提议）和语体的形式（笔记、剧本、书信、论文等）结合在一起教，这样学生从一种模式和一种语体学起,逐渐积累创作不同语篇开头的能力。

那么,对母语为英语的学生来说,他们是否会在学习汉语语篇开头的时候受到母语的影响?要回答这个问题,我们有必要分析一下英语跟上面探讨的汉语的四种语篇的开头是否有什么差异。

(28) In the spring of 2004, I published a book about my father——about the lessons I have learned from him, the ways he has influenced me, and my enormous love and respect for this steady, hardworking, and modern man. (*The Wisdom of Our Fathers* by Tim Russert, 2006)

2004年的春天,我写了一本关于父亲的书。这本书主要讲述我从父亲那里学到的经验,他对我一生的影响,以及我对这个壮实、勤劳、现代父亲的敬爱。

(29) When I was fifteen, I got hepatitis. It started in the fall and lasted until spring. As the old year darkened and turned colder, I got weaker and weaker. Things didn't start to improve until the new year. January was warm, and my mother moved my bed out onto the balcony. I saw sky, sun, clouds, and heard the voices of children playing in the courtyard. (*The Reader* by Bernhard Schlink, 1997)

我十五岁的时候得了肝炎。从秋天开始一直病到春天。随着白天变短,天气变冷,我的身体也越来越弱,就这样一直到新年才有所好转。一月暖和了,妈妈就把我的床搬到阳台上,这样我可以看到天空、太阳,也可以听到院子里玩耍的孩子们。

(30) When two souls, which have sought each other for, however long in the throng, have finally found each other... a union, fiery and pure as they themselves are... begins on earth and continues forever in heaven. (*A Love Letter* by Victor Hugo, 1821)

当两个心灵经过长久、艰难的寻求最后终于彼此相见时,他们的结合是炙热的、纯洁的。他们这样在地上开始,也会这样进入天堂。

(31) Four score and seven years ago our fathers brought forth on this conti-

nent, a new nation, conceived in liberty, and dedicated to the proposition that all men are created equal. Now we are engaged in a great civil war, testing whether that nation, or any nation so conceived and so dedicated, can long endure. (*The Gettysburg Address* by Abraham Lincoln, 1863)

八十七年前，我们的父辈在这块土地上创建一个拥有自由、人人平等的新国度。现在我们正处于激烈的内战当中，这是考验这个国家，或者说任何一个拥有自由和平等的国家，是否能够长久地坚持下去的时刻。

上面四段英语语篇的开头都是从名篇中节选的：（28）选自美国 MSNBC 电视台已故播音员 Tim Russert《父亲的智慧》(*The Wisdom of Our Fathers*) 一书中的编者序；（29）选自著名德国作家 Bernhard Schlink 撰写的全球畅销小说《读者》(*The Reader*) 第一章的开场白；（30）是法国著名诗人、剧作家、小说家 Victor Hugo 写给她热恋中的爱人的一封情书的开头；（31）是美国前总统林肯著名的《葛底斯堡讲演》(*The Gettysburg Address*) 的第一段。从这四种不同语篇的开头看，我们发现 Tim 的编者序，开门见山、直截了当地介绍书的内容：他的父亲；小说《读者》的开场白则侧重描写故事发生的时间、天气和小说的主人公那时的情况；情书的开头显然别具风格，作者把两个相爱的人比喻成"两个心灵"，把他们的热恋关系不仅看做是"炙热的"、"纯洁的"，而且将会永永远远，在地上开始直到进入天堂，作者使用这些不同的比喻，生动、深刻地描绘出热恋中的情感；林肯论说文的开头提出一个让听者深思的问题：我们的前辈创建了一个伟大的国家，现在我们是否能够保卫这个伟大的国家？这跟上文介绍的胡适的论说文的开头很相似。对比分析英语这四种语篇（笔记、小说、情书、论说文）的特点和上文讨论的汉语中同样的四种语篇，我们发现两种语言的表达形式基本上一样，笔记/编者序用陈述的方法开头、小说用描述的方法、情书用比喻、论说文用提议的方法。[①] 这说明在篇章教学中，

---

① 这里需要说明的一点是，笔者在查找英语语篇开头的时候并没有刻意选择跟汉语语篇的开头相似的语篇。选择英语的四种语篇的标准只有两个：一个是经得起时间的考验，即名篇；二是属于四种语篇的一种：笔记、小说/剧本、情书、论说文。

对母语为英语的学生，学习汉语语篇的开头时没有什么母语的干扰。学生可以按照篇章教学的排序，逐步学习不同语篇的模式。

（二）叙述语篇

Berger（1997：4）研究了大量不同的语篇后指出叙述语篇就是"讲故事，告诉人们世界上各种事情发生、发展的经过。"这个定义认真考虑一下也符合叙述语篇的特点，即简单、常用。也正是叙述语篇的这些特点使它成为各种语篇模式中最基本的、被探讨最多的一种语篇模式（Linde 1993）。为此，在对外汉语教学中，叙述语篇自然是篇章教学的一个重要部分，教学的目的就是让学生能讲故事，讲他们所关心的世界上各种事情发生、发展的经过。

在教叙述语篇的过程中，时常遇到需要考虑的问题是：1) 如何讲解叙述语篇的特点，2) 叙述语篇的结构，3) 如何让学生在交流中（口语/书写）使用叙述语篇。这几个问题将是我们下面讨论的主题。我们先看几则例子：

(28) (1)他拖着箱子**找到我**住的地方时，我正在一个塑料模特的头上修剪假发，(2)房东把他**领进门**，说："这个人在门外一家一户地打听你住在哪里。"(3)我特别**高兴**。手里拿着剪刀，身上穿着围裙，手都不知道往哪里放。(4)房东**离开**了，(5)我们俩面对面傻**站着**，半天，(6)我**说**："你坐啊。"(7)他才**放下箱子**。(8)**看**了我好一会儿，(9)**说**："你比原来好看了。"（安顿《情证今生》第143页）

这个例子里的说话人给一位记者叙述她跟男朋友分别几年后重逢时的情景。我们也许可以把她叙述的场景总结成下面九个步骤（如例篇中所标示）：

找到我　进门　高兴　离开　站着　说　放下箱子　看　说 →

细心的读者很快就会意识到这九个叙述场景的步骤是按时间顺序安排的，就是说，事情发生的经过是先"找到我"，再"进门"，然后"高兴"、有人"离开"、我们"站着"、"说"等等。听话人或者读者不必担心九个场景哪个先、哪个后，只要顺着故事场景一个接一个地往下听或看，故事的情节就清清楚楚了。汉语叙述语篇的结构跟英语的叙述篇很相似（Linde 1993，Berger 1997，Smith 2003）。这对母语是英语的汉语学生来说是一个优势。但是英语有时态（如过去时、进行时）、语态（如被动语态）之别，而汉语没有。例（28），全篇只在第一句说明故事发生的时间，其余句子都没有标示动作发生在什么时候。这是汉语的特点，而在有时态、语态的语言中故事中所有涉及的动作都得标明是过去、现在、还是将来进行的。这里值得特别注意的是汉语没有时态、语态的标记并不影响听者/读者对所叙述的故事的理解，他们不会混淆哪一个动作先发生、哪一个动作后发生。显然，汉语的特点是在叙述故事的一开始把时间确定后，以后的动作，除了特殊情况，都是按照它们发生的顺序安排的，不需要再标时态。叙述语篇的这个规律对母语是汉语的人来，不需要学习，因为它是汉语自身的规律。但是对母语里有时态、语态的汉语学习者来说，需要教师给他们讲解，帮助他们掌握汉语叙述语篇的这一规律。

Linde（1993）提出叙述语篇的结构（即按时间顺序安排），是语篇连贯的基础。一般来说语篇连贯有两个主要原则："因果"和"连续"。虽说汉语语篇中语句之间的连续关系比因果关系多，两种现象都经常出现。例如：

(29)"你记着，大星头一天不在家，今天晚上，门户要特别小心。[1] **今天进了贼,**[2] **掉了东西,**[3] **我就拿针戳烂你的眼,** 叫你跟我一样的瞎，听见了没有？"（曹禺《原野》第28—29页）

例（29）用黑体写的三句话中，前两句给出原因，第三句说明结果。换句话说，前两句可以用"如果"引出，"如果你今天让进了贼，掉了东西，我就用针戳烂你的眼。"即使没有"如果"，这类明显的假设连词，对汉语是母语的人来说也不会把前两句理解为结果，第三句理解为条件。比较下面两个句子：

(30) ?? 我就拿针戳烂你的眼，（如果）你今天进了贼，掉了东西。

(31) I will poke you eyes with a needle, if you let thief break in and steal things from the house today.

上面两例使用的是同样的句子结构，但是英文没有什么问题，汉语则听起来比较奇怪。这说明叙述语篇中连贯的两个原则，因果和连续，在汉语中比在

英语中更重要。为此,在教叙述语篇的过程中,应强调下面几项:

- 叙述语篇的语句结构是按时间顺序安排的;
- 这种按时间顺序安排的语篇结构,不需要用时态表示,是汉语语篇结构的特点;
- 叙述语篇中的语句关系通常是因果、连续的关系。汉语一般是原因在前,结果在后,而英语没有这种严格的要求。

(三) 描叙语篇

描叙语篇和叙述语篇的区别在于前者描写或描述一个人,一件事或者一种情景;后者叙述事情发生的经过。如果叙述语篇给我们讲的是一个故事,那么描叙语篇给我们描写的是一幅画。此外,描叙语篇也可以插入叙述语篇或其他语篇中,而且跟其他语言中的描叙体也有很多类似的特点。我们先看下面两段话。

(32) 他身材不高,宽前额,丰满的鼻翼,一副宽大的厚嘴唇,唇上微微有些黑髭,很漂亮的。他眼神有些浮动,和他的举止说话一样。(曹禺《北京人》第51页)

(33) 这间小花亭是上房大客厅和前后院朝东的厢房交聚的地方,屋内一共有四个出入的门路。屋左一门通大奶奶的卧室,前门悬挂一张精细无比的翠绿纱帘,屋后一门通入姑奶奶的睡房,门前没有挂着什么,门框较小,也比较脏,似乎里面的屋子也不甚讲究。(曹禺《北京人》第5页)

例(32)中描写的是一位长相不错的人,例(33)描写一座房院。这种描叙语篇的结构跟叙述语篇不同之处在于描叙语篇描写静止的状态(Smith 2003),这种状态不可以用时间顺序来安排,而是由他们所处的方位(上下、左右、前后)安排的。从上面的两段话看,汉语的描叙语篇似乎还跟两种句式有互动的关系:1) 地方+静态动词(+着),2) 主语+有(存现句)。由于这两种句式主要用于描叙静态的主题(Li & Thompson 1981),自然会重复出现在上面列举的两段话中。为此，我们看到描叙语篇的两个特点：第一，描述与方位的关系；第二，描述与静态的关系。

笔者认为上面谈到的描叙篇章的两个特点可以有效地用于篇章教学中。对汉语学习者来说，学习汉语的方位描叙（即认知语言学的概念）不难，因为这种概念在任何语言中都存在。在教学中教师应该考虑如何让学生利用他们的母语语感学习汉语描叙语篇的整体结构。另外，汉语描叙语篇的句子结构似乎跟其他语言不太一样。如果我们把上面列举的两段话翻译成英文，例（34）～（35），然后比较汉语和英语的句法结构，会很容易看出两种语言在描叙地方、人或事物时的区别。汉语多用"存现句"和"着"字句，英语则常用表静态的动词（如：is，has，look like，sit，seem 等）。

(34) He is not tall. He has a wide forehead, a full-grown nose, and a pair of thick lips with some light hair over them, very pretty. His eyes are lively, just like his words and deeds.

(35) This small flower pavilion sits in between the main guest hall and bedrooms of both the front and back yards facing the east. There are four exit/entrance doors altogether. The door on the left leads to the first lady's bedroom. There is a delicate unique green curtain hanging on the door. The door on the back leads to the aunt's bedroom. There is nothing hanging in front of the door. The door's frame is relatively small and dirty which seems to suggest that things inside are not exquisite either.

教师有必要通过对比、引导的方式帮助学生学习汉语描述语篇的句法特点。实际上，上面提到的汉语的描叙语篇常用的那两种句式对学生来说并不难，在一年级就可以学好；难点在于如何把各种不同的描叙静态情景的句子连起来，形成一段连贯的篇章。例（34）的第一句先描写那个人的身高，然后描写他的前额、鼻子、嘴和嘴唇，最后着重描写他的眼睛。显然，这一段话的结构不是随意的，而是从上（前额）到下（嘴唇），从整体（身高）到具体（前额、鼻子、嘴），从次要（前额、鼻子、嘴）到主要（眼睛）的一种逻辑结构。此外，作者还采用不同的连贯手段，把整段话糅合在一起。比如，"他"的省略,语序的变换,这些连贯的手段(参阅本章第二节),对学生来说是比较难掌握的,需要教师系统地、一步一步地帮助他们学习、掌握。

除了描叙语篇的整体结构和句子的特点,学生学习描叙语篇的另一个难点是学习描写人、事、物的语词。我们常听到学生抱怨他们找不到合适的词描叙他们想说的话、想描叙的情景像眼睛、鼻子、嘴。这种情况的原因无非有两种:1)学生的词汇量不够,2)他们缺乏某种语言文化的常识。比如,按照中国传统的审美观,看一个女子是否漂亮,一般都是看她的面部长相(眼睛是否大/有神,鼻梁是否高、嘴是否小等),而西方的审美观常注重胸部和臀部。只有学会、掌握了这两方面的知识,学生才能恰到好处地描叙他们想描叙的情景。虽说让学生做到这一点很难,不是一两个学期就可以解决的问题,但是到了高年级,如果教师能不断地启发学生,帮助他们总结、积累、学习上面提到的两方面的知识,学生的描叙能力就一定会提高。

(四) 说明语篇

说明语篇,顾名思义用来解释、说明篇章的主题,帮助读者/听众了解主题的内容。在交际的时候,无论是人们要介绍什么(比如,老师给学生介绍一个新概念,一种新情况或一个新问题;家长给孩子讲解一件事儿;同事、朋友之间交流、交换意见),都需要使用说明语篇。这也是为什么说明语篇常出现在各种不同的语体中的原因。我们先看看下面一段话。

> (36) 我们俩结婚的时候,真是一贫如洗,什么也没有。我在洮南,我姐姐给我寄来两个花被面,我自己做了两条被子,他带来了辽宁产的苹果。结婚不能再穿打补丁的衣服了,他就穿一身学生装。(安顿《情证今生》第169—170页)

这段话的第一句引出这一语篇要解释的主题概念:我们结婚的时候,一贫如洗,什么也没有;其余的句段都是用来说明"一贫如洗,什么都没有"的。这种"主题概念+说明解释句段"的语篇结构是说明语篇的典型结构。如果认真考察一下说明语篇的整体结构,不难看出它很像"主题评论句"的结构,即"主题+评论",唯一不同的是说明语篇中的"主题"和"说明"都是由句子组成的,而主题评论句中的"主题"和"评论"是由词组、小句构成的。虽然"说明"和"评论"严格地说不是指同一个概念,但是就他们所指的汉语篇章、句子结构看,指的是同类的语法概念。

跟叙述语篇和描叙语篇比,说明语篇不必按照时间顺序,或者空间的方位安排语篇的结构,说明语篇可以采用其他语篇的结构手段和句子特征说明、解释某个主题。

(37) 我这兄弟最讲究喝茶。他喝起茶来要洗手,漱口,焚香,静坐。他的舌头不但尝得出这茶叶的性情,年龄,出生,做法,他还分得出这杯茶用的是山水,江水,井水,雪水还是自来水,烧的是炭火,煤火,或者柴火。(曹禺《北京人》第91页)

上面这段话的主题是"我这个兄弟最讲究喝茶。"其余各句都是用来解释、说明这个兄弟怎么讲究喝茶法。我们看到在那些说明解释的句子中,有描述语句(洗手,漱口,焚香,静坐),也有叙述语句(尝得出这茶叶的性情,年龄,出生,做法,他还分得出这杯茶用的是山水……)。说明语篇这种交叉使用其他语篇的结构形式对初学者来说可能看不出有什么独到之处,但是渐渐地学生会意识到它的随意性和实用功能。这也是为什么说明语篇是各种语篇中使用最广的一种语篇模式。

那么英语是否有同样的语篇模式呢?我们从下面这段介绍英文作文指南的文字中可以清楚地了解说明语篇是英文作文最主要的模式:

Each individual paragraph should be focused on a single idea that supports your thesis. Begin paragraphs with topic sentences, support assertions with evidence, and expound your ideas in the clearest, most sensible way you can. (http://www.aucegypt.edu/academic/writers/)

每一段应该集中写一个紧扣作文主体的议题。每一段的第一句应该是主题句(topic sentence),随之提供支持主题的论据,并且用清楚、切合实际的语言展开对主题的讨论。

实际上美国无论是高中还是大学的英语课,无论是写一门课的期末报告,还是申请大学的作文都强调每个段落需要有一个主题句,其他都是围绕着这个主题展开、说明、提供论据。显然这种写作模式跟汉语的说明语篇完全一样。为此在学生学习汉语说明语篇的时候,不应该有什么跨语言的干扰,反之由于他们的母语十分强调说明语篇的写作形式,他们在学习汉语时应该比较容易掌握说明语篇的技能。

(五) 辩论语篇

Smith(2003:33)指出辩论语篇引起读者/听者对某个议题的注意,或提出某个主张或倡议,然后用事实进行论证。我们知道在日常生活中,无论是在家里,在工作中,或任何其他地方,都会听到人们谈论、辩论;在报纸上,论文里就更是如此。比如:

(38) 我说"不就是关节炎吗?我愿意伺候她。不就是一个药罐子吗?我愿意替她背着。我一个人,什么都能承受,这么多年了,家里穷,外面乱,我不是也还好好的吗?更何况结婚以后我们就是两个人了,没有什么困难是我们应付不了的。"我反反复复就是这么几句话。把老人说急了,他们就说"你们将来别后悔!"我说"你们放心,我不后悔!"(安顿《情证今生》第 166 页)

例(38)中的这段话是说话人为自己要娶一位身体不好的姑娘做的一番辩解。这番辩解包括几项议题:1) 她有病,我可以照顾她;2) 她总吃药,我帮他买药;3) 家里、家外其他条件都不好,我也不在乎。这三项议题都是用一问一答的形式表示出来,显得铿锵有力,具有很强的说服力。我们看到这段话的篇章结构比较简单,即[事实+说话人的建议/态度/观点]。事实,即论据,是通过反问句的形式表现出来的,说话人的观点/态度/主张,即论点,是通过回答那些问题表现出来的。这种辩论语篇的结构也可以出现在协商/谈判或说服语篇中:

(39) 甲:黄瓜怎么卖?
乙:一块五。

甲：太贵了，便宜点儿卖了。

乙：要多少？

甲：两三斤。

乙：买五斤，要你五块，反正该收摊儿了。

甲：行，来五斤。

（笔者在北京的早市上听到的一段对话）

(40) 你现在快做母亲了，要成大人了，为什么想不要孩子呢？有了孩子，他就会慢慢待你好的。顺着他点儿，他还是个小孩子呢。（曹禺《北京人》第57页）

例（39）中的对话是笔者在菜市场听到的。两个说话人都有自己对话的主观目的，也就是他们的论点：甲要买一块钱一斤的黄瓜；乙则一斤卖一块五，除非甲要多买。两个人都试图给出事实论据（"太贵了。""该收摊儿了。"）来达到他们的协商目的。显然，这段协商对话的结构跟上面谈到的辩论语篇的结构一样，也是［事实＋说话人的态度/观点］或者［论据＋论点］。例（40）中只有一个说话人，听话人没有表示意见，但是从说话人的口气可以听出来两人对"生孩子"这件事的意见不同。说话人的目的是想说服听话的人要一个孩子，而听说人则对此事不以为然。为了说服听话人，说话人先说出她的论点（为什么想不要孩子呢？），然后再给出一些论据，说明她的论点。我们看到这段说服语篇同样采用的是辩论语篇的篇章结构［论点＋论据］，跟例（38）～（39）唯一不同的地方是这段话先给出论点，再给出论据。

从上面几段话的结构看，辩论语篇涉及几个认知方面的概念：论据，说话人的主张、建议或意图（即论点）。这些概念构成辩论语篇的框架。试想一下，如果没有事实作依据，就很难说服听话人；如果没有说话人的观点、建议、主张，就失去了辩论的意义。从例（38）～（40），我们看到有的事实依据和说话人的意图/建议是通过"问答"的形式表现出来。虽然这种形式不一定代表所有辩论语篇的结构，我们发现汉语的辩论语篇最常见的结构形式有两种：1) 问答结构，2) 事实＋说话人的意图/建议/主张。也就是说在辩论语篇中，应该先提出一个问题或者给出事实，然后回答这个问题或者表达说话人对此问题/观点的看法/建议。通过这样一个回答问题、协商问题、辩论问题的方法，说话人的主张、建议、意见、观点就表现出来了。此外，我们看到论点和论据在语篇中的出现顺序不固定，两者既可在前，也可在后。

跟其他语篇模式比，辩论语篇的结构既不跟叙述语篇一样遵循时间顺序，也不跟描叙语篇一样遵循空间的逻辑方位安排。在表达论据时，辩论语篇似乎混合使用叙述语篇和描述语篇的结构，而在表达论点时，辩论语篇多使用简明扼要的陈述句。下面我们总结一下辩论语篇的特点：

- 辩论语篇必须提出一个论点；
- 辩论语篇必须有事实依据说明所提出的论点；
- 论据可以用疑问句的形式表现；
- 论点应该简明扼要，跟论据相辅相成；
- 论点在篇章中出现的顺序不固定。

如果对比分析英汉辩论语篇的话，我们发现它跟汉语的也没有什么差异，比如例（41）中的一段话（选自2008年9月26日美国总统竞选奥巴马和麦凯恩的辩论）。

(41) QUESTIONS: What do you see as the lessons of Iraq?

问题：你认为伊拉克战争是一个教训吗？

MCCAIN: I think the lessons of Iraq are very clear that you cannot have a failed strategy that will then cause you to nearly lose a conflict. And finally, we came up with a great general and a strategy that has succeeded. ……I want to tell you that now that we will succeed and our troops will come home, and not in defeat, that we will see a stable ally in the region and a fledgling democracy. This strategy has succeeded. And we are winning in Iraq. And we will come home with victory and with honor. And that withdrawal is the result of every counterinsurgency that succeeds.

麦凯恩：我认为伊拉克的教训很清楚就是我们要有一个正确的战术……

最后，我们任命一位杰出的将军，采纳一个成功的战术。……我要告诉你们从现在看（伊拉克战争）必将成功，我们的军队会返回家乡。不过他们不是被战败。我们（在中东地区）会看到一个新兴的、稳定的民主同盟国家。这是我们战术上的胜利。我们在伊拉克即将得胜，我们将凯旋而归。那撤兵的战术是导致反叛乱行为成功的必然结果。

OBAMA：Well, this is an area where Senator McCain and I have a fundamental difference because I think the first question is whether we should have gone into the war in the first place. Now six years ago, I stood up and opposed this war at a time when……We hadn't caught bin Laden. We hadn't put al Qaeda to rest, and as a consequence, We've spent over ＄600 billion so far, soon to be ＄1 trillion. We have lost over 4,000 lives. We have seen 30,000 wounded, and most importantly, from a strategic national security perspective, al Qaeda is resurgent, stronger now than at any time since 2001……. So I think the lesson to be drawn is that……we have to use our military wisely. And we did not use our military wisely in Iraq.

奥巴马：这是麦凯恩议员和我的意见存在根本分歧的一个领域，因为我认为首先应该问的问题是我们当初是否应该进军伊拉克。六年前我站起来反对这场战争……，后来我们并没有抓到本·拉登，我们没有平息基地组织，可是我们却花了60个亿的军费，很快就会超过100个亿；我们失去了4,000个战士的生命，战伤3万人，最重要的是从国家的战略、安全角度看，现在基地组织东山再起，日益强大。……我认为从这场战争我们得到的教训是我们要明智地使用我们的军队。在伊拉克，我们没有明智地使用我们的军队。

　　这两段对话的论点是美国是否应该从对伊拉克的战争中学到什么教训。辩论的双方都就这一问题阐述了各自的观点。麦凯恩认为美国采纳一个正确的战术后必将得胜；而奥巴马则从不同的角度用事实说明这场战争给美国造成惨重的损失，应该从中吸取教训。值得注意的是辩论的双方都试图通过提供不同论据解释、说明自己的观点，但似乎奥巴马的论据更有说服力，因为他用了具体的数据说明这场战争给美国纳税者带来的损失，而麦凯恩则使用比较抽象的战争策略来判断此次战争的成功与否。不过无论谁在这个辩论问题上得胜，辩论的双方使用的言语模式是一样的，就是根据论点，提出论据，说明自己的观点。这种辩论语篇的结构和特点跟上文探讨的基本上完全一样，因此也不会对母语为英语的学生学习汉语造成干扰。

这里值得提出的一点是辩论语篇跟上一节探讨的说明语篇在结构上基本上一致，就是先提出一个问题或者一个主题，然后说明、解释这个问题。两种语篇的不同之处在于说明语篇只说明、解释所提出的问题，而辩论语篇则对所提的问题用论据，论证说明自己的观点，因此辩论或者说论证语篇相对要难一点。但总的来说，由于没有跨语言的干扰，如果学生有用母语写辩论语篇的能力，对汉语的辩论语篇至少在认知上有一个清楚的认识。

（六）语篇结尾

语篇结尾应该是每一个语篇最重要的一部分。大家都知道，当没有时间读完整篇文章时，读者一般会看看语篇的开头和语篇的结尾。虽然不是所有的读者都这么做，这也至少说明语篇结尾在篇章中的重要性。我们先看看下面三种篇章的结尾：

（42）我们在网上说"我爱你"，每次都说，每次都知道说了也没有实际用处。我觉得这就是我认识的互联网。它也许无所不能，但它永远不是我们需要的那个世界。（安顿《情证今生》第108页）

（43）"讲真话，掏出自己的心。"这就是我的座右铭，希望读者根据它来判断我写出的一切，当然也包括所有的佚文。（巴金《再思录》第89页）

（44）……女人就可以不受孩子的拖累，可以与男人一样在社会上做事，而得到真正平等的地位。在这种情况下，夫妻在一块儿共同生活，谁也不是谁的附属品，妇女问题就自然解决了。（冯友兰《谈儿女》第112页）

上面三例中，例（41）选自作者对"网恋"这个主题的结尾，例（43）是作者在《巴金全集》后记结尾的一段话；例（44）选自冯友兰讨论妇女问题的一篇论文的结尾。这三段结尾，虽然用在不同的语体中，但是他们采用的则都是同样的篇章结构：使用具体的事例说明作者对篇章主题的观点。例（42）选了电子邮件中给恋人常说的话"我爱你。"说明作者认为这样的话是如何虚无缥缈。同样的，例（43）的作者选了他自己的座右铭引出他对读者的期望。例（44）从语体的角度看，属于论说文，可能比前两例更正式一点，但是他的语篇结构跟前两例仍然相同，就是先给出具体的事例，然后倒出作者对所讨论问题的意见或结论。可以看出，语篇结尾有两个问题要考虑：一个是语篇结尾的结构，一个是语篇结尾的篇章功能。从上面的三个例子看，结尾的功能就是总结作者的观点或看法；结尾的结构是［具体事例＋抽象的结语］。这种结构似乎很像隐喻的过程，从"谈恋爱"到"读/写恋爱"，从"讲真话"到"读/写真话"，从"夫妻关系"到"依附关系"。当然，这并不是说所有的语篇结尾都是用这种结构。

(45) 忘了告诉你，我马上就要39岁了，这月初三是我的生日。我应该是比你大很多吧。我请你吃饭，你有空吗？（安顿《情证今生》第204页）

(46) 玉家菜园改称玉家花园是主人儿子死去三年的事儿。这妇人沉默寂寞的活了三年，到儿子生日那一天，天落大雪，想这样活下去日子已够了，春天同秋天不用再来了，把一点家产全分派给几个工人，忽然用一根丝绦套在颈子上，便缢死了。（《沈从文名作欣赏》第122页）

例（45）是作者写给一位记者的信，结尾部分表达作者急于想跟记者分享他的故事；例（46）是一篇题为"菜园"的散文结尾。显然，这两段结尾采用了不同的语篇结构和手段。信的结尾给记者提出了一个问题，问记者是否有时间跟她一起吃饭；而散文的结尾则描写菜园的主人如何死去的情景。此外，书信用了口语语体（比如采用主语省略，语气词等），散文用的是书面语（比如使用书面语的词汇）。虽然两种结尾都在某种程度上让读者思考，书信的结尾引发的可能是比较简单的一种思考过程，即要不要接受作者邀请；而散文的结尾可能引发读者比较深刻地对生与死的问题的思考。上面两段结尾另一个共同点是他们都包含了作者最想表达的意念:"邀请读者吃饭"和"生与死的关系"。要是不把这些重要意念放在语篇的结尾,读者可能没有时间或者不会花时间考虑作者提出的问题。我们看到语篇结尾没有一个统一的结构形式,但是大部分语篇结尾的功能是一样的,就是告诉读者作者最想说的和最重要的话。由于结尾是读者看到的最后的话语,自然给读者的印象比较深,影响比较大。

跟汉语不同语篇的结尾比,英语没有什么明显的差异。下面几段选自英文不同语篇的结尾仅供读者参考。

(47) McCain: I guarantee you, as president of the United States, I know how to heal the wounds of war, I know how to deal with our adversaries, and I know how to deal with our friends. (*Presidential Debate* by Obama and McCain, September 26, 2008)

麦凯恩:我向你们保证,如果当选为美国的总统,我知道怎么愈合战争的创伤,我知道如何解决纷争,我知道如何跟朋友打交道。

(48) Adieu, my angel, my beloved Adele! Adieu! I will kiss your hair and go to bed. Still I am far from you, but I can dream of you. Soon perhaps you will be at my side. Adieu; pardon the delirium of your husband who embraces you, and who adores you, both for this life and another. (*A Love Story* by Victor Hugo, 1821)

再见,我的天使,我的最爱 Adele,再见!我要吻你的头发才能入睡,虽然我还是远离你,但是我能够梦到你。也许用不了多久,你就会来到我的身边。再见,请宽恕你这精神恍惚的丈夫,他拥抱你、敬慕你以至永远。

(49) As soon as I returned from New York, I donated Hanna's money in her name to the Jewish League Against Illiteracy. I received a short, computer-generated letter in which the Jewish League thanked Ms. Hanna Schmitz for her donation. With the letter in my pocket, I drove to the cemetery, to Hanna's grave. It was the first and only time I stood there. (*The Reader* by Bernhart Schlink, 1997)

我一从纽约回来，就把 Hanna 的钱以她的名义捐给了"犹太扫盲联合会"。我收到一封用电脑统一打印的短信，信中感谢 Hanna Schmitz 的捐赠。带着这封信，我开车去了 Hanna 的墓地。这是我第一次去，也是最后一次。

如果把上面谈到的有关语篇结尾的特点，适当地应用在教学中，无疑对学生学习语篇结尾有帮助。当学生认识到语篇结尾可以有不同的语体、不同的结构，但是都具有同样的语篇功能时，他们可以侧重学习不同语篇语体、结构的差异。学习英语的人或者母语是英语的人都知道要写一篇英文文章，其中最花时间的是如何写结尾，因为巧妙的结尾是衡量一篇文章好与坏一个重要因素。汉语的结尾也有同样的特点。

我们一共讨论了六种语篇的模式，语篇开头、叙述语篇、描叙语篇、说明语篇、辩论语篇和语篇结尾。其中语篇开头和语篇结尾两种跟其他四种语篇的性质不太一样。前两种出现在各种语文、语体中，但是有自己的功能特点，后四种虽然功能特点不突出，但是各有各的结构特点。叙述语篇常按照故事发生的时间安排语篇结构；描叙语篇常常使用表示静态的句式描写静态的情景或方位；说明语篇一般都是先给出一个主题，然后解释、说明这个主题的内容；辩论语篇总是由论点和论据两部分组成，作者可以先说论点，也可以先说论据。我们把这六种语篇的结构和特点都与英语的作了对比分析，结果发现汉语跟英语在语篇表现形式和功能上都没有什么差异，因此习得时不会造成什么跨语言的干扰。

四　汉语的语体

篇章语体（discourse style）指口语语体和书写体（或称书面语体）。这两种语体在篇章中可能有时难以明确区分，但是由于二者有显著差别，因此有分开讨论的必要。

(一) 口语语体

口语表达能力指汉语的说话能力（speakability）。汉语常用"会说话"来表示一个人擅长运用语言技巧和他人沟通并达到其交流的目的。有趣的是这种"会说话"的能力和一个人的教育程度似乎没有什么直接的关系，反而和说话人掌握篇章的能力和语用能力有关，即他知道在什么时候、对什么人、讲什么话。本节将讨论说话能力的其中一个要素，即口语语篇知识，至于另一个要素语用知识，则留在本章的最后讨论。

口语语体大致可以分成两种：第一，两个或两个以上的人之间的会话或交谈；第二，双方或多方之间的访谈、辩论或商业谈判。这两种口语语篇虽然都拥有口语语体的特色，即二者都涉及说话者和听话者双方，但是会话被认为是语言使用的最基本形式，所需的语言交流技巧更为基本（Svennevig 1999，Lerner 1989，Garvey and Berninger 1981，Goodwin 1981，Jefferson 1973）。为此，本节针对这一种口语篇章进行讨论。

汉语教师经常有些困惑，教科书的会话课文有多少真实度（authenticity）？教科书中的对话是学生可以模仿的典型对话吗？有些学者（Tao 2005）认为有必要教学生同步对话，这样才能提高他们的会话能力。但是大部分学者对实时同步对话教学有疑虑，因为在自然的对话环境中会不断重复和使用篇章虚词（如：吗、呀、呢等）。因此，笔者建议初、中级阶段的教师应把有限的课堂时间放在专门为学生编写的课文上，同时也让学生在课外寻找机会尽可能多听、多看真实的口语材料。如此一来，学生既可以从课本里学到重要的语言知识，又可以利用真实对话加强口语语篇的连贯能力。

不论是专门设计的对话还是日常生活中的真实对话，教师或学生都应注意下列几个重要的对话策略：

- 开启对话
- 重复
- 轮流（话轮转换）
- 插入语（句末虚词）

● 结束对话

这五种会话模式也是口语篇章分析中经常研究和探讨的主题。以下将一一说明其语篇功能并对比分析汉英之间的异同。

开启对话（initiation of a conversation）依场合而有所不同。如：例（50）是打电话，例（51）是在街上或午餐时间跟朋友间的寻常对话，例（52）是和老师或同事间的对话，例（53）是跟一位令人仰慕的教授间的正式对话。

（50）甲：喂，王鹏在吗？（Hello, is Wang Peng in?）

　　　乙：我就是，您那位？（I am Wang Peng. May I ask who this is?）

（51）甲：嘿，肖云，你怎么在这儿？（Hey, Xiao Yun, how come you are here?）

　　　乙：今天没事儿，所以跑出来逛逛。（I am free today, so I am just wandering around.）

（52）甲：老师，您现在有空吗？我想问一个问题。

　　　（Teacher, are you free now? I want to ask you a question.）

　　　乙：现在不行，我得去开会，不过下午你可以到我的办公室来。

　　　（Not now, I have to go to a meeting, but you may come to my office this afternoon.）

（53）甲：王老，久仰久仰，拜读过您的很多文章，很荣幸今天有机会见到您。

　　　（Elder Wang, I have heard a lot about you. I have also read many of your articles. It's an honor to have the opportunity to meet you today.）

　　　乙：你是……（You are……）

那么究竟应该如何开启对话呢？要回答这个问题可能需要考虑三个重要因素：说话人和听话人是谁？说话人和听话人之间的关系是什么？会话的场合怎样？例（50）打电话的开场和例（51）～（53）不同，前者因说话人和听话人彼此看不见对方，故在展开对话之前需先确认彼此的身份。（51）～（53）则从说话人当时的情况（在街上碰到、下课后找老师或去办公室找老师）开始谈起。这几个例子的开场方式不同，因为说话人会根据不同的说话对象（朋友、老师、知名学者）选择不同的语篇标记和表达方式，以符合语用模式和社会文化的沟通习惯。汉语通常不像英语会用"嘿"或"你怎么在这儿?"这种不正式的方式跟老师打招呼。基本上汉语是用不同的词汇（如："你"或"您"，"久仰"或"好久不见"）或不同的篇章结构（如：短句或长句）来表达正式程度。用这个标准来看，上面例句的正式程度是由例（50）向例（53）递增。英语在这方面没有汉语分得那么清楚，但是也有一些区别，如（54）～（55）所示。

(54) A：What's up?（怎么样?）

B：Not much, and you?（没什么，你呢?）

A：I just came back from San Diego.（我刚从圣地亚哥回来。）

B：That's cool. Did you visit the Sea World?（好极了，去了海底世界吗?）

(55) A：Hi, Mr. Galenger, I was wonder if you have time to answer a few questions.

（你好，Galenger 先生，我想问你几个问题，不知道你有没有时间。）

B：I am sorry I am actually busy right now. Can you come back some other time?

（对不起我现在没有时间。你可以其他时间来问吗?）

A：Sure. Are you available Friday afternoon?

（当然，你星期五下午有空吗?）

B：Yes, that's fine. Thank you for stopping by.

（有，星期五下午可以。谢谢!）

上面这两个简短的对话是笔者上高中的小女儿分别跟同学和老师/校长对话的情景。例（55）使用的语篇风格比（54）正式得多，这种正式跟汉语差不多主要体现在选词上，比如：跟同学开启对话用 What's up? 但是跟老师或校长自然不可以这样说。但是汉语有"你"和"您"的区别，英语没有。另外，英语常使用 I am sorry, thank you 之类的短语表示"客气",汉语则不常用,至少传统的汉语口语不常用。

总结上文讨论的开启对话的特点,我们建议教师在教对话的开场策略时,不妨先把下列步骤列出来:

- 确认说话人和听话人的身份
- 确认对话发生的场合
- 根据说话人和听话人的身份以及说话人和听话人的观点,选择适当的表达方式
- 选择适当的篇章结构

只要确认对话双方的身份并选好适当的语篇结构,学生就能成功地开启对话,顺利地让对话进行下去。对学生来说,要确认对话人的身份很简单,比较难的是记住不同的对话开场。因此建议教师不妨先让学生在课堂上熟悉如(50)～(53)这类专门设计的情境对话,再鼓励他们走出教室找汉语母语者练习对话。

重复是口语篇章的典型特色,因此有许多学者对其形式和功能做了深入的研究。Tannen(1989:47—52)便是其中之一(Tannen 1982、1984、1986、1987、1989、1993)。她认为重复有四个功能:让说话人说的话较有效而省力、帮助听话人听懂、表明说话人的态度、让说话人有机会组织语篇内容(如:考虑听者意念、提供反馈、准备说的话或回话)。陈建民(1984:170—84)也认为重复有四种功能:第一,让说话人准备要说的话;第二,重复之前提过的事以确认听话人理解无误;第三,强调;第四,表明说话人的态度。Tannen 和陈建民的看法大同小异,唯一的差别是 Tannen 研究得更仔细,涵盖范围更广。无论如何,这些研究为口语篇章教与学中的重复功能提供了指导原则,教师在教会话中的重复策略时,可以利用这两位学者的观点来解释重复的功能:

第一:重复使用下列词汇,让说话者有时间思考接下来要说什么:
- 这个、这个(so, so)
- 嗯、嗯(en, en)

第二：重复使用"对"或"是"，以确认听话者理解无误：

- 对对对（yes, yes）
- 是、是、是（yes, yes）

第三：强调某个重要想法：

- 滚，滚，滚！（Get out! Get out!）

第四：表达说话者的态度：

- 别拉着，讨厌，别拉着我！（Disgusting, don't touch me!）

普通话里最常用"这个"跟"嗯"来表示说话人准备要说话了或是让说话人有时间思考接下来要说的话；另外他们会重复"对"或"是"来确认听话人理解无误。若要强调对话中的某个意念或想法时，说话人只要重复那个意念或想法即可。另外若要表达一个人的态度，用词多半不止一个，因此说话人可能会把能清楚表达其态度的短语或句子再重复一次。上述这四种重复功能如能在课堂上解释清楚并让学生在课堂外面的自然会话中使用这些技巧，就比较容易掌握。此外，重复是任何语言都有的特点，不同语言虽然用不同的词汇表达重复，但是功能并没有什么区别，这是学生学习重复的另一个优势。

话轮转换（轮流 turn taking）是口语篇章的另一个特点。Sack et al. (1974) 对会话中的话轮转换做了许多研究，研究成果也一再应用到教学中。他们认为话轮转换至少会包含下列几个特点：(1) 说话者变换的出现和再现，(2) 同时间只有一个人说话，(3) 相对缺少空白和重叠，(4) 话轮大小、话轮次序、话轮分配、话轮内容、参与人数等的变化性。虽然有些研究学者（Power & Dal Martello 1986, O'Connell et al. 1990）对 Sacks 等人的理论模式有所质疑，但是更多学者对 Sacks 等人的模式作了更深入的研究或进行修改，以使其更容易理解（Garvey & Berninger 1981, Duncan & Fiske 1985, Ford & Thompson 1996）。

话轮转换的研究大多已在西方语言中付诸实践，同时也有些学者（Biq 1990, Tao 1996, Du-Babcock 1996、1997, Li et al. 2001）把研究的重点转移到汉语会话的话轮转换中。这里我们从教学的角度出发，也许可以把汉语的话轮转换分为两种：第一，正式对话中的话轮转换；第二，一般对话中的话轮转换。所谓正式对话指正式场合中的口语篇章，如商业会议上不太熟识者之间的会话或是和社会地位较高的人之间的对话，如（56）所示。至于非正式对话指朋友、家人、同事之间的对话，如（57）所示。

(56) 郑：七老爷！

　　　白：吃饭了吗？

　　　郑：吃了。

　　　白：还能吃吗？

　　　郑：能！

　　　白：过来，把这桌子菜都给我吃喽！（郑伸了伸筷子又缩了回来。）怎么啦？

　　　郑：这碗太小。

　　　白：（笑了）给他拿大碗！（刘妈拿过一个盆来）胡闹，怎么洗碗的盆儿都上来了。

　　　郑：挺好。这盆合适。

　　　白：坐下好好吃！

　　　郑：蹲着好！（大口大口地吃着）

　　　白：（高兴极了）哈哈——痛快！痛快！你们都看见了吗？啊？这才叫吃饭。（郭宝昌《大宅门》第884—885页）

(57) 金：你是哪屋的？没见过！

　　　水：我是二爷二奶奶屋的，新来的，乌梅姐姐嫁人了。

　　　金：嫁人了？嘿——七爷还说赏我个丫头，怎么都嫁人了？

　　　水：就你长的这丑八怪样儿，谁跟你呀！

　　　金：反正七爷答应过我，他说话不能不算数。

　　　水：真的？

　　　金：可不真的！

　　　水：哎呀，可别把我给你，吓死我！

　　　金：我就跟七爷要你吧，我长得丑可什么都不缺。（说着一把搂着水葱）

水：撒手撒手！你缺德不缺德！

金：你就跟了我吧，啊？（郭宝昌《大宅门》第813—814页）

在例（56）的对话中，大宅门的主人"白"明显是对话的主导人物，他挑选下一个说话者（郑，一个仆人），让他说他想听的话。例（57）的情况不同。"金"和"水"的社会地位相同（都是富有人家的仆人），因此在对话中有相同的发言权。他们坦白说出各自的想法（"我就跟七爷要你吧"），甚至互相调侃对方（"就你长的这丑八怪样儿，谁跟你呀？"），运用的策略似乎在送信号（"真的"、"你就跟了我吧，啊"）。

在正式对话中，轮流或话轮转换比较严格，即：说话者一定要送信号给他所选定的下一位说话者，这就是所谓"现任说话者选下一位说话者"的技巧（Sachs et al., 1974）。没有这种先行信号，下一位说话者就不应该说话（Du-Babcock 1996、1997）。这种由说话人主导的对话方式和中国传统社会规范有直接关系。传统上，中国人教小孩子要在大人、长者、老师等说话时，保持沉默。即使小孩子长大了，面对长者、教师或领导人，不管他们所言是否正确，也必须聆听以示尊重。当然他们是否遵守长者之言是另一回事，但至少他们从小所受的教诲是要在位高权重者之前保持缄默，而不是运用一些语言或非语言信号来插话，像是问问题或流露出没在听的样子，这些都是某些语言在重新开始另一个话轮时可能会运用的策略。一旦没人插话、没人问问题或送信号让说话人停止发言，说话人就自然会继续说下去或是寻找下一位发言人，这是正式对话时的话轮转换的特点[①]。相形之下，非正式对话中由于没有所谓的权威人士，因此所有对话的参与者都有平等的发言权、有下一位说话者的选择权和轮流发言权。这时候，对话轮流的情况就比较像篇章分析学者对西方话轮转换策略的研究（Sacks et al. 1974，McLaughlin 1984，Furo 2001），平顺、自然、不突兀。以下将他们的研究成果总结如下：

- 现任说话者会送出不同的信号把发言权交给下一位发言人，如：语调上升

[①] 注意这里所谓的正式对话与前文提到的口语语体的商业谈判不同。对商业谈判有兴趣的读者可以参考 Ulijn & Li (1995)。

或下降、手势、转头或利用一些言语如:"你说呢"、"就那么回事儿";
- 参与对话者会把停顿补起来;
- 参与对话者会自动提出信息或看法。

由于对话是说话者和听话者共同促成的,因此话轮转换如上所述可以由现任说话者或由听话者开启。事实上,对话中的这些话轮转换策略是语言中的普遍现象,只是不同语言会使用不同的转接语,因此对学习汉语的学生而言,只要学会这些转接语,把话轮转给下一位说话者,就可以完成发言权的转换,其运用方法和他们的母语并无两样。

插入语经常出现在汉语会话中,用以补充、转移话题,表达说话者的态度、事情的状态或连接篇章结构。这里我们不打算介绍各种类型的插入语,只介绍句尾助词(或句尾虚词),如"吧"、"了"、"么"和"呢",因为这些句尾助词跟英语的插入语相比颇有特点。① Chao(1968)、Li & Thompson(1981)、Chu(1998)等人都曾探讨过句尾助词及其篇章功能,这些研究报告的成果,教师不可能全部教给学生,在外语习得上它们有些很重要,有些则未必。因此有必要对这些句尾虚词的功能作排序,以决定课堂上什么时候教什么内容。

在 Chao(1968)及 Li & Thompson(1981)之后,Chu(1998)又对六个句尾虚词"吗、吧、啊、呀、么、了、呢"作了进一步分析。这三位学者的研究成果可以总结为表五:

表五　句尾虚词的篇章功能

句尾虚词	篇章功能
吧	请求同意(表建议、谦卑、主张、同意)
啊/呀	降低压迫感(表确认、命令、警告、不耐烦)
么	坚持(表不言自明、保证、劝诫)
了	结束
呢	连贯(表对期望的响应、话轮转换信号)

---

① 需要说明一下,国内的语法体系至今没有给句尾虚词一个表明其语用功能的统一的名称。"句尾虚词"只能说明这些词的语法功能,不能说明它们的语用功能,为了让学生学习这类词时更易理解,并与母语有所比较,笔者把这类词归入了插入语。

由于"吗"这个句末虚词只用于疑问句，属于句法功能，因此不在本节讨论之列。其余五个都是会话中的常用虚词，建议以汉语为外语的学生应该在初级阶段就开始学习。值得注意的是，这几个句末虚词除一般的篇章功能外，大多有各自的常用功能和特殊功能。教师不妨由一般功能教起，之后再举例分别说明其常用功能和独特功能，如例（58）～（61）所示（例句主要选自 Chu 1998）：

(58) **吧** 用来"请求同意"

    a. 表建议

       我们走吧。(Let's go.)

    b. 表谦卑

       甲：你的英语不错。(Your English is not bad.)

       乙：还凑合吧。(It's okay, I suppose.)

    c. 表主张

       孩子都大了吧。(The children are all grown up, I guess.)

    d. 表同意

       好吧，就这么办吧。(All right, we'll do it this way.)

(59) **啊/呀** 用来"调和语气"

    a. 表确认

       你不去啊？(You are not going?)

    b. 表命令

       走啊，咱们都走啊！(Let's go! Let's all go!)

    c. 表警告

       你对他要小心点儿啊。(You've got to be careful with him.)

    d. 表不耐烦

       这到底是怎么回事啊？(What has really happened?)

(60) **么** 用来表示"坚持"

    a. 表不言自明

       甲：他好像从来不需要背的……(He never seems to need to recite

anything.）

乙：不需要么。这是我们的，这个，这个，教育方法么。

"Of course, there is no need. This is our way of education."

b. 表保证

甲：我今天晚上吃得太多，……（I ate too much tonight……）

乙：你要上一号，就好了么。（You'd be fine if you went to the bathroom.）

c. 表劝诫

哎呀，你才喝了那么一点儿酒，怎么会醉呢？再喝一杯么。

（Well, you've had very little wine, how can you be drunk? You sure can have another drink.）

(61) **呢** 用来"连贯"

a. 表对期望的响应

我还得写一篇论文呢。（I still have to write a paper.）

b. 语轮转换信号（邀请别人说话）

你说呢？（What do you think?）

上述例句中没有"了"的篇章功能，这是因为它的篇章功能和句末虚词功能一样，都是表示状态的改变，这一点已在第六章中讨论过。此外，前几章曾经建议，教师在教学时应避免将所有语法点一次教给学生，否则学生很难消化。在此还建议，教师不要把宝贵的课堂时间用来教授句末虚词一些细微的功能，如例（62）中表感叹的功能。学生如果有兴趣，应该可以自行从课外习得。

(62) **啊** 表示感叹

a. 你还没上床啊？（Aren't you in bed yet?）

b. 喂，先生啊！（Hey, mister!）

这些句尾虚词表示的功能在英语里的表现形式很不一样，从上面的英文翻译可以看出，英语用不同的词、短语、短句，如 let's, I guess/suppose, all right 来"请求同意";用声调或语调来"调和语气";用不同的词语或语调表示"坚持"和"连贯"。由于这些差异,学生在学习汉语句尾虚词时就会有一定的困难。笔者建议按照第一章和第三章介绍的排序原则把它们跟词汇一样进行教学排序。不过需要明确的一点是,这里主要说的是对句尾虚词的不同语篇功能进行排序。如果拿"吧"的四种语篇功能(即:建议、谦卑、主张、同意)为例,根据语义、语用、跨语言的差异几方面的排序原则,我们得出下面的结果:建议>同意>谦卑/主张。"建议"功能最先教,其次是"同意",最后教"谦卑"和"主张"功能。这样排序的原因主要出于对跨语差异的考量。从语义、语用的角度看,这四个功能的难易度差不多,但是"吧"的"建议"功能跟英语的let's几乎完全一样,对学生来说很容易学。相比之下,"吧"的"同意"功能在英语里面没有一个相对应的表现形式,而且在表同意时"吧"本身可有可无(如:"好吧,就这么办吧。"与"好,就这么办。"),也就是说,在语篇功能上有没有"吧"都差不多。在这种情况下,只要告诉学生"吧"用来缓冲语气(句尾虚词的基本功能)就可以了,不一定非要让他们牢记"吧"有表示"同意"的功能。排在最后教的"谦卑"和"主张"两种语篇功能,既没有跟英语完全相似的表现形式,又不能省略,因此跨语言的干扰比较大,学生学起来比较难。笔者建议这两种功能放在中级阶段讲授。

句末虚词的细微功能有时连母语者都无法区分,因此汉语学习者没有必要学这些功能,而应把重心放在表五所列的那些主要功能上。随着学生篇章能力的增强,他们对句末虚词的诠释能力、区分能力和运用能力也自然会随之增加。

结束对话是最后一个会话模式。汉语结束对话的方式和欧洲的语言文化类似,可以用肢体语言,如看一下手表,或者把会谈中提过的谈话内容作一下总结。以下是传统结束对话的几个技巧:

(63) 结束对话

  a. 利用时间作提示,如:时间不早了,我该走了。(It's late, I have to go.)

  b. 来一段总结语,如:就那么回事吧。(Well, that's life.)

  c. 表示感谢,如:谢啦。(Thank you.)

d. 对某个会帮你忙的人表示谢意，如：拜托（啦）。（I'm counting on you.）

注意例（63）这几个例子都是由说话人主动结束谈话。当然，如果听话人在一旁看手表、露出疲惫或不耐烦的神色也可能会导致对话的结束。

总之，本节探讨了五个不同的会话模式：开启对话、重复、话轮转换、插入语、结束对话。在这五个模式中，除了插入语和开启对话外，其他三种在汉英两种语言的表达中都差不多。我们看到汉语的插入语，更准确地说是句尾虚词，语篇功能很强，它可以取代英语中语调和具体词语的语篇功能。另外汉语在开启对话时更注意听话人的身份和场合。总之，上面介绍的五种模式在会话中各有作用，对学生口语能力的提升也都有其贡献。在此建议学生从初级阶段就开始学习这些模式，以后循序渐进，到了 ACTFL 能力指标（ACTFL guidelines 1986）的高级阶段，就能完全掌握这些技能。

（二）书面语体

书面语体不同于口语语体，其参与者只有一个半，即一个真正的参与者和他的设想的读者——半个参与者（王颖 2003、Ford & Thompson 1996）。因此书面篇章牵连的技巧问题主要是指作者为了达到不同的交流目的所使用的书写方法。基于实用和教学的目的，这一节只探讨两种书面语体：（1）书信和短笺（含电子邮件），（2）论文和报告。书信和短笺不像论文和报告那样正式，不过有时由于收信人的地位不同，书信和短笺可能随意也可能正式。以下将首先说明这两种书面语体的特色，然后对比分析汉英的差异。

书信和短笺在日常生活中随处可见。在此之所以将这二者归为同一种篇章类型，是因为它们的形式相同，交流功能也类似，都是要把某个讯息告知收信人。不过二者也有一些不同，如：书信比较正式而短笺通常都比较不正式；书信可能比较长而短笺通常比较短。不过这些差别相当小，在教学上真正明显的差别是格式、开头和结语（王颖 2003）。

书信和短笺的格式都有两个部分：信封格式和内容格式。信封的书写需要注意两个成分：收信人的姓名地址及写信人的姓名地址。中文把收信人的地址写在信封的左边或上面，把收信人的姓名写在中间，寄件人的住址则写在信封的下面或右边。另外，中文写住址的方式和英文完全不同，中文的住址由大写到小，如例（64）所示，而英文则由小写到大，顺序正好相反。

(64)

> 中国　北京市　北京大学　中文系
>
> 王怡文　先生　　收
>
> 美国　华盛顿州　北临海　西华盛顿大学　外语系　邢

至于书信的编排方式，中文先写收信人名字，然后是开场、内文、结语，最后是写信人的签名和日期。中文信内不写收信人的地址，这和英文不同。此外，中文信会把日期写在信尾，英文信则是写在开头。

在写书信/短笺之前，一定要先知道或决定：（1）如何称呼收信人；（2）如何开场。先看下面的例子：

(65) 书信/短笺的开头

A. 给父母亲

爸爸、妈妈，(Dear Mom and Dad)

现在打电话，写电子邮件很方便，所以很少给你们写信了。不过有些话我还是觉得写信说得比较清楚……

(I rarely write to you anymore because it is so convenient to call or send an email. However, for certain things, I still think it is clearer to explain them in a letter.)

B. 给男/女朋友

红红，(Dear Hong-hong)

很想你，你现在做什么？想什么？是在想我吗？真想跟你在一起，分开的日子实在难过，你什么时候会给我一个惊喜，突然出现在我的面前？

(I miss you. What are you doing and thinking right now? Are you thinking about me? I really want to be with you. It's very hard to be seperated from you. When are you going to surprise me by suddenly appearing here in front of me?)

c. 给老师

王老师，您好！（Dear Professor Wang, How are you?）

很久没跟您联系了，我还在读研究生，今年夏天毕业。我知道您很忙，不过还是想求您点儿事儿。

(I have not contacted you for a while. I am still working on my graduate degree and plan to graduate this summer. I know you are busy, but I would like to ask you for a favor……)

d. 给可能的雇主

×公司经理：（Dear Managers of the Company）

在报纸上看到贵公司招聘管理方面的人才，我认为自己在各方面都具备贵公司所提的条件，为此特提出申请，望贵公司考虑。我曾在……

(I have learnt from the newspaper that your company is currently hiring management specialists. I am writing to apply for the position because I believe that I am fully qualified for the position. Please consider my application. My work experience……)

上述的书信/短笺虽然是针对与作者有不同关系的人写的，但是开头似乎都点出了原因（"我还是觉得写信说得比较清楚"、"很想你"、"想求您点儿事儿"、"为此特提出申请"）。如果是写给未来可能的雇主，那一定要用信件，但是写给朋友、老师或父母亲，除了信件，还可以用短笺或电子邮件。从上述范例的英译中可以发现，中英文最大的不同是，英文不论书信或短笺都以"dear"为开头称呼收信人，但中文则不用"亲爱的"。这是中英文的差异。如果中文有例外，那一定是受了西方文化的影响。（65）中的英译句为了符合英文的语言习惯，因此都加上"dear"一词。关于书信和短笺的内文，并不在此讨论，原因有二，一是本章的第三节已讨论过篇章模式，读者可以自行参考；二是书信/短笺这种篇章类型是任何语言都有的，学生只要把母语的书写技巧套用到中文即可。

至于中文书信/短笺的结束语，也有一些固定的格式，究竟要选哪一种，完全要根据写信人和收信人的关系而定，如（66）所示：

(66) 书信/短笺结语

A. 给父母亲

就写到这儿。匆此，问安！（I'll just stop here. Wish you everything well!）

儿敬上（Respectfully, Your son）

十月一日（October 1, 2010）

B. 给男/女朋友

我爱你！祝你做个好梦！（I love you. I wish you a pleasant dream!）

彤彤（Tong-tong）

八月十五（August 15）

c. 给老师

就这些，实在是不好意思又麻烦您。如果您有什么需要我帮忙的，请及时跟我联系。

(That's all. I am sorry to bother you again. If I can help you with anything, please let me know.)

春祺（Happy Spring）

教安！（Teaching well）

学生王晓其敬上（Student, Wang Xiaoqi）

三月三十一日（March 31）

d. 给可能的雇主

如果您有什么问题，请及时跟我联系。我的手机电话是……恭候您的回音。

(If you have any questions, please contact me. My cell phone number is ……Look forward to hearing from you.)

祝贵公司事业兴旺！（Wish your company prosperous!）

王虎城（Wang Hu-cheng）

六月八日（June 8）

（66）范例中的每一个结语都是在表达作者对收信人的祝福，唯一的差别是其正式程度。写给父母和老师时用敬语（如："问安"、"教安"）或用一些表达诚意的话（如："实在是不好意思又麻烦您"）。求职信的结语就用正式结语（如："恭候您的回音"、"祝贵公司事业兴旺"）。写给朋友的信比较随意，结语也比较个性化（如："我爱你！祝你做个好梦！"）

此外，作者的署名也不一样。写给父母亲的署名是"儿"和"敬上"；写给男/女朋友的署名是用作者的小名；写给老师或是公司的署名则用作者的全名（先姓后名）。这些差异清楚反映出作者和收信人的人际关系：和父母亲、男/女朋友间的是亲密关系，和老师及未来可能雇主间的是严肃关系。类似这种情况就不会出现在论文和报告中。这些不同的结束方式原则上跟英语相似，只有在选词上有所差异，比如：英语常用的结束语有下面几种：

非正式（对家人、朋友、同事等）：love，best，all the best

正式（对同事，上级，生人等）：sincerely yours，sincerely，collegially，cordially

论文和报告大概是学校和工作场所中最需要的书面语体，其类型包括课堂心得报告、期末报告和报章/杂志上的文章及学术报告等。由于论文和报告经常会使用的篇章模式技巧大部分已在本章的第三节中讨论过，因此在此不再多作叙述。

这一节我们以信笺为例探讨了书面语体开头和结尾的格式及特点。显然这只反映了书面语体的一种形式和某些特点，不能概括说明书面语总的特点或所有的特点。为此我们建议对书面语有兴趣的读者可参阅 Feng Y.（2000）收集的书面语体中的常用短语，罗青松（2002）收编的许多可以提高写作技巧的例句和练习，以及冯胜利和胡文泽主编的《对外汉语书面语教学与研究的最新发展》（2005）等专著。这些书都可以为书面语教学提供良好的实习素材。

五 等级篇章教学

由于篇章的教学内容很多，跟词汇、句法教学一样不可能在某一个阶段包罗万象，因此我们这一节将着重探讨哪些篇章教学内容应该在初、中、高三个不同的教学阶段讲授。还有，在不同的教学阶段是否应该使用不同的教学法。其目的是帮助教师有计划地设计不同阶段篇章教学内容使学生能够由低级到高级，循序渐进地提高篇章层次的语言能力。

（一）初级阶段的篇章教学

根据第一章导论提出的教学理念和本章介绍的篇章教学的内容，我们认为初级阶段的篇章教学应该以词汇的语用教学为主，强调什么时候用某一个词，注意汉语的同义词和学生母语对应的同义词的语用差异。此外，词汇的语体特点，如：正式用语和非正式用语的区别，流行语用和传统习语的区别，专业用语和普通用语的区别以及这些不同词汇对社会、文化背景的隐射，是篇章教学常常探讨的主题（Hatch & Brown 1995，Coady & Huckin 1997，Mey 1999，Celce-Murcia & Olshtain 2000）。对学生来说，能够准确地选择使用符合某个语境的词汇的确是一种语言交际的技能。我们也许可以把这种技能叫做"篇章词汇能力"。这种能力对汉语是母语的学生来说一般比较容易培养，因为这些学生生长在汉语交际的环境，具有独特的学习、掌握词汇语用的条件。而对汉语是第二外语的学生来说，要掌握篇章词汇的能力，需要教师人为地为他们创造一些使用某个或某些词汇的环境，这种词汇使用的环境就是篇章词汇教学的主要内容之一。

另外，在交流的过程中，说话的人一般会有一个交流的目的。要达到这个目的，说话人不仅得准确选择词汇来表达他们的意念，更重要的是明确听话人的背景和意念。如果说话人选择的词汇表达的意思跟听话人的意念相吻合，那么交流的目的就很有可能顺利地达到。否则，为了避免交流失败，说话人必须作进一步的补充说明。这就为教师提出一个值得思考的问题：如何让学生准确地分辨听话人的意念，然后根据听话人的情况，选择适合的词汇交流？在过去的教学中，我们发现一种行之有效的方法是让学生依靠他们第一语言习得的经验判断话语交流的语境，选择适合的词汇进行交流。如果是正式的场合，比如商务会议、工作面试、跟教授交谈，学生需要选择正式的词汇。其他的场合，像跟朋友聊天，非正式的词汇不但可以使用，而且可能更有效。为此，教师有必要帮助学生学习正式用语和非正式用语。汉语有很多词介于正式和非正式之间，对初学汉语的学生来说，有不少需要分辨的词语（比如：你/您、贵姓/叫什么名字、炒鱿鱼/解雇、泡妞儿/跟女孩子在一起、打的/坐出租汽车）。需要指出的一点是正式用语不见得都是书面语（冯胜利2005），非正式用语也不见得都是口语。换句话说，正式用语可以用在口语里，非正式用语也可以用在书写体中（像信、笔记等）。除了学习正式用语和非正式用语，学生还应该学习流行用语和传统习语的区别。近几年，在大陆比较时髦交谈中常借用经济发达地区的习语和流行词汇（比如：跌股、酷毙、蹦迪等）。适当地引导学生学习这两类词可以调节谈话的气氛，帮助学生达到交际的目的，但是过多地使用某一种词不但对交流起不到积极的作用，有时反而会引起听话人的反感，影响交流的顺利进行。因此在教学中，我们建议在介绍新词汇的时候，说明该词常用于正式语、非正式语还是常当做流行用词、传统习语或普通用语。

除了词汇的语体、风格以外，学生在初级阶段需要学习的另一个篇章内容是最基本的连贯手段和口语语体的一些基本特点，比如句尾虚词的基本功能。这里所说的基本手段包括简单的省略、替代、基本语序和个别特殊语序的使用等等。由于初、中级阶段的语体重心都在口语语体上，学生就需要明确掌握口语语体的结构形式以及简单的语篇模式，比如：如何做简单的叙述。

（二）中级阶段的篇章教学

篇章教学的中级阶段，我们认为应该是句段的连贯阶段，教学的重点在于介绍、讲解句子连贯的不同手段，以及口语语体的各种特点。我们在本章的第二节详细介绍了句段连贯的七种手段：话题链、省略、替代、篇章关联词、语序、时序和前景/背景。通过对比分析汉英两种语言的连贯手段，我们发现汉语的这七种连贯手段，除了时序、前景和背景以外，都在某种程度上或多或少跟英语的连贯手段有所不同：汉语的话题链比英语要灵活得多；汉语的省略跟语用有直接的关系，而英语的省略则受句法的限制；汉语替代的方式，特别是非人称单数"它"没有英语 it 的用法广泛；汉语的语序变化比英语多，汉语有把字句和主题评论句，英语没有。这些汉语连贯的特点和英语的差异为汉语教师讲授篇章连贯提供了理论依据，也就是说要想让学生掌握句段连接的技能，提高表达连贯意念的能力，他们必须学习、掌握这七种连贯的手段。

至于如何在中级阶段讲授篇章连贯的各种手段，我们建议重点应该放在复句的连接和比较复杂的连贯手段上。课堂教学的内容可以围绕着如何把不同的句子连起来表达一个同样的主题，也就是如何使篇章形成表现流畅主题的"话题链"，如何使用不同的结构表达说话人想要表达的意念，同时回避不想提及的意念，等等。这个阶段，口语语体仍然是篇章教学的主要内容，不过学生也应该适当地学习一些书写体的结构和功能，比如，如何写语篇的开头和结尾，如何写简单的描述语篇和说明语篇。

（三）高级阶段的篇章教学

语篇教学的高级阶段需要培养学生组织各种语篇的能力。这不仅包括创作和连接不同的语段（比如：连接几段话的主题或者跟人交谈的技巧——什么时候可以插话；怎么插话等），而且包括正确辨认、区分、使用不同语篇和语体的能力。这个阶段，学生应该学习、掌握如何表达他们的思想和观点，如何说服他人，如何跟他人商讨，甚至如何跟他人辩论。高级阶段的篇章教学跟初级和中级阶段最大的不同在于强调口语和书写两种语体的不同特点和功能。

要提高高级阶段的这些篇章能力自然离不开多听、多说、多读、多写。由于这个阶段的学生已经掌握了 1000 个左右的汉字，学了大部分的句法功能，因此他们应能听懂、看懂日常对话或书写中 90% 以上的内容（Yin 1994）。在这样的基础上扩大他们的听、说、读、写的范围应该比初、中级会容易得多。就连贯能力来说，课堂教学可以对比、分析、讨论不同语篇的各种连贯手段，然后让学生在写作时尽可能使用各种连贯手段。就语篇、语体来说，课堂教学可以先教授、学习各种语篇、语体的特点，然后把这些特点应用在对话和写作中。

六　小结

这一章我们首先探讨了篇章教学的内容和排序，然后着重讨论了七种篇章连贯手段（话题链、省略、替代、语序变化、篇章关联词/语篇标记、时间顺序、前景/背景），六种语篇模式（语篇开头、叙述语篇、描述语篇、说明语篇、辩论语篇、语篇结尾），两种语体（口语语体和书写语体），最后一节按照等级教学的理念，分析了初、中、高三个阶段的教学内容和教学方法。通过这一系列的讨论，我们希望读者对篇章教学有一个系统的认识。尽管如此，我们在讨论语篇模式的时候，并没有包括所有的内容，比如：各种不同语体的异同和特点（Halliday 1987），以及如何正确理解各种篇章所需要的各种实用语言的常识。如果没有这方面的知识，仍然会影响交际的效果。请看下面一段话：

(67) 有一个主人请客，同时请了两位客人。到吃饭的时候，只来了一个，另一个没来，主人着急，就跟来了的客人说："怎么该来的还没来呢？"客人听了，很不高兴，没吃饭就走了。后来第二个客人来了，主人便对这位客人说："怎么不该走的走了呢？"客人听了，也很不高兴，没吃饭也走了。主人不知道为什么，便对太太说："怎么该吃饭的都走了？"太太听了非常生气地说："你的意思是说我和你都不应该吃饭吗？"

对太太的这个问题，答案当然是："不，我不是这个意思。"只是，另外两位客人到底有没有误解主人的意思？有些人可能认为有，有些人可能认为没有，全看他们有多少语言之外的背景知识以及他们如何诠释篇章结构以外的语义，即：言外之意。如果听话人知道主人老实，就不会对主人的话作字面的理解，也不会听了主人说的话就离开。相反的，如果说话的主人知道听话人很敏感而且会揣测别人的言下之意，那他就会避开语义模糊的话语，以免引起误解。由于说话人和听话人双方都没认清篇章所涉及的语用因素，因此造成交流失败。

对以汉语为外语的学生而言，要从课堂上学习语用能力比学习篇章能力要困难，因为语用知识跟上下文有关系，跟语言结构无关（Levinson 1983：9）。如果想降低学生语用能力的负担，可行的方法之一是鼓励学生在学了两年汉语之后到中国学习一两个学期，亲身观察、模仿汉语的各种语用功能并把从母语者身上学到的语用知识运用到实时的交流中。

思考与练习

1. 如果不把语调和词汇看做篇章、语用教学的范畴，会导致什么样的后果？
2. "广告"的文体除了有大量的省略以外，一般不使用其他连贯手段，那么读者是如何把片语的语义连贯起来的？
3. 本章介绍了篇章连贯的七种手段（话题链、省略、替代、语序变化、篇章关联词、时间顺序以及前景/背景），写一篇短文，示范一下是否每一篇短文都需要使用这些连贯手段，否则就不是一篇表义连贯的语篇。
4. 在篇章教学中，可以采取语篇模式和语篇连贯手段互动的教学法吗？请具体说明。
5. 口语和书面语在句子结构上和篇章结构上有差异吗？请具体说明。
6. "会说话"的人所具备的是什么语言能力？

第六章　语言、文化教学[①]

跟语音、词汇、句法、篇章教学相比，语言文化教学的涵盖面比较广，因为前几项只涉及语言和教学两个主要方面，而语言文化教学则需要在语言和教学的基础上，增加"文化"这个相对比较难界定的范畴。但是随着对外汉语教学研究的不断发展，越来越多的学者和教师认识到语言文化教学在对外汉语教学中的重要性，这也促使研究对外汉语教学的学者们不得不对语言文化教学这个领域进行探索，寻求其教学内容和教学方法，最终促进对外汉语教学的效率。

那么，首先我们看什么是"文化"或者什么是"中国文化"？这个问题如果问中文老师，可能很多人觉得自己心里知道，但是很难给这个概念一个明确的定义。那么专家学者是如何解释这个概念的呢？当代文化语言研究的创始人Sapir（1949：83）是这样讲的。

> 我们现在要了解的文化，包括在这个世界上某个种族的人民特有的态度、观点和文明的表示方式。文化的焦点不是一个民族从事什么或者信仰什么，而是这个民族所从事的和所信仰的在他们一生中起到什么作用，对他们的生活有什么影响。（笔者译）

换句话说，文化的内涵跟一个民族的风俗、习惯和信仰有直接的关系。如果文化只限于这个范围的话，那么，一个对语言文化没有进行过研究的人可能会认为文化跟语言并没有什么直接的关系，因为一个人说的话不一定能直接反映他的生活习惯和信仰。但是研究语言和文化的专家却认为"语言和文化是人类生

[①] 这一章基于邢志群（2010）。

活中不可分割的部分"（Kramsch 1991：217）。事实好像也证实了这一点。如果我们把语言和文化在实践中分开来，在社会交际中就有可能出现不协调的现象。比如，一个外国人来到中国以后，如果他只会说汉语，但是不懂中国文化（礼貌、风俗、习惯等），这个外国人跟中国人的交往就容易出现尴尬、难堪、甚至不愉快等现象。这正像 Thomas（1983、1984）所说的："用非母语交际的人常常被认为语用不当，但是他们自己并不知道。在母语和非母语交际人的谈话中，这种语用不当的现象常常会导致交际的失败和对非母语交际人的偏见。"（笔者译）

显然，对把汉语当做第二语言的人来说，仅仅学习汉语语言是不够的，他们必须在学习语言的同时，了解中国的文化，以便在使用汉语的交流过程中，顺利、成功地达到交流的目的。这一点以往已经有很多学者论证过。Kramsch（1993：8）指出："如果把学习语言看成是社会实习的话，文化就是语言教学的核心。文化知识必须看成是提高语言能力的手段，也是衡量语言能力的标准。"（笔者译）Brody（2003：40）也有类似的论述："在第二语言教学中，语言和文化是相辅相成的。文化通过语言得以定性；语言反过来解释文化内涵和价值。"（笔者译）这些论述清楚地表明文化在语言教学中的重要性。那么如何把文化内容系统地容纳到语言教学中则是本章重点探讨的问题。不过在讨论这个问题之前，有必要先看看目前汉语语言和文化教学的现状。

随着对外汉语教学的不断发展，汉语语言教学和文化教学如何合理地结合也成了近十几年来对外汉语教学研究的一个焦点。不少学者不断地探索，试图对文化在对外汉语教学中的界定、语言教学与文化教学的关系等问题展开讨论（张占一 1990，刘珣 1997，李晓琪 2006 等），迄今为止，的确也取得了很大的收获，特别是对文化在对外汉语教学中的界定问题有了比较明确的认识，但是正像李晓琪（2006：16）在总结过去文化教学、展望未来对外汉语教学时说的："跨文化交际理论与文化教学实践结合方面的研究仍有很大空间。"我们很少看到如何把对外汉语文化教学的理论应用到课程设计、课堂教学中的研究结果。虽然很多教师都认为，文化是汉语语言教学中不可分割的一部分，而且也试图通过不同的方式方法让学生了解中国文化，但是文化内容还没有像汉语语法内容那样，在汉语教学领域形成一套有系统的教学法（关于汉语语法的教学体系，除了本书前几章讨论的内容外，有兴趣的读者可参阅吕叔湘1980，刘月华等2002，Xing 2006，邓守信2009等）；把文化内容系统地介绍给学生的教材十分匮乏，而有些教材已经把语法条列按照初、中、高三个等级编排在教材中（邓守信2006）。此外，有的中文系所或中文教师缺乏对中国文化的了解和研究，因此很难系统地把文化内容加到语言教材中，并在课堂上传授给学生；也有的中文系所或教师认为在语言习得中，文化认知能力不重要或者没有语言能力重要，所以也没有把文化教学放到语言教学的议事日程上去。鉴于这些情况，我们提倡在中文教学界，鼓励各位同仁就如何建立一个合理有效的汉语语言和中国文化教学体系展开讨论。这一章将在邢志群（2010）讨论的基础上，遵循通过对比分析明确教学内容和教学法的理念，进一步对语言、文化教学体系，中西文化的差异以及不同阶段的教学内容和教学法进行讨论。

一　语言、文化教学体系的定位问题

对把汉语当做第二语言学习的学生来说，毫无疑问他们的最终目的是提高汉语的交流能力，所以要为汉语语言和文化教学体系定位，我们必须明确四个基本原则：第一，提高语言能力是文化教学的主要目的；第二，文化知识是提高语言能力的手段；第三，语言能力随着文化认知能力的提高而提高；第四，语言课上的文化内容跟用学生母语上的中国文化课应该有本质的区别。在明确了语言和文化在教学中的地位以后，我们才可以辨别不同类型、不同等级的教学的文化内容，然后把这些内容用合理的方法跟语言教学结合起来，形成一套有效的语言文化教学体系。

现在我们来看上面提到的为语言文化教学体系定位的四个基本原则。首先我们需要明确的是汉语课上的文化内容不是为了让学生了解中国（人）五千年的文化，如果是这样，学生就没有必要在汉语课上学习，他们可以上用母语讲授的中国文化/文明（Chinese Culture/Civilization）之类的课，这类的课不仅省时省力，而且涵盖面也比较广。我们认为汉语课上的文化内容主要是为了学生学习汉语、提高汉语水平设置的，而用学生母语上的文化课则是为了让学生了解中国的文化。国内有的学者把汉语课上的文化内容叫做"语言交流文化",把用学生母语上的文化内容叫做"知识文化"。(张占一 1990,刘珣 1997)另外,我们认为文化内容的多少也是根据对学生语言学习帮助的大小而定。在选择文化内容的时候,教师应该明确哪些文化内容能帮助学生提高汉语水平,哪些不能;在汉语课上只教那些有助于提高学生汉语能力的文化内容。如果学生没有某个方面的文化知识,他们就不能或者说不能很好地达到交流的目的,比如:对不同身份、地位的人如何称呼。这就是为什么我们说文化知识是提高语言能力的手段。从习得的角度看,学生的语言能力应该随着他们文化认知能力的提高而提高。无论是在国外还是国内学汉语的学生,如果他们能流利地表达自己的想法,跟中国人顺利地沟通,达到沟通的目的,他们一定具备相应的文化认知能力,也就是说知道什么时候、什么语境应该怎么说或说什么。反之,如果学生没有相应的文化认知能力,他们就不可能有很高的语言交流能力。

二 中西文化对比分析

在对外汉语教学中,要明确文化教学内容,还要首先辨别文化的种类,西方研究文化教学的学者(Byram 1989,Kordes 1991,Kramsch 1991、1993,Robinson 1991,Hinkel 1999)通常把学生的母语文化当做第一文化,把学生第二语言所属的文化(也就是这里讨论的中国文化)当做第二文化,把多元文化混用的情形当做第三文化。研究中国文化教学和汉语教学的学者与西方学者对文化分类的角度似乎完全不一样,如上文提到的他们把正式的文化(像文学、历史、哲学、政治等)称作"大文化"或"知识文化",把普通的社会习俗称作"小文化"、"语言交流文化"或"行为文化"(张占一 1990,吕必松 1999),这些学者基本上都认为要提高学生的第二文化能力是比较困难的。此外西方的学者强调文化和语言教学的互动,而东方的学者好像还没有把文化和语言教学看做是同一个教学系统。笔者认为如果我们采用对比分析的方法(Contrastive Analysis Method),把第一文化和第二文化相对比,然后让学生重点学习两种文化的差异,这样对他们来说应该容易一些,因为对比结果可以让学生知道哪些是他们母语文化中有的,哪些是他们母语文化中没有的,他们只需学习那些他们母语文化中没有的就能提高他们的文化认知能力。这一道理跟学生学习语言语法特点是一样的。在前几章中,我们谈到在学习汉语语法点的时候,英美学生不需要特别花精力学习跟自己母语相同的语法点(如:基本语序"主谓宾"的语用功能),但是必须花时间认真学习自己母语里没有的、汉语特有的语音、语法等,比如,声调、主题评论句(topic-comment)、把字句等。所以,文化教学的内容,我们首先需要罗列出来的也应该是第一文化和第二文化差异的内容,不仅如此,我们还需要把它们像语法条列一样分成不同的层次,以便融合到不同的语言等级教学中。

(一)中、西方文化的特点和差异

在西方,欧美人对中国的传统看法是有悠久的历史和文化,对中国人的传统看法是勤劳、重朋友义气、家庭观念强等等,但是这些说法都是一些粗浅的,缺乏科学依据的看法。如果察看学者、专家的研究结果,我们发现即使是专家也很难对任何跨语言文化的差异作绝对的判断。近几年美国著名的心理学家 Richard E. Nisbett 带领他的研究小组对是否真正存在跨文化的差异,特别是中西文化的差异,发表了一系列的文章(Nisbett et al. 2001, Sanchez-Burks & Fiona Lee et al. 2003, Nisbett 2004, Ji et al. 2004, Masuda et al. 2008, Boduroglu et al. 2009),他们认为虽然跨语言文化差异很难断定,但是差异是存在的,而且这些差异的起源可以追溯到两种文化几千年的历史。这些学者通过不同的实验,论证说明东方人(以中国人为主)的思维建立在"集体主义"的基础上,西方人(以美国人为主)的思维则建立在"个人主义"的基础上。具体地说,东方人对人物、事物的背景和环境比较敏感,西方人以个人为中心,试图让周围的事物、环境围绕着个人需求而变化。在这个基础上,东方人的行为举止趋于被动;西方人则趋于主动,具有征服周边环境的主观意志。

另外,学者们普遍认为跨语言文化的差异跟不同族群的认知(cognition)过程和能力有直接的关系。比如:中国人跟美国人对"红色"的理解和用法很不一样,中国人认为红色代表正面的意思,因此无论是描述具体的事物(如:红颜少女、红白喜事),还是描写抽象的概念(如:红卫兵、红军、红旗)都用红色；但是对美国人来说红色并没有很明显的正面意思，更多地具有负面的意思（如：用红色的文字标记表示"危险"、用红色的形象表示"邪恶"、用文字"the balance is in red"表示"赤字"等）。邢志群（2008）通过对比汉英七种基本颜色词的用法，说明产生中西两种文化中颜色词语用的差异主要在于两个民族对感官世界的认知过程不同。她指出中国人对红色的认知过程是：红色→见红（"见血"义）→红颜（"少女"义）→红事（"喜事"义）→红人（指"喜欢的人"）；而英美人对红色的认知过程则很不一样：红色→鲜血→危险/魔鬼。这种文化的差异就是两种民族对客观世界认知的差异。

中西文化的最大差异是思维方式或者说心态（mentality）的不同，中国人一般都具有集体主义的心态，西方人一般都具有个人主义的心态，那么，在对英汉语教学中如何把这种心态的差异具体化则是学者和教师值得认真探讨的问题。我们先要明确集体主义和个人主义的表现形式有哪些？特别是他们的语言表现形式是什么？因为这直接涉及语言文化教学的内容。我们知道人的心态会由日常生活的言谈举止表现出来，所以无论是与家人、朋友、同事的日常对话，还是与上级领导、商务伙伴的正式会谈，都会在某种程度上反映一个人的心态或者这个人所处社会的文化、风俗、习惯。下面我们先看看日常生活中的哪些言行活动跟习俗有关，可以反映不同民族的思维方式或心态方面的差异。

- 问候习惯（如："早"与"你好"）
- 居住习惯（婴儿、小孩、成人、老人怎么居住）
- 饮食习惯（如："大家一起吃"与"各吃各的"）
- 家庭（如："孝顺父母"与"独立"，称呼）
- 表态习惯（如：如何评价别人，接受评价）
- 人际关系（如："关系"、"朋友义气"与"以我为中心"、"隐私"）

以上所列出的虽然不一定包括所有的日常生活所涉及的言语活动，但是对不同文化的族群来说他们都在某种程度上有一些差异。下面我们将一一加以说明。一般来说，不同文化背景的族群习惯用不同的方式表达"问候"。日本人用言语伴随鞠躬的方法；中东人用言语伴随亲吻的方法；美国人相对比较随意，可以用 Hello!（喂）Good morning/afternoon/evening!（早上/下午/晚上好）

Hey!（嘿）How are you?（怎么样？）How do you do?（你怎么样？），有时候也伴随握手的动作；中国人的问候方式似乎近似于美国人，常用的问候语有：早！你好！吃了吗？去哪儿？最近怎么样？等等。不同之处在于英美人会用 Good morning/afternoon/evening，中国人一般不说"早上好"、"上午好"、"下午好"、"晚上好"之类的问候语，英美人也不说 Have you eaten?（吃了吗？）。实际上，就是中国人，由于"吃了没有"已经不是大多数人现在所关注的问题，所以现在也不常听到了。为什么英美人用 Good morning/afternoon/evening 之类的问候语，中国人不用，以前常用"吃了吗"？这种区别是否反映了英美人以个人为中心的心态，而中国人则注重集体的利益，或者人物/事物的背景或环境？我们显然还不能肯定地这么说，只能说"吃了吗"是在特定的历史条件下产生的语言现象。[①] 这里值得提及的是中西方在问候语之后，聊天的内容或者主题似乎很不一样。中国人初次见面常提及的问题大多是"多大了？"，"几岁了？"，"您多大岁数了？"；"在哪儿工作？做什么工作？"；"在哪儿住？"等等。而美国人则认为这些都是有关个人隐私的问题，不宜问及；他们寒暄、问候以后，不是谈论无关紧要的"天气"，就是跟个人的关注或爱好有关的话题，比如，男士喜爱谈论体育运动或球赛；女士喜欢赞美、评价对方的外观等。这一区别说明了中西方对"隐私"这一文化概念在认知上的不同。

关于居住习惯，中西方有明显的不同。中国人过去讲究"四世同堂"，西方人则讲究独门独户，所谓的"美国梦"（American dream）就是有自己的房子、车和小家庭。西方人生了孩子以后，都把孩子放在他们自己的房间里，跟父母亲分开睡觉，而中国人一般都不会这么做。这些区别从形式上看的确跟上文提到的中西方思维方式的不同相吻合，即中国人注重群体（这里指"家庭"），西方人注重个人。这些居住习惯上的差异自然会通过语言在交流中表达出来。

在饮食习惯方面，中西方也有显著的差异。中国人用筷子吃饭，英美人用

[①] 另一个类似的例子是"离了吗？"。在 20 世纪 90 年代初，中国经济突飞猛进地发展，部分中国人的生活水平得到了很大的提高，这时候人们不再关心温饱的问题，不少人，特别是那些富裕起来的人，经历过多年被动婚姻后，他们的注意力转移到个人的婚姻幸福上，在这种情况下产生了"离了吗？"的问候语。

刀叉；中国人先吃饭菜，后喝汤，英美人正相反；中国人坐在一张桌子上一起吃点的饭菜，英美人各吃各自点的饭菜；中国人吃饭后某个人付一桌饭的钱；英美人通常各付各的。这些饮食习惯和方式也无疑说明中国人注重团体、英美人注重个人。这些生活方式/习惯的不同，自然会通过语言反映出来。

中西方的文化、意识形态方面最大的差异可能是对"家庭"这个概念的理解和言行习惯。这种差异主要体现在下面几个方面：家人之间的称呼、责任、关系。中国家人之间，不同辈分之间的称呼分得很细，直系亲属包括祖父辈：（外）祖父/母（爷爷/奶奶、姥爷/姥姥），父辈：父母；同辈：兄弟姐妹（哥哥/嫂嫂、姐姐/姐夫、弟弟/弟妹、妹妹/妹夫）；晚辈：儿女（儿子/媳妇、女儿/女婿）；孙子辈：（外）孙子/孙媳妇、（外）孙女/孙女婿。对长辈的称呼（包括同辈、年长于说话人）通常用尊称（爷爷、奶奶、爸爸、妈妈、姐姐、哥哥等），一般不能像英美人一样直呼其名（如：John，Tom，Steve）。虽然在英美以基督教为社会根基的文化体制中，尊敬父母是其中的教义之一，但是英美人似乎通过直呼其名来表示"亲近"，表示更重视不同辈分之间的"平等"关系。在父母和子女之间，中国的父母有养育子女的责任，儿女有照顾老年父母、报养育之恩的传统观念；英美人在这方面比较单一：父母虽然有养育子女的责任，但是儿女成年（18岁）就应该在各方面独立；父母晚年时儿女也没有明确的义务或法律上的责任要照顾他们的父母。也许是因为这种讲求"独立"的意识，伴随而来的便是父母与儿女之间的距离，或者说家庭关系的远离。相比较来说，中国父母与儿女之间的关系无论是早期（儿女年轻的时候）还是晚期（父母年老的时候）都相互依存，这种依赖关系无形中强化了父母与子女之间的关系。上面谈到的这些中西文化对"家庭"概念的不同表现形式告诉我们，中国人有很强的集体/家庭、依赖、等级意识，英美人则有比较强的个人、独立、平等的意识。

"表态习惯"指一个人如何表达自己对人物、事件的态度。这方面中西方也存在不少差异。这里我们举几个简单的例子：在学校里（从小学到大学），美国老师无论是在课堂上还是批改学生的作业，基本上都是正面的评语（如：good 好，great 很好，excellent 好极了，super 特别好，等等），很难听到哪个老师给学生负面的评语。这样做的目的是鼓励学生，让他们逐渐建立自信心，以便学得更好。有趣的是美国大学的教授给学生写推荐信的时候,学校有规定不允许写负面的内容。不过当学生请教授写推荐信的时候,教授可以拒绝。如果因为种种原因不得不答应学生的要求,可以写一些比较属实的内容,比如:某某学习态度很好,按时交作业,积极参与课堂活动等。这类的推荐信一般不会给读者留下很深的印象,读者对此信的理解很可能是"某某是一个很一般的学生。"相比较,在中国的学校里,无论是小学、中学还是大学,根据笔者的亲身体会,很难听到老师说夸奖的话,如果大学教授对某个学生的功课或研究课题说声夸奖的话,那学生定会受宠若惊。至于为什么中国的教师在讲评学生的时候不会像美国教师那样更多地采取正面的、鼓励的言语行为,笔者认为有一个可能是跟中国两千多年的教育传统有关,比如:"师道尊严"的理念,教学中强调的是尊师重道,而不是学生自信心的培养。再举一个例子,美国人到家里做客,饭桌上客人通常会夸奖主人做的饭菜,如果主人是美国人,他通常都会对客人的夸奖表示谢意,但是如果主人是中国人,他一定会谦虚地说饭菜做得还不够好之类的话。这种在接受夸奖时中美表态方式的不同说明中国人持"谦逊"的心态,因为这是中国传统的美德,而美国人则持"自信"、愿意接受鼓励的心态。如果这种判断对的话,汉语教学时有必要把中国人的表态习惯说清楚。

"人际关系"是一个很复杂的课题,当代人文科学已经把这个课题当做一门学科(关系学)来研究,而且已经有不少专著和期刊研究探讨这方面的问题。要把中国的人际关系用较小的篇幅说得很清楚不太容易,这里我们只简要说明中西方(主要以英美社会中的人际关系为例)传统的、具有代表性的特点和差异。中国的官方报纸《人民日报》于1979年5月8日第四版刊登的一幅配诗漫画是这么描绘中国的人际关系的:"文学、医学、经济学、数学、化学、物理学……这学那学不用学,最最实用关系学。老乡、老友、老上级,七姑、八姨、舅子哥,西面八方拉关系,关系越多好处多。"以前笔者在中国的时候也常听到这么一句话:"有关系走遍天下,没关系寸步难行。"这些描述充分说明在中国社会"拉关系"的方式(找亲戚朋友)、目的(好办事儿)及其重要性。这种社会群体的活动倾向,也许可以看成是一种中国文化的表现形式,连对中国当代史只有粗浅认识的英美人也清楚这一点。而且随着全球经济的发展和中国世界地位的不断提高，西方人也越来越重视中国的关系学。在英美社会，人际关系似乎没有中国那么复杂。但是这并不意味着英美社会不需要"关系"或者"拉关系"，只是拉关系的方式方法可能不同，或者"关系"的作用没有中国那么重要而已。① 也许我们可以把中美社会这种"人际关系"在作用上的差异看做是"集体"和"个人"意识的体现。就是说中国人通过拉关系，体现集体的作用，美国人则更重视个人的能力。

以上我们对能够体现中英/美言行、思维差异的几个方面进行了简单的介绍。虽然这几个方面不一定能完整地概括两种文化的特点和差异，但是从这几个方面我们可以清楚地看到中国社会文化的特点是重集体、家庭，讲求尊敬、谦逊；英美社会，特别是现代社会的特点是重个人，强调民主、独立、平等。

（二）语言文化教学内容的排序

第一章导论中，提到对比分析最主要的功用就是为教学提供第一手材料，也就是说通过对比分析，找出学生母语（这里指英语）跟目标语（这里指汉语）之间的差异，这些差异就是教学的主要内容。笔者认为不仅语言教学内容应该这样选取，语言文化教学内容也应该采用同样的方法。根据这个理念，我们在上一节对中西文化的特点和差异作了初步的对比分析，总结出在语言课中需要涵盖的中国语言文化内容，这一节我们将把这些内容像语言成分一样排序，以便为不同等级的语言文化教师提供参考资料。

我们把文化教学内容分成三个等级，初级阶段、中级阶段和高级阶段。这三个阶段跟语言教学的三个阶段相对应。从理论上讲，划分这三个等级的文化内容标准应该跟词汇、语法成分一样，按照文化条列出现的频率进行排序，但是由于文化条列，比如"饮食习惯"或"问候习惯"很难计算他们在交流中的频率，有必要寻求一种不但在某种程度上隐含"使用频率"的理念，而且比较适合文化内容排序的标准。综合这两方面的考虑，我们主张不同阶段的文化内容应该以汉语语言教学不同等级的目标为基础，初级阶段以学发音、汉字和简

---

① 近十九年，随着电脑网络不断发展，通过网络（如：Facebook 脸书，Blog 博客，Twitter 微博/饭否/叽歪）建立的"关系"在欧美越来越盛行，到目前为止美国总统奥巴马和著名歌星 Lady Gaga 嘎嘎女士是美国微博网站联网最多的博主，他们通过网络跟选民和歌迷"拉关系"，效果显著。

单的句型为主,中级阶段以学句子的交际功能为主,高级阶段以学篇章、语体、典雅度为主。(参阅本书的第二章至第五章)。

初级语言阶段,文化内容主要包括由不同的字和词表示的各种文化含义。最早提出这一观点的是 Wierzbicka(1997),Meyers(2000)把此观点介绍到中文教学中。中级语言阶段的文化内容主要包括可以用汉语不同的或特有的句型表示的文化概念,当然某一个文化概念不一定非要用某种句式表达,但是如果学生学会了汉语常用的句式,就应该可以表达日常生活中常见的,也就是中国人一般的风俗和习惯。高级语言阶段的文化内容比中级又近了一步,包括用汉语各种不同的篇章、语体模式表述比较复杂抽象的文化概念。从文化的层次来说,初级阶段的文化内容层次主要体现在用"X 是什么?"、"X 有哪些?"或者"X 叫什么?"这类由"什么"引出的问句所得到的答案。比如,某人叫什么名字?最常见的汉字形式是什么?中国有哪些节日?主要的中国菜是什么?在中级阶段,文化内容的层次主要体现在由"怎么"引发的问题的答案。比如,中国人怎么过春节?怎么举行婚礼?怎么表示客气?等。要回答这些问题,就需要句段表达能力。到了高级阶段,学生的文化知识层次应该体现在由"为什么"引发的问题的答案。比如,中国人为什么过春节?为什么中国的家庭观念跟西方的不一样?这类问题需要的语言层次要比中级的高,也比较复杂,在词汇上需要辨别近义词、反义词以及词汇的典雅度;在语法方面,不但需要熟悉各种不同句子的语用功能,而且需要了解各种文体的特点、具备连接各种语篇的能力。这里值得说明的一点是,以上这种把文化教学分成三个层次的方法,从某个角度看可能不够具体,不过如果我们把文化内容当做语言学习的手段,那么尽管文化内容的罗列似乎没有什么系统,但是至少这种分法是从语言层次可以表述的文化内容出发的。

我们先看看初级阶段应该包括哪些内容。

初级语言阶段的一些文化教学内容:

- 姓名(起名、含义);
- 汉字(形式、形成、发展);
- 普通话、方言;

- 颜色和颜色的含义；
- 文房四宝；
- 简单的中国的饮食；
- 中国家庭结构；
- 十二生肖；
- 简单的人际交流方式方法；
- 简单的日常生活习俗（问候、表示感谢等）

这里需要说明一下，上面所列的不一定把所有初级阶段的文化内容都包括进去了，但是从列出来的内容不难看出教师如何通过让学生学习表达这些概念的字或词了解中国人简单的日常生活习俗，也就是"以词带文化"的教学法。比如，中国人一般起什么名字？传统的中国人一般都想给男孩子起个响亮的名字，给女孩子起个漂亮的名字。有些乡下的老人喜欢给儿孙起跟喜庆、吉祥、富裕有关的名字，像"有庆"、"二喜"、"富顺"、"福荣"等；而城市里的有些父母则绞尽脑汁要给他们的孩子起个典雅的名字，像"意文"、"珊珊"、"月祺"、"茗怡"等；也有的父母希望孩子的名字跟大自然连起来，比如："云森"、"岩峰"、"宇川"、"雨棠"等；还有的父母按照孩子的生辰属相起名字，比如：鼠年生的孩子有人说应该起有"宀"或者"亻"部首的字（如："宝宇"、"安宏"、"健伟"）以保护不受众人喜爱的老鼠，牛年出生的孩子，有人认为应该选带有"氵"或"忄"部首的名字（如："思怡"、"蕊洁"、"思泉"），因为牛需要水和人的精心照顾。这些起名的考量是不是很有道理，这里且不追究，不过它们都表明了中国人起名字的传统习惯，通过这些名字表达前辈对晚辈的寄托和希望。没有一个中国人愿意给孩子起一个带有不吉利或负面意思的名字，人们甚至忌讳用那些虽然本身没有负面意思但是跟有负面意思的字同音的字，比如："嗣"这个字的本义是"继承"，由于它跟"死"同音（尽管音调不同，历史上有些名人选此字作名），一般老百姓就不会选它；像"奔"表"向前"的意思，可是它跟"笨"同音，所以也很少有人用这个字作名字。此外，"奔"跟"走、跑、跳、拿、卧、躺"等一样是没有褒贬之分的普通动词，这类动词一般不作名字，不过如果动词有褒义则可以，如"奋、爱、升、学、保卫、胜利"等。对把中文当做第二语言的学生来说，无论他们愿不愿意起个中文名字，通过起名字这个活动，不仅可以练习发音、学习汉字（初级阶段最重要的两个学习内容），而且可以了解一点中国人起名字的依据以及不同名字的含义。有经验的教师甚至可以通过这一阶段的教学帮助学生了解中国的历史（如，文革时期起的很多名字跟当时的政治运动有关）、掌握汉语基本的构词法（现代汉语中占多数的双音节词是怎么构成的），为他们以后的语言学习和交流打下一个良好的基础。需要指出的是，在不同的阶段，特别是初级阶段，教师在讲授相关文化内容时，有必要适量地使用学生的母语进行解释，至于教师应该怎么解释或使用多大量的学生母语解释，本书暂不讨论。

我们再来看中级阶段应该包括哪些文化内容。

中级语言阶段的一些文化教学内容：
- 中国人怎么过传统的节日；
- 中国各民族的特点和风俗习惯怎么分辨；
- 中国人的家庭生活和习惯（包括婚姻、家庭关系等）；
- 人际关系怎样；教育和人的社会地位怎样；
- 中国的饮食和特点；
- 中国人的处世哲学；
- 中国人的生活水平和相对的社会地位；
- 中国艺术（如：歌舞）；
- 中国的医药（即中医）；
- 中国的健身文化（如：武术、气功）；
- 中国时事

中级语言阶段的文化教学内容跟初级阶段相比，最大的不同是这些文化概念需要用句段来解释说明，只用字和词构成的简单句子很难解释清楚。我们知道，中级阶段，学生学习的语言重点是掌握句子在一段话里的交际功能，即用句段表达的能力（Xing 2006，本书第四章），那么上面列举的中级阶段的文化概念也正需要用句段的语言形式来表达，这样把语言和文化的内容结合在一起，就可以比较有效地提高学生语言、文化的交际能力。当然上面所列的内容不可能包揽学生在中级语言阶段应该或可以学到的所有文化知识，但是从所列各项标题应该可以看出每一项都需要回答"怎么（样）"或者"如何"这类疑问词引出的问题。比如：中国人怎么过节？在初级语言阶段，学生同样可以学习跟中国的节日有关的内容，但回答的不是"怎么过节"，而是"中国有什么主要的节日"。后一个问题可以用词或词组来回答（如：春节、中秋节、元宵节等），但是前一个问题必须用句段来回答（如：过春节以前，家家户户都要打扫房子，除夕要做年夜饭、放鞭炮。春节的那一天，大家都穿新衣服，孩子们要给长辈拜年，长辈给孩子们压岁钱，等等）。因此，中级语言阶段的文化教学应该采纳"以句型带文化"的教学法。有经验的中文教师都知道中级阶段学生应该掌握哪些句型，比如：主题评论句，各种不同的动补结构，句尾语气词的语用功能等（对如何教句型感兴趣的读者可参阅邓守信2006、2009，Xing 2003、2006）。这些句型都是印欧语里面没有的语法现象，应该说用这些句型介绍中国特有的文化概念可以让学生真正了解中国的语言和文化是如何融为一体的。

最后，我们看看高级阶段应该包括哪些文化内容。

高级语言阶段的一些文化教学内容：

- 家庭观念；
- 道德观念；
- 民族观念；
- 中国人的思想意识；
- 饮食和健康；
- 社交习惯；
- 具有历史意义的人和事；
- 社会问题（妇女问题、人口问题）；
- 宗教信仰；
- 审美观；
- 艺术欣赏；
- 时事政治；

上面列出的高级阶段的文化教学内容，虽然不可能罗列这个阶段学生应该学习掌握的所有文化知识，但是从列出的题目看，它们都是抽象的有关中国人思想意识、文化修养、社会观念方面的问题。这些问题跟初级和中级的文化内容显然不一样；不论从哪个角度看，都比初、中级阶段的内容深，而且难掌握。学生如何能够在语言课上有效地学到这些文化知识便成了语言教师深思、讨论的问题。邢志群（2005，2007，本书第五章）提出在高级语言阶段，学生学习的重点应该放在篇章结构（discourse structure）、话语模式（discourse mode）、语体风格（genre 包括典雅度）上面，而不应该停留在词汇和句法这两个初、中级的语言学习范畴内。那么在语言学习的高级阶段除了重点学习篇章结构，还要加上文化的内容，这样构成一种"以篇章带文化"的语言文化教学体系。也就是说把高级阶段的语言重点和文化内容结合在一起，以语言带文化，又通过文化促进语言的学习。比如，学生在高年级的语言课上学习如何用准确、精炼的语言说明某种观点，这时候把"中国人的家庭观念"这个文化课题注入语言的学习中，如果学生能用准确、精炼的语言表述中国人的家庭观念跟西方人相比为什么不一样，那么他们就学到了高级阶段语言的某些表述技能。但是这个阶段的文化内容，也不可能跟用学生母语讲授的中国文化课的内容和深度一样，因为即使是高年级（三、四年级）的学生，他们的汉语水平也很难达到接近母语的水平，所以高年级要学的文化内容仍然受学生语言能力的限制。

总之，这三个阶段的文化内容应该跟语言语法紧紧地结合在一起学习。也就是说初级阶段的教学模式应该以字、词带动文化，中级阶段以句段带文化，到了高级阶段应该以篇章带文化，这样才能形成一套由简入繁、从具体到抽象的语言、文化教学系统，从而有效地促进学生学习汉语，了解中国文化，最终使他们能够准确有效地用汉语交流。

三　语言、文化等级教学

上文着重讨论了对外汉语语言、文化教学的内容及二者如何结合在一起的教学体系问题，下面我们就如何按照这个教学体系进行课堂实践，做一些实例示范。从上文介绍的三个语言阶段的文化内容看，由于各个阶段文化概念的层次不同，因此它所需的语言表述能力也不同，我们可以把各个阶段的文化内容在不同的语言阶段分别讲授。此外不同阶段的文化教学内容，教师都有必要明确对外汉语、文化教学的背景。如果授课的对象是西方学生，那么第一文化就是"西方文化"，第二文化是"中国文化"，两种文化的差异便是文化教学的重点。下面我们以"讲礼貌"、"过节"这两个文化概念为汉语课堂实践的范例，讨论一下如何在语言课的三个阶段让学生学习文化概念。

（一）初级语言阶段的文化教学

根据初级阶段应该以词带文化的教学理念，学生在这个阶段学习的主要内容是带有文化含义的日常词汇和短语。"讲礼貌"和"过节"是两个抽象的词，但是它们的文化内涵相对比较复杂，让学生真正搞清楚它们所有的含义需要在三个不同的教学阶段，按照他们的语言能力，由浅入深、循序渐进地学习。当然，授课教师对中国的礼貌和节日应该有比较完整的了解。比如：什么是"礼貌"？它的历史背景，它在人们交际活动中的作用等。孔子早在《礼记》中就讲到"夫礼者，自卑而尊人。"这是两千多年前儒家学说对"礼"的解释，跟21世纪中国人对"礼貌"的理解差不多：就是"自己要谦卑，对人要礼貌。"当教师有了"礼貌"的基本概念，就比较容易把跟礼貌有关的语言内容介绍给学生。下面是我们为初级阶段的学生学习"礼貌"提出的语言教学大纲：

- 跟中国人（不同身份、不同背景、不同年龄）见面时应该怎么称呼（如：您，处长，老王，师母，老师，叔叔，阿姨）；
- 怎么打招呼（如：您好！早！吃了吗？怎么样？）
- 怎么引出话题、结束话题（如：您贵姓？您请！我来。对不起。不客气！那就这样吧。再见！您慢走。）；
- 如何表达"谦逊"（如：哪里，哪里。我不行，还差得很远呢。）

上面这些有关"礼貌"的教学内容都属于两种文化差异的范畴，是中国文化的特点，也是中西方文化的不同。跟美国人见面时称呼没有那么复杂，熟悉的成人大多直呼其名，不熟悉的人称"某先生/太太"比较保险。如果知道某人的职业，也可以称"某教授/医生"等。英美人打招呼没有"你"和"您"之分。他们不会认为"谦卑自己、抬高别人"是一种美德；也不会故意用一些"谦逊"的字眼。

关于"过节"，中国和英美两国的节日除了新年以外，其他节日都不太一样。中国的主要节日有春节、中秋节、端午节、元宵节等；美国（也包括英国）的主要节日有圣诞节Christmas、感恩节Thanksgiving、鬼节Halloween，情人节Valentine等。这些不同的节日都跟中美两国的历史、文化、风俗有不可分割的关系，不过在语言课上不可能全盘端给学生，需要分期分批地进行教学。在初级语言阶段，根据学生着重日常词汇、短语的语言学习特点，除了让他们学习不同的节日名称，还可以让他们学习一些可以用常用词和短语表达跟这些节日有直接关系的事物名称，比如，过这些节日的时候吃什么？春节主要吃饺子，中秋节吃月饼，端午节吃粽子，元宵节吃元宵。学生母语文化中的节日是否也应该像汉语"过节"那样进行教学，我们认为没有必要，因为无论加多少这方面的内容，都会占用宝贵的教学时间，不如把精力集中在学习汉语"过节"的内容上。当然在过学生母语节日的时候，不妨用一两分钟的时间介绍一下Christmas/Thanksgiving中文怎么说？这两个节日吃的主要食物中文怎么说？如，turkey/ham火鸡/火腿，感兴趣的学生自然会学会、记住。

教师如何在课堂上讲授这些语言文化知识，我们认为可以根据教师、学生的情况以及教学条件选择最佳的教学法。有的教师擅长用听说的方法或认为学生应该通过听说来提高读写的能力，有的因为种种原因喜欢用读写的方法。不过无论用什么教学法，学生在初级阶段学习的重点都应该放在汉语的发音、词汇上，同时了解掌握简单的中国文化交际知识。当然这并不意味着这个阶段的学生不学句型，在初级阶段简单的句型当然要学，只不过它们不是这个语言阶段最重要的或者说唯一学习的重点而已。

（二）中级语言阶段的文化教学

到了中级语言阶段，由于学生学习的重点是句段结构，他们对不同文化概念的了解也随之会不断地加深。对于汉语中的重点句型，以往有不少专著和论文（吕叔湘 1980，Li & Thompson 1981，刘月华等 2002），这里就不多讲了。大部分的专家和教师都认为把汉语当做第二语言的学生应该掌握以下汉语特有句型的语用功能：主题评论句；反问句；句尾语气词（如：吧，呢，呀等）；各种动补结构；特殊句型（如：把字句、被字句、连字句、是……的等）。那么如何把这些句型用到学习"礼貌"、"过节"这两个文化概念当中呢？我们先看一段如何邀请朋友到家里吃饭的对话（选自 Gu 1990：252—253）：

(1) 甲：这个周末，来我家吃饭**吧**。
乙：不，太麻烦**了**。
甲：麻烦什么**呀**，菜都是现成的。
乙：那也得烧**啊**。
甲：你不来我们也要吃饭**嘛**。一定来**啊**，不来我可生气**啦**。
乙：好**吧**，那就随便一点儿。

这段对话文字很简单，在初级阶段学生基本上都学过了，但是这段对话所表达的文化内涵却比较复杂，它包括中国人的"真诚"、"礼貌"和"脸面"等文化概念。再看看表达这些文化概念的句段，我们发现基本上都是通过包含句尾语气词（吧、了、呀、啊、嘛、啦等）的句型表达出来的。虽然初级阶段的学生对这些词的用法有所接触，但是能够用句尾语气词表达上面这段话的含义的学生估计不多，恐怕要到中级阶段通过重点学习、比较这些句型的语用功能后才有可能掌握（如，表示建议、委婉、肯定等语气）。当学生掌握了这些句型的语用功能后，句段里表达的文化含义也就应该有一个比较清楚的概念。上面这段话只是用句尾语气词表达一个文化概念的例子，用心的读者会很快发现我们可以用汉语中任何一个特有的句型表达中国文化的某一个特点。

在中级阶段如何教学"过节"这个文化概念呢？本章的第三节提到中级阶段的文化教学内容应该以"怎么……"为议题进行教学，过节这个主题，在中级阶段便是"中国人怎么过节？"更具体一点就是"中国人怎么过春节/端午节/中秋节等？"

下面是从万维网选出的对"中国人怎么过春节？"这个问题的两种回答：

(2) 团圆饭、汤圆、压岁钱。(《百度知道》2009-2-6)
(3) **春节**是我国一个古老的节日，也是全年最重要的一个节日，**如何庆贺这个节日**，在千百年的历史发展中，形成了一些较为固定的风俗习惯，有许多还相传至今，**如**：扫尘、贴春联、贴窗花和倒贴"福"字、年画、守岁、爆竹、拜年、春节食俗。

　　新年的初一，人们都早早起来，穿上最漂亮的衣服，打扮得整整齐齐，出门去走亲访友，相互拜年，恭祝来年大吉大利。**拜年的方式多种多样**，有的是同族长带领若干人挨家挨户地拜年；**有的**是同事相邀几个人去拜年；**也有**大家聚在一起相互祝贺，称为"团拜"。**由于**登门拜年费时费力，后来一些上层人物和士大夫便使用拜帖相互祝贺，**由此**发展出来后来的"贺年片"。

　　春节拜年时，晚辈要先给长辈拜年，祝长辈人长寿安康，长辈可将事先准备好的压岁钱分给晚辈。**据说**压岁钱可以压住邪祟，**因为**"岁"与"祟"谐音，晚辈得到压岁钱**就**可以平平安安度过一岁。**压岁钱有两种，一种**是以彩绳穿线编作龙形，置于床脚，此记载见于《燕京岁时记》；**另一种**是最常见的，即由家长用红纸包裹分给孩子的钱。压岁钱**可**在晚辈拜年后当众赏给，**亦可**在除夕夜孩子睡着时，**由**家长偷偷地放在孩子的枕头底下。现在长辈为晚辈分送压岁钱的习俗仍然盛行。

　　真正过年的前一夜叫团圆夜，离家在外的游子都要不远千里万里赶回家来，全家人要围坐在一起包饺子过年，**饺子的做法**是**先**和面做成饺子皮，**再**用皮包上馅，**馅的内容**是五花八门，各种肉、蛋、海鲜、时令蔬菜等都可入馅，**正统的饺子吃法**，是清水煮熟，捞起后以调有醋、蒜末、香油、酱油的作料蘸着吃。也有煎饺子、烙饺子（锅贴）等吃法。因为和面的"和"字就是"合"的意思；饺子的"饺"和"交"谐音，"合"和"交"又有相聚之意，**所以**用饺子象征团聚合欢；**又**取更岁交子之意，非常吉利；**此外**，饺子因为形似元宝，过年时吃饺子，**也**带有"招财进宝"的吉祥含义。一家大小聚在一起包饺子，话新春，其乐融融。(摘自SOSO问问，2008年2月20日)

(2)中的回答文字是原文,但对中级阶段的学生来说可能太简单了,也许对初级阶段的学生更合适。(3)中的回答原文太长,删掉了其中的几段,节选的部分完全是原文,词汇、句法、内容都比较适合中级阶段的学生。例(3),作者分别用了不同的句型(粗体部分):主题评论句、动补结构、被动句、排比句及各种连接词。这些句型有理有据地把过春节——拜年和包饺子描写得淋漓尽致、清清楚楚,是一则不错的语言、文化相结合的教学范例。当然这一范例说的是怎么过春节,其他中国的节日都可以按照同样的方式选材,进行教学。

按照这样的程序进行教学,笔者认为中级阶段的学生不仅能学好汉语的句段结构、语用功能,学好用句段结构表达的中国文化概念,更重要的是可以为高级阶段的语言、文化学习打下扎实的基础。

(三)高级语言阶段的文化教学

在高级阶段,学生在语言方面对汉语的词汇和句法都有了一定的了解,在文化方面也具备了一定的基础知识,因此高级阶段的语言学习就从句段转到以篇章、语体为主,文化知识也从基本的风俗、社交习惯转到抽象的思想意识。我们知道有关篇章结构和语体风格的学习内容很广,对于把汉语当做第二语言的学生来说,到底哪些内容是他们必须掌握的,哪些可学可不学,对汉语教师来说一直是一个没有定论的问题。在本书第五章,笔者建议高年级的学生除了学习汉语各种不同的句段连接方法(如,用各种连接词,不同的语序等),还要学习篇章的各种模式(如,不同风格的文章如何开头,如何结尾,如何记叙、叙述、辩论等)以及不同的语体(如,书面语、口语)。最近,冯胜利等(2008)设计出一套用计算机测试文章"典雅度"的软件,也就是通过"典雅度"来衡量高年级学生汉语水平的标准,这无疑为高年级的汉语语言学习提出了另一个目标。有了这类语言教学指导大纲和上文提出的文化内容,我们只要把这两方面的内容结合在一起便是高年级教学的材料。现在我们看下面这段关于"礼"的短文。

(4)[1]礼,是中国文化很重要的一部分,看过一些论礼文章的现代人,很容易觉得它抽象、遥远、甚至过时。[2]平心论之，礼的某些风貌，或依古礼而建构的某些制度，在今日社会不得不重新调整，甚至不得不废弃。但从文化整体来看，礼固然因时代的变迁所革新，本质却没有变化。[3]礼来自人与人之间的日常相处，是传达人们情意的桥梁。[4]人的外在表现大致分为两种：一是语言，一是动作。[5]遇到身份不同的人，我们的相对立场也随之变化，立场一变，外在表现也就跟着改变。所以语言、操作表达合宜的人，不仅是有教养的人，几乎称得上是应对进退的艺术家。因为他知道在某一种特定的情境下，该表达什么，怎么表达，什么时候表达，不能失言，也不能失态，否则就失礼了。（高大威 1990：26—27）

这是一段论说文，也有散文的特点。通过摆事实，讲道理的方法说明中国人为什么"讲礼"。这种语体逻辑性比较强，从文章的选词（如，风貌、建构、平心论之、固然等）和句段连接的手段（如，主题评论句、排列、对比、省略等）方面都体现了高年级汉语的一些特点。为此，笔者认为这是一段比较适合高年级学生学习的语言、文化材料。学生在学习的时候可以先看一两遍，判断一下哪些地方能看懂，哪些地方不懂或不太懂，然后着重学习不懂的地方。建议高级阶段的学生在学习新课文的时候根据个人对课文篇章的理解把它分成不同的小段（参看上文用 [ ] 标出的五个小段），这样就可以看清楚段与段之间（语义、语法各方面）是怎么连接的。学生对于不懂或不肯定的小段可以重点学习。比如上面这段话，对英美学生来说比较难懂的可能是第五小段，即 [5] 后面的句段，因为这段话的主题连贯手段跟英语的很不一样。学生会对"谁"遇到身份不同的人，"什么"或"谁的"的立场，"谁的"外在表现等问题有疑惑，英文的语法可以清楚地表明这些问题。

When *we* run into people of different backgrounds, our attitude might change accordingly. When *our* attitude changes, *our* outer expression changes as well. Therefore, people with proper language and behavior are not only considered cultivated, but also an artist who can handle any situation impeccably. This is because they know under a certain circumstance what to say and how to say it. They cannot have a slip of the tongue, nor can they lose their poise; otherwise, they lose their civility.

这段英文不是上面那段文章第五句段的唯一翻译，但是可以肯定的是，无论怎么翻译，中文和英文这段话的句子、篇章连接方法都不同，英文所有的句子都得有主语和谓语，从句中的主语必须跟主句中的主语一样，而中文句子则没有这些要求，因此句与句之间，段与段之间主要靠语义上的逻辑关系来连接。当学生掌握了这些不同，他们对文章中谈的"礼"也会迎刃而解的。

下面我们再看一段关于为什么过中秋节的说明。

(5)　　中秋节源自先人的祭月活动，它是华夏先人祭月习俗的遗存和衍生。

根据我国的历法，一年分为四季，每季又分为孟、仲、季三个月。农历八月为秋季的第二个月，称为"仲秋"。而八月十五又在"仲秋"之中，故称"中秋"。

"中秋"一词，最早见于《周礼·春官》，书中有"中秋夜迎寒"的祭祀活动。唐太宗贞观年间已出现"中秋节"一词。《唐书·太宗记》中有"八月十五日为中秋节"的记载，说明当时已有节日的雏形。在继承先朝祭月礼仪的同时，中秋节的活动内容因为唐朝自由、浪漫的精神气质而日益丰富起来，如嫦娥奔月、吴刚伐桂、玉兔捣药、唐明皇夜游月宫等神话的相继出现，使中秋文化自唐朝起充满瑰丽多姿的色彩和浪漫迷人的魅力，中秋节俗得到充分发挥和演进。

中秋节的盛行始于宋朝。北宋太宗年间，朝廷正式将农历八月十五定为全民性的中秋节，放假一天，世俗欢愉。明清以后，中秋节继续向民俗的方向发展，终成为与春节、清明节和端午节并称为中国四大传统节日的民俗大节。2006年5月20日，中秋节被国务院批准列入第一批国家级非物质文化遗产名录。2008年，中秋节被列为国家法定节假日。（摘自百度知道，2010年7月25日）

(5) 对中秋节的解释无论是语言还是内容都够得上高级阶段教学材料的标

准。从语言的角度看，这段话不仅使用了高年级的词汇（如：遗存、衍生、雏形、瑰丽多姿、演进、世俗欢愉等），各种不同的语篇连接手段（如：省略、话题链、替代等），较正式、典雅的说明文语体，而且介绍了中国的历法、节气、中秋节的历史演变以及与之有关的著名神话故事。这短短的文字，语言、文化内容丰富，学生可以从中学到不少有关中国历史、文化的知识。

高级阶段的语言文化教学需要综合词汇、句法、篇章和内容四方面的知识，其中词汇、篇章结构和内容都跟中级阶段有明显的区别，词汇的典雅度提高，篇章结构趋于复杂，内容更加丰富。因此对高年级的教师来说，也需要从这三方面进行课堂教学，忽略任何一个方面，学生语言能力的提高都可能受到影响。

四　小结

本文从中国文化在对外汉语教学中的作用出发，探讨了文化在语言教学中的重要性。笔者建议文化内容应该跟语言内容一样分成三个对等的教学阶段。初级阶段在教学生发音、识字和简单句型的同时，给他们介绍简单的中国文化知识，比如，中国人如何进行简单、有礼貌、有分寸的交谈。中级阶段，教学重点转移到句段结构上，所以学生在学习不同句型的语用功能的同时，需要学习基础文化知识，比如，中国人如何用不同的句段表现谦虚、真诚、平和、文雅等文化内涵。到了高级阶段，语言教学的重点是篇章语法，教师可以用不同的篇章结构和语体（叙述文、对话、论说文等）帮助学生学习有一定深度的人文思想和文化意识，最终使他们的语言交际不受文化知识欠缺的影响，但是无论怎么说，这里探讨的文化内容是在语言课里讲授的文化知识，不是用学生的母语上的中国文化课，所以文化内容受语言表述能力的限制。

本书提出的语言、文化教学模式只是一个比较粗浅的、框架式的教学尝试，要建立一个完整的、有效的语言、文化教学体系还需要这个领域的同仁在教学和研究过程中不断地实践、探索和总结经验。但是，笔者认为有一点是可以肯定的，那就是要提高学生的语言交际能力，除了让学生掌握汉语的语言特点（即各种不同语言形式的功能），还应该掌握两种文化的差异和特点。不然，外国人和中国人的交流，就会像本文开始时引用的 Thomas（1983、1984）的话，只能停留在某个不协调的阶段。

思考与练习

1. 举例说明汉语和中国文化的紧密关系。

2. 列举英美学生"语用不当"的情景，然后解释、说明这些例证所蕴含的汉语教学中存在的问题。

3. 先举例说明一些常见的"拉关系"的语境，然后分析一下"拉关系"时所使用的语言是否有某些特点。

4. 任意选一项文化教学内容，然后按照"什么、怎么、为什么"三个层次编排教学内容。

第七章　总论

　　本书以母语为英语的学生为对象，针对汉语教学中五个不同的环节，语音教学、词汇教学、句法教学、篇章教学、语言文化教学，进行了详细的探讨。本书跟其他现有对外汉语教学专著或论文集相比，最大的不同在于无论是探讨哪个教学环节都遵循对比分析的理论，先找出汉语和英语的语言特点、差异以及跨语言的干扰，然后探讨如何按照它们的使用频率，在教学中由浅入深、由具体到抽象地进行等级教学实践。

　　在语音方面，我们发现除了强调声调教学以外，也应该把汉语的声调、语调的互动、英语语调对汉语声调学习的干扰列为教学的重点，否则学生容易养成"洋腔洋调"的说话习惯。

　　在词汇教学方面，由于汉语属于孤立型语言，因此复合词居多、一词多义居多、词缀很少，而英语属于由屈折型语言演变而来的分析型语言，所以从构词上看正好和汉语相反，即复合词少、一词多义少、词缀很多。在这种情况下，词汇教学的重点就有必要放在构词结构上，也就是说通过对比分析的练习，让学生先认识到汉英构词、用法方面的差异，才会减少母语的干扰，比较容易地学习、掌握大量的复合词以及一词多义的用法。

　　在句法方面，虽然汉英都有主谓宾的语序，但是汉语有明显的主题突出的特点，英语则是主语突出；汉语有体态和动补结构，英语虽没有动补结构，但是有体态和时态的句法特点。这些区别为学生学习汉语的句法造成很大困难，有必要在教学中先明确汉英句法的特点和差异，特别强调汉语的体标记不等于英语的时态标记，英语的时态也不等于汉语的体标记，但是英语的完成体可以跟汉语的动补结构在某种程度上有同样的语用功能。在习得方面，需要特别注意英语（即学生的母语）的句法对学生学习汉语句法的干扰，否则学生的学习就会出现汉英混用（Chinglish）的现象。

在语篇方面，我们发现汉英的差异不像语音、词汇、句法那么大，两种语言都有各种篇章关联词，都使用不同的篇章连贯手段和各种不同的语体结构，不过在如何表示"语篇连贯"方面，汉英有一些手法上的区别，比如：汉语的话题链比较灵活，可以连接各种不同的句式，而英语的只能连接某些句式；汉语的省略也比较灵活，只要读者/听者根据上下文可以看懂/听懂的语言成分，都可以省略，而英语则受句法的限制，不能轻易省略主语或宾语。此外，汉语的"替代"没有英语的用法广泛，这主要体现在汉语的"它"不像英语的 it 不仅可以替代事物，还可以替代情况或事件。这些汉英语篇连贯的差异自然给母语为英语的学生带来学习上的困难，所以应该是语篇教学的重点。

在文化方面，社会心理学的专家们认为中西方最大的差异在于中国人的思维建立在"集体主义"的基础上，西方人的思维则建立在"个人主义"的基础上。根据这一原则性的差异，我们从日常生活的各个侧面分析、论证、说明中国人的各种习惯和表现这些习惯的语言形式，结果发现中国人的饮食习惯、居住习惯、表态习惯、对家庭的观点、人际关系处理、社会体制等方面的表现形式都在不同的程度上体现了中国人有很强的集体/家庭、依赖、等级、谦虚的意识，英美人则有较强的个人、独立、平等、自信的意识。对于这些差异，文化习俗也应该像语言差异一样按照由简入繁、从具体到抽象的教学理念跟语言教学互动，形成以词带文化，以句法带文化、以语篇带文化三个不同层次的语言、文化教学体系。如果学生学到了课堂内容涵盖的各种文化知识，那么他们的语言交流能力也自然提高了。

本书围绕对英汉语教学的五个层面进行讨论，但是有一些和上述主题相关的议题，如中国的汉语政策和态度、世界其他国家的汉语政策和态度、教学与习得的相互关系等，也对汉语教学和发展有着重要影响。因此，本章将以这些议题为讨论核心，探讨与汉语教学和习得相关的资源以及汉语未来的研究方向。

一　汉语的（非）通用性

汉语是一种通用语言（common language）吗？对母语为非汉语的学习者而言，这个问题的答案大概要看一个国家的汉语政策及其民众对学习汉语的态度。以新加坡和韩国为例，汉语和英语都是通用语言。但是在美国，汉语如果和西班牙语、法语这两个"常教型"（commonly taught）的外语相比，却是个"非常教型语言"（less commonly taught language）[①]。有些教师认为这种情况是由于学生对汉语缺乏兴趣或者对汉语的认识不足所致，其实不然，是跟中国在国际上的政治、经济、社会地位及中国与世界各国的关系有关。以20世纪60年代和70年代为例，当时的中国几乎完全与外界隔离，所以在中国境外想学中文及中国文化的人并不多，就算有人想学，如果其所属国家与中国的关系紧张，那也会遭到禁止，马来西亚便是一例。因此对六七十年代的马来西亚人而言，当时的汉语是一种非通用语言（uncommon language）。

20世纪的美国虽然没有马来西亚的这种情况（美国政府不会制定任何禁止民众学习中文的政策），但是由于多数美国人并没有意识到汉语的重要性，因此并不鼓励小孩子学中文。正如华盛顿州某位中学校长所言："没有需求，就没有中文课"，这句话道出许多美国中学和高中未设置中文课的主要原因。在美国一直到近几年为止，只有那些了解国际事务和具有国际视野的民众会意识到中文对孩子未来可能具有的潜在的发展机会。随着中国经济的不断发展和在国际舞台上的地位的不断提高，越来越多的美国人认识到学习汉语的重要性和实用性，中美两国政府也在近几年不断鼓励各个学校开设汉语课，但是大部分的美国人仍然认为中文是一种比较难学的语言，他们说"学习汉语，不像学

[①] 根据美国外语教学委员会（American Council on the Teaching of Foreign Languages）Draper 和 Hicks 在2002年针对"全美公立高中外语入学统计"（Foreign Language Enrollments in Public Secondary Schools）所做的调查显示，2000年选修外语课的学生人数约七百万人，其中选修汉语课的人数不到0.1%，选西班牙语的人数最多（68.7%），另外则是其他语言（法语18.3%、德语4.8%、拉丁语2.7%、意大利语1.2%）。

习法语充满了浪漫的色彩，只是出于实际的考量"（《今日美国》，2007年11月27日），因此要把中文在美国乃至全世界的地位由"非常教型语言"变为"常教型语言"，还需要中国民众和政府以及对中文有兴趣的民众和政府的继续努力与合作①。这几年，中国政府为提高以汉语为外语的研究，的确作了相当的努力，诸如：设立汉办、在全球各地成立孔子学院（至2009年仅美国就有87所）、设立测试服务中心举行汉语水平考试（HSK）。汉办自成立以来，举办各种活动，包括教师训练、提高学生学习中文的兴趣、协助汉语教学专家编写汉语教材（如刘珣等人所著的《新实用汉语课本》，*New Practical Chinese Reader*），此外，也与美国大学理事会（College Board of the United States）共同磋商把学习汉语的学分纳入到美国大学入学及学分规定中（如SAT II 汉语测验）。美国方面则在2005年由美国国家安全教育计划（the US National Security Education Program，NSEP）宣布成立一项大型的"全国旗舰语言方案"（National Flagship Language Initiative，NFLI），将中文列为重点语言之一，设立由幼儿园到大学全面教授中文的"中文K-16旗舰计划"（Chinese K-16 Flagship），和"星谈"计划（StarTalk programs）以培养精通中文、熟悉中国文化的专业人才。这些行动都在影响着许多美国人对汉语的看法。不过，汉语如果要像英语一样成为世界语和全世界的最常教型外语，真正的推手还在于中国的经济发展及其与世界各国的关系。如果中国经济持续增长，中国政府与其他国家维持正常而友好的关系，那么，汉语定会在全球渐渐成为常用型语言，成为世界各国民众所乐于使用的一种交流工具。

二 教学与习得

本书前几章主要探讨对英汉语教学的内容和教学法，在不同的教学阶段，

---

① 根据美国外语教学委员会发言人Marty Abbott在《今日美国》（2007年11月27日）的报告，现在美国公立中小学共有近5万人学习汉语，比2002年的调查统计数字增加了10倍，美国大学里学习汉语的学生自2002年以来也增加了51%。美国教育部在2006—2007两年之间拨款将近100万美元辅助美国的汉语教师培训和汉语教育。

也尽量把对英汉语习得方面的种种问题考虑到教学实践中去。但是前几章并没有明确说明教学与习得的特点及二者之间的关系。这一节我们将专门探讨二者在对英汉语教育中如何互动的问题。

毫无疑问，教学以"教"为主，其主要功能有两个：第一，准备教材；第二，引导学生学习。前者指教什么，后者指怎么教。这两个教学面向看似互相独立，实则既有独立的成分又具紧密互动的关系。Xing（2006，第二章）曾提出教材的选择是由其在语言交流中的普遍性、重要性和独特性来决定。普遍性指使用频率高，重要性指语用功能强，特殊性指与其他语言相比的特点。不论教语言的哪一个成分，教师除了有必要思考这个语言点是否使用频率高、语用功能强和语言形态特点突出，还需要考虑怎么教才能准确地将某种语言功能或技能传授给学生。举例来说，如果教语音，教师的课堂活动内容大概会以听力和发音训练为主；如果是教汉字或句子，就必须设计使用语境，才能帮助学生理解某个汉字或句子在实际语境中如何运用，这时，听力训练虽然有用，但却不是唯一的教学方式。由于一般汉语课程的教学目的都以听、说、读、写四方面的技能为主，因此教学的成功与否要看学生掌握听、说、读、写四方面技能的程度。如果缺少其中某项技能，就有失教学之全面性，对学生也不公平，因为他们的学习目的是掌握全方位的汉语能力[1]。所以成功的语言教师在备课时会把教什么和怎么教各种技能融合在一起考虑，以便有效地引导学生发展他们的语言能力。

相比较而言，习得以"学"为主，注重学习的过程和结果。众所周知，学习的结果是衡量学习过程和教学过程的尺度，正确地使用学习结果可以促进更有效的学习，所以学习过程是习得的关键。由于学生是习得的执行者，教师是执行的指导者，所以教师和学生需要配合，才能达到学习的目的，掌握语言的各种技能。如果教师不能正确地指导学生成功地执行学习任务，那是教师的失败，自然会造成学生的损失。但是如果学生不服从教师的指导，也不可能成功地完成学习任务。可见，影响学生的学习和运用语言能力的因素就跟习得有不可分割的关系。Xing（2006，第三章）在探讨学生习得的时候谈到几个因素，

---

[1] 如果某一门课的教学目的是训练学生某一方面的能力，像听说能力或阅读能力，则不在此限。

其中心理因素、环境因素和教学因素最为关键。心理因素指学生的学习心态，如：为什么选汉语作外语课、是否有学习兴趣等。环境因素指学生在什么地方或什么环境中学习汉语。教学因素指教师用什么方法教导学生。这三个因素，无论哪个不适宜，学生的习得过程和结果都会受到影响。另外，有人认为智力因素也是外语习得的一个重要因素。根据笔者二十余年的教学经验，我们发现只要学生有决心和信心，大部分学生都可以学好中文。即便有的学生擅长背诵生词，可能学得快一点，但并不能由此断定其智力一定在其他学生之上，只能说明这类学生记忆力好，而记忆力并不能和智力画等号，因此我们认为智力不应该是影响学生习得外语的关键因素，更不是唯一的因素。

如何根据学生的情况调整教学和习得两个面向的互动，对每个教师来说都会有不同程度的挑战性。一般来说，教自愿选修中文课的学生（比如普林斯顿在北京的暑期强化班）跟教一般学校把外语（包括汉语）当做必修课的学生在教学内容和教学法上都会有一些差异，这种差异笔者认为源于学生的学习动机，就是说由于前一类的学生学习汉语的动机比后一类的强。对动机强的学生来说，虽然教学内容会多一些，进度也会快一些，但是他们仍然可以学得很好。

总之，教学和习得相互依赖，相互依存，同起并进。合适的教学内容和有效教学法可以提高习得的效果；科学的习得过程能帮助教师和学生达到教学和习得的目的，提高、掌握语言的交际能力。

三　对英汉语教、学资源

现在，计算机日益普及和发展，加上英语是世界上最常用的语言，对母语为英语的学习者来说，汉语教、学资源像雨后春笋，层出不穷。不论是以英语为工具语言的汉语教材、工具书的编写，还是学习、进修汉语的机会都比二三十年前多得多。除了正式的教材，学生还可以使用不同种类的多媒体辅助材料学习听、说、读、写的技能。下面介绍四种对英汉语教、学资源：教科书、工具书、网络、对英汉语项目，供有兴趣的读者参考。这四种都是北美汉语学生最常使用的中文教、学资源。

(一) 教科书

目前的汉语教科书大致可分为三类：第一种，以语言结构为导向；第二种，以主题、讨论为导向；第三种，兼顾前两种特点的多媒体教材。第一种教科书产生的年代比较早，最具代表性的莫过于当代对英汉语教学先驱 John DeFrancis 在 20 世纪 60 年代所编的一套由耶鲁大学出版的初、中、高汉语教材（共十二册）。虽然这个系列的教科书所使用的词汇对现在的读者来说已经有些过时，课文受句法结构的限制有些僵硬，但是其字汇结构、文法结构和阅读的文本从教学的角度看都有其合理性和科学性，曾在美国盛行了半个多世纪，到目前仍然有一些大学使用。第二类教科书是 21 世纪的流行用书，收录学生可能感兴趣的各种有关中国社会和文化的主题。周质平和他的同事们编写的《中级汉语读本》(1992) 和《高级汉语读本》(1993) 便是最早在北美发行的以主题、讨论为导向的教科书之一。《中级汉语读本》的主题有申请工作、强奸与窃盗、同居、堕胎与毒品、爱情与婚姻、代沟及女权等。这种教科书的优点是学生可以从每一课的课文中学到和日常生活、家庭、朋友及社会等有关的词汇，并可参与讨论这些具有争议性的话题；缺点是这种教科书没有像 DeFrancis 的教科书那样将词汇、文法等语言层面的重点作全面的整合，因此缺乏系统的语言教学体系。第三种教科在前两种的基础上，充分利用现有的多媒体技术，把不同的教学内容和习得内容编程到电脑里去，这样能让学生在课堂之外，通过计算机进行交互式的学习和练习。这类教材有靳洪刚等人编写的《中文突破：电视报纸综合教材》(*Chinese Breakthrough: Learning Chinese through TV and Newspaper*)。不过目前最引人注意的莫过于由耶鲁大学出版社和中国国际出版集团合作，耗资数百万美元的一套多媒体初级汉语学习材料，这套教材起名《环球汉语：中华语言和文化系列》(*Encounters: Chinese Language and Culture*)，其中包括叙事影片，由人工智能驱动的形象实体练习，如果出版社能在不久的将来完成包括初、中、高三个等级的全套教材那么这套教材很有可能成为 21 世纪具有影响力的汉语教学材料。

不可否认教学效果的好与坏在某种程度上取决于教材的选择，本书的前几章在探讨教学内容时对不同等级的教学内容及排序作了详细的分析,分析结果表明在初级阶段应该注重语音、词汇教学;中级阶段注重句法教学;高级阶段注重语篇教学。那么目前市面上的汉语教材和被各个中文系所广为使用的教材是否跟本书的这些分析结果相吻合呢?笔者认为初、中级的教材基本上符合上面提及的要求,但是高级教材注重语篇结构和语体的比较缺乏,仍有不少空间可以发展。

选择教材当然很重要,但是教学方法的选择更重要。同一种教材,不同的教师会用不同的方法进行教学。一个优秀的教师需要根据学生的背景、条件设计最切合实际的讲授方法,所谓因地事宜、因材施教的方法。因此任何教材,只要涵盖了某个学习阶段的基本教学内容,就算得上合格的教材,关键在于教师如何讲授教学内容,引导学生掌握所学的内容。

(二) 参考书

一般来说,在教学和习得中需要两种类型的工具书:一种是关于汉语文法的参考书,另一种是跟汉语教与学相关的参考书。下面我们先看一下对英汉语教学中常使用的几部工具书。

- 赵元任(2001 [1968])《汉语口语语法》,北京:商务印书馆
- Li C. and S. Thompson(1981)*Mandarin Chinese:A Functional Reference Grammar* [汉语功能参考语法].Berkeley 伯克莱:University of California Press 加州大学出版社
- 刘月华、潘文娱、故韡(2002)《实用现代汉语语法》(增订本),北京:商务印书馆
- 吕必松(2007)《汉语和汉语作为第二语言教学》,北京:北京大学出版社
- 吕叔湘主编(1980)《现代汉语八百词》,北京:商务印书馆
- Wieger, L. (1965) *Chinese Characters* [汉字],纽约:多佛出版有限公司
- 文林学院(网络在线字典)《文林》(http://www.wenlin.com/)

以上几本参考书内容丰富,解释、例句简单明了,便于不同程度的汉语教

师和学生使用。不过这几本书又各有不同的实用特点，如：关于汉语虚词的功能可以参考吕叔湘先生主编的《现代汉语八百词》或是 Li & Thompson 的《汉语功能参考语法》；关于汉字的字源可以参考网络在线字典《文林》或 Wieger 所编的《汉字》。至于跟教学理论和教学实践相关的问题可以参考吕必松先生的《汉语和汉语作为第二语言教学》或者 Xing（2006）的 Teaching and Learning Chinese as a Foreign Language（《对外汉语教材教法》）。由于本书探讨的议题基本是建立在 Xing（2006）的基础上，以对比分析为理念分析不同层次的汉英语言、文化的差异，并提出一套笔者认为行之有效的教学体系，因此本书也可视为汉语教学方面的参考书。另外，对受过西方教育的汉语教师而言，或许赵元任先生（1968）或 Li & Thompson（1981）撰写的语法书用起来会比较轻松，因为有中英对比的例句；而在中国的汉语教师可能会觉得吕必松先生（2007）或者刘月华等（2002）用汉语撰写的教学语法和语法书比较好用。无论如何，对刚进入汉语教学领域的教师来说，都可以从上面提到的这些参考资料中或多或少地学到一些跟对英汉语教学有关的知识。

（三）网络资源

网络是计算机时代获取资料最快的方法。汉语教学与习得相关的网络资源大体可以分成三种：第一种是"网站"，可以提供跟汉语教学与习得相关的信息和实践；第二种是"论坛"（discussion list）、博客（Blog）、微博客（twitter）或"聊天室"（chat room）之类的网络信息转换平台，这种网络资源为汉语教师和学生提供各种便利的信息咨询场所，让他们可以跟同行或同学对共同关心的问题展开讨论。第三种网络资源是语料库，比如：由北京大学汉语语言学研究中心设置的"CCL 语料库"、台湾"中研院平衡语料库"、北京语言大学的"HSK 留学生高等作文语料库"、"汉语中介语语料库"等，这些在线资源不仅为语言研究和语言教学研究提供了丰富的语料，而且为学生的习得提供充实例证，让教师和学生能够了解哪些语言点容易学，哪些学生比较容易犯错误。由于新网站日新月异，很难提供完整的网站数据。有兴趣上网或是加入论坛的人只要在 Google、Yahoo 或 MSN 等搜索引擎内打入关键词，如"学汉语"（learning Chinese）、"对外汉语教学"（teaching and learning Chinese as a foreign language)，就可以找到有关的网站。另外，有关汉语语言学、汉语教学连接最多的一个网站是由俄亥俄州立大学陈洁雯教授主持的"中国连接网"（China Links：http://chinalinks.osu.edu），这个网站可以连接到六百多个跟汉语、汉语教学、汉语语言学有关的网站。

（四）对英汉语项目

要真正提高学生的汉语听说能力，他们至少要参加一项中国境内汉语项目，为此近十年来美国不少学校和教育机构纷纷跟国内的大学协商，创建了学习时间长短不等的汉语培训班和课程。下面所列出的是美国学生较常参与的一些设立在国内各大学的汉语项目和各自的网站。

- *Associated Colleges in China*（ACC）美国各大学联合汉语中心
  http://www.hamilton.edu/academic/eal/Abroad_link.html
- *CET Academic Program*，CET 驻中国语言中心
  http://www.cetacademicprograms.com/ChinaPrograms/
- *Columbia Summer Language Program in Beijing* 哥伦比亚大学汉语暑期班
  http://www.ce.columbia.edu/beijing/apply.cfm.
- *Council on International Educational Exchange*（CIEE）美国国际教育交流协会　http://www.ciee.org/
- *Harvard Academy in Beijing* 哈佛燕京学院
  http://www.fas.harvard.edu/~clp/HBA/
- *Hopkins-Nanjing Center for Chinese Study* 霍普金斯—南京中美中心
  http://sais-jhu.edu/Nanjing/index.html
- *Inter-University Program for Chinese Language Studies at Qinghua*（IUP）IUP 中文中心．http://ieas.berkeley.edu/iup/
- *Mandarin Training Center* 台湾师范大学国语中心
  http://www.mtc.ntnu.edu.tw/indexe.html
- *Princeton in Beijing* 普林斯顿在北京
  http://www.princeton.edu/~pib

以上这些中文项目均按照项目名称的英文字母排列。这些项目不仅为学生提供纯汉语的语言环境和具有相当挑战性的课程，而且为国内的汉语教师提供对英汉语教学及与美国同行交流的机会。上面列出的这些项目一般都会聘用中美两国的汉语教师，这样学生可以从不同背景的教师那里学到不同的语言知识和技能。

近些年来，由于中国各大学自己创办的汉语项目越来越多，加之国外大学跟国内联合组建的项目也不少，所以国外的学生到中国留学的机会和选择就越来越多，他们常常会问老师应该参与哪个汉语项目。对自己的学生，笔者会先让学生考虑下面几个问题：

- 到中国学习汉语的目的是什么？
- 希望去什么地方（如：南方、北方）或者哪个城市学习？
- 希望去多久（如：一个暑期还是一个学年）？
- 希望参与哪一种课程（如：语言强化班还是语言文化/商业兼顾）？
- 个人的学习、旅行等费用情况如何？

如果学生汉语能力高、动机强、决心大、又没有经济负担，我们就建议他们参加要求比较高的汉语项目，如："普林斯顿在北京"或者"美国各大学联合汉语中心"的汉语课程。但是如果学生的主要目的是去中国游学或是去学中国文化兼顾学中文，那也许参加"东方教育"EducAsian 或"国际培训学校"School for International Training 更合适。美国也有一些学生根据区域选择留学所在地，比如：有的学生首先决定要去北京或是台北，然后让教师推荐在这个城市的中文项目；还有的学生去中国留学的先决条件是能否在中国找到实习或其他工作。这类的学生一般不愿意或不可能参与要求比较高的中文项目，因为半工半读的学生很难圆满完成要求比较高的中文项目的学习任务。

另外，一般到中国留学的美国学生都在其母校读过至少一年的中文课程，有了初级中文基础，到中国以后就可以充分地利用那儿的语言环境和教学条件提高自己的汉语能力。但是对一个到中国留学之前从未学过中文的学生来说，情况就不一样了，由于他们没有任何基本的、系统的发音、词汇、句法培训，一下子把他们放在完全是中文的语言环境中，他们会不知所云。根据我们的经验,在这种情况下学好中文不见得比在他们的母校更容易,因此我们建议学生在参加中国汉语项目之前至少要上一两个学期的汉语课程。

四 本书的局限和未来的工作

近年来,汉语教学和习得领域的研究突飞猛进,但是跟其他语言,尤其是英语的教学和习得的研究成果相比,汉语的相关研究,特别是习得方面的研究还有很大的发展空间。从本书第二到第六章所探讨的汉语教学和习得的五个层面(语音、词汇、句子、语篇和语言文化)来看,词汇和句子受到较多学者的关注,教师对汉字、词汇和句子方面的教学理解得比语音、语篇和语言文化三个层面透彻,后者的三个层面尚需进一步研究。

就语音教学来说,在学生的四声感知和发音方面一直未见系统化的研究,大部分有关的研究都是个案的调查结果,缺乏代表性和普遍性。有趣的是,汉语教师都知道如何发音,却不确定该如何教学生才能让他们感知并发出正确的音来。以教第四声为例,教师到底应该怎么引导学生,他们才能把对第四声的感性认识转变成能够发出第四声的能力?教师应该说"请由最高音界开始然后尽量降低到最低音阶"还是"第四声就像英文感叹句中的 Out!(出去!)或 Go!(滚!)"还是告诉学生汉语四声的音值(一声55、二声25、三声214、四声51),然后让学生模仿教师?对这些问题我们并没有明确的答案,也不肯定哪一种方法比较好。

另一个需要继续研究的问题是汉语篇章能力的教学和习得问题。虽然第五章用了很大的篇幅(本书最长的一章)试图通过对比分析的方法,滤出汉英语篇的差异,以及教学中需要强调的一些问题,但仍有许多议题需要探讨。例如学生第一语言的篇章能力与汉语篇章能力之间如何互动?什么样的教学方法和练习才能让学生将不同的句子串联起来,形成一个连贯的语篇?对于篇章连贯的机制,是否应该让学生透过书面语分析和口语分析的方式来学习,是否只要让他们听母语者说话、看母语者如何在交流时使用这些篇章机制就可以了?这些问题如能得到解答,对学生篇章能力的提升无疑会更有帮助。

第三个问题是如何在语言课上建立一个语言、文化能力同步发展的教学体系。本书在第六章中曾提出要建立一个合理完善的语言、文化教学体系，必须首先为文化在语言课上的作用定位，然后才能明确语言文化的教学内容和教学方法。笔者还为语言、文化的教学法提出三个建议：以词带文化、以句子带文化、以语篇带文化。值得注意的是，这些建立只是笔者对汉语课的文化教学体系研究的初步结果，至于这个体系是否在教学实践中行之有效，还需要大量的课堂实践，然后按照实践的结果进行评估和修改。因此第六章所建议的各种方法可能互有优劣，主要的目的无非是抛砖引玉，希望能在语言习得和文化知识的教学方面，激发出更多的讨论和想法。

  本书探讨对英汉语教学法和与之有关的种种议题。虽然与 2006 年那本《对外汉语教材教法》相比增加了不少关于教学内容排序、对英汉语教学的特点以及习得方面的讨论，但是由于时间、篇幅和笔者能力的限制，这些讨论和分析大多基于个人的教学经历和研究课题，一定有不少忽略和偏差的地方，敬请汉语教学界的同仁斧正。

参考文献

[1] 曹逢甫(1979)《主题在汉语中的功能研究——迈向语段分析的第一步》,谢天蔚译(1995),北京:语文出版社。

[2] 曹剑芬(2002)汉语声调与语调的关系,《中国语文》第3期,pp. 195—202.

[3] 陈建民(1984)《汉语口语》,北京:北京出版社。

[4] 陈俊光(2008)《对比分析与教学应用》,台北:文鹤出版社。

[5] 陈前瑞(2008)汉语完结体与结果体研究,崔希亮等《汉语作为第二语言的习得与认知研究》,北京:北京大学出版社。

[6] 崔永华主编(1997)《词汇文字研究与对外汉语教学》,北京:北京语言文化大学出版社。

[7] 邓守信(1998)The acquisition of le in L2 Chinese,《世界汉语教学》第1期,pp. 56—63.

[8] 邓守信(2003)论对外汉语语法结构排序,《语言理论与语文教学》,香港:香港教育学院出版社。

[9] 邓守信(2006)语法项目的分级,孙德金主编《对外汉语语法及语法教学研究》,北京:商务印书馆。

[10] 邓守信(2009)《对外汉语教学语法》,台北:文鹤出版社。

[11] 董秀芳(2005)《汉语的词库与词法》,北京:北京大学出版社。

[12] 段玉裁(2000)《广雅疏证》序,南京:江苏古籍出版社。

[13] 冯胜利(2005)《汉语韵律语法研究》,北京:北京大学出版社。

[14] .冯胜利、胡文泽主编(2005)《对外汉语书面语教学与研究的最新发展》,北京:北京语言大学出版社。

[15] 冯胜利等(2008)汉语书面语体特征及其自动测量法,第十六届汉语教学国际研讨会会议论文,美国普林斯顿大学。

[16] 高名凯（1948）《汉语语法论》，北京：商务印书馆。

[17] 高大威（1990）《永恒的叮咛》，台北：中央日报出版部。

[18] 国家汉办教学处（2003）《对外汉语教学语法初探》，北京：中国社会科学出版社。

[19] 胡壮麟（1994）《语篇的衔接与连贯》，上海：外语教育出版社。

[20] 黄沛荣（2003）《汉字教学的理论与实践》，台北：乐学书局。

[21] 李宇明（1998）动词重叠的若干问题，《中国语文》第2期。

[22] 刘珣（1997）《对外汉语教学概论》，北京：北京语言文化大学出版社.

[23] 刘月华等（2001）《实用现代汉语语法》，北京：商务印书馆。

[24] 李晓琪主编（2006）《对外汉语文化教学研究》，北京：商务印书馆。

[25] 陆庆和（2009）《实用对外汉语教学语法》，北京：北京大学出版社。

[26] 吕必松（2007）《汉语和汉语作为第二语言教学》，北京：北京大学出版社。

[27] 吕叔湘主编（1980）《现代汉语八百词》，北京：商务印书馆。

[28] 罗青松（2002）《对外汉语写作教学研究》，北京：中国社会科学出版社。

[29] 罗青松（2006）英语国家学生的词汇教学策略，孙德金主编《对外汉语词汇及词汇教学研究》，pp. 477—499。

[30] 孟柱亿（2005）再论韩汉两语中的误导词——蝙蝠词，《汉语教学学刊》创刊号，北京：北京大学出版社。

[31] 融融、瑞林（主编）（2008）《一代飞鸿》，北京：中国文联出版社。

[32] 孙德金（2006）《对外汉字教学研究》，北京：商务印书馆。

[33] 孙德金（2006）《对外汉语语法及语法教学研究》，北京：商务印书馆。

[34] 孙德金主编（2006）《对外汉语词汇及词汇教学研究》，北京：商务印书馆。

[35] 王力（1985 [1954]），《中国现代语法》，北京：商务印书馆。

[36] 王志洁（2005）汉语词汇的特点与高年级词汇教学，冯胜利、胡文泽主编《对外汉语书面语教学与研究的最新发展》，pp. 248—286，北京：北京语言大学出版社。

[37] 王顺洪（2006）中日汉字词缀比较与词汇教学，孙德金主编《对外汉语词汇及词汇教学研究》，pp. 424—435。

[38] 王颖（2003）"书面语"和"口语"的语体差别与对外汉语教学，*Journal of the Chinese Language Teachers Association*，38 (3)，pp. 91—102.

[39] 吴福祥（1998）重谈"动＋了＋宾"格式的来源和完成体助动"了"的产生，《中国语文》第6期。

[40] 邢志群（2005）从"就"的语法化看汉语语义演变的主观化，《语法化与语法研究》

第二辑，pp. 324—339，北京：商务印书馆。

[41] 邢志群（2005）高年级汉语篇章连贯教学法，冯胜利、胡文泽主编《对外汉语书面书教学与研究的最新发展》，北京：北京语言大学出版社。

[42] 邢志群（2007）对外汉语教师培训：篇章教学，崔希亮主编《汉语教学：海内外的互动与互补》，北京：商务印书馆。

[43] 邢志群（2008）汉语色彩词的语义及演变特点，《东方语言学》第三期。

[44] 邢志群（2009）浅谈对外汉语教学，台湾大学华语文研习所论文讲座，台北。

[45] 邢志群（2009）汉语量词的语义研究和语法化，吴福祥、崔希亮主编《语法化与语法研究》第四辑，pp. 445—468，北京：商务印书馆。

[46] 邢志群（2010）试论对外汉语语言、文化教学体系，《世界汉语教学》第1期。

[47] 张宝林（2009）《汉语教学参考语法》，北京：北京大学出版社。

[48] 张博（2008）《基于中介语料库的汉语词汇专题研究》，北京：北京大学出版社。

[49] 张德禄、刘汝山（2003）《语篇连贯与衔接理论的发展及应用》，上海：上海外语教育出版社。

[50] 张国宪（2006）性质形容词重论，《世界汉语教学》第1期。

[51] 张占一（1990）试议交际文化和知识文化，《语言教学与研究》第3期。

[52] 赵金铭（2006）从对外汉语教学到汉语国际推广，孙德金主编《对外汉语词汇及词汇教学研究》，pp. 1—38，北京：商务印书馆。

[53] 赵元任（1933）汉字的字调和语调，《史语所集刊》，4（3）：121—134。

[54] 赵元任（1979 [1968]）《汉语口语语法》（*A Grammar of Spoken Chinese*），吕叔湘译，北京：商务印书馆。

[55] 赵元任（1979 [1959]）《语言问题》，北京：商务印书馆。

[56] 赵元任（2002 [1968]）《赵元任语言学论文选》，北京：商务印书馆。

[57] 赵永新（1997）《汉外语言文化对比与对外汉语教学》，北京：北京语言文化大学出版社。

[58] 郑良伟（1988）时体、动量和动词重叠，《第二届国际汉语教学讨论会论文选》，北京：北京语言学院出版社。

[59] 朱春跃（2008）汉语表情话语中的调值改变及其感知，《中国语音学报》，北京：商务印书馆。

[60] Abchibald, John (ed.). (2000). *Second Language Acquisition and Linguistic Theory*. Oxford UK: Blackwell.

[61] Archibald, John. (1993). *Language Learnability and L2 Phonology: The Acquisition of Metrical Parameters.* Kluwer Academic Publisher.

[62] Bai, J. H., R. Y. Song, J. Z. Xing (2008 [1996]). *Beyond the Basics: Communicative Skills for Intermediate/Advanced Learners.* Boston: Cheng & Tsui.

[63] Berger, A. A. (1997). *Narratives in Popular Culture, Media and Everyday Life.* London: Sage.

[64] Biq, Y. O. (1990). Conversation, continuation, and connectives. *Text*, 10 (3), pp. 187—208.

[65] Blakemore, D. (2002). *Relevance and Linguistic Meaning: The Semantics and Pragmatics of Discourse Markers.* Cambridge: Cambridge University Press.

[66] Boduroglu, Aysecan, Priti Shah, Richard E. Nisbett. (2009). Cultural differences in allocation of attention in visual information processing. *Journal of Cross-Cultural Psychology*, vol. 40 no. 3, pp. 349—360.

[67] Bolinger, D. (1989). *Intonation and Its Uses: Melody in Grammar and Discourse.* Stanford: Stanford University Press.

[68] Brazil, D. C, M. Coulthard & C. M. Johns (1980). *Discourse Intonation and Language Teaching.* Longman.

[69] Brody, J. (2003) A linguistic anthropological perspective on language and culture in the second language curriculum. In D. L. Lange & R. M. Paige (eds.), *Culture as the Core: Perspectives on Culture in Second Language Learning*, pp. 37—51. Greenwich, CT: Information Age Publishing.

[70] Brown, H. D. (2000). *Principles of Language Learning and Teaching.* Longman.

[71] Brown, G., & Yule, G. (1983). *Discourse Analysis.* Cambridge: Cambridge University Press.

[72] Bryam, M. (1989). *Cultural Studies in Foreign Language Education.* Clevedon/Philadelphia: Multilingual Matters.

[73] Catford, J. C. (1968). Contrastive analysis and language teaching. In J. E. Alatis (ed.) *Contrastive Linguistics and Its Pedagogical Implications. Report of the Nineteenth Annual Round Table Meeting on Linguistics and Language Studies*, Washington D. C.: Georgetown University Press (Monograph Series on Languages and Linguistics; 21), pp. 159—173.

[74] Celce-Murcia, M. & E. Olshtain. (2000). *Discourse and Context in Language Teaching*. New York: Cambridge University Press.

[75] Chen, Fred J. (2006). *Contrastive Research & Crosslinguistic Influence: Some implications for Teaching Chinese and English as a Second Language*. Taipei: Crane Publicating.

[76] Chen, Qinghai. (1997). Toward a sequential approaches for tonal error analysis. *Journal of Chinese Language Teachers Association*, Vol., 32: 1, pp. 21—39.

[77] Chomsky, N. (1986). *Knowledge of Language*. Praeger.

[78] Chu, Chauncey C. (1998). *A Discourse Grammar of Mandarin Chinese*. New York: Peter Lang.

[79] Chun, D. M. (2002). *Discourse Intonation in L2: From Theory and Research to Practice* (with accompanying CD-ROM). Amsterdam: John Benjamins.

[80] Coady, James & Thomas Huckin. (1997). *Second Language Vocabulary Acquisition*. Cambridge: Cambridge University Press.

[81] Conte, Maria E., Janos Petöfi & Emel Sözer (eds., 1989). *Text and Discourse Connectedness*. Amsterdam: Benjamins.

[82] Dimroth, Christine. (2010). The acquisition of negation. In Laurence R. Horn (ed.) The *Expression of Negation*, pp. 39—72. Berlin/New York: Mouton de Gruyter.

[83] Doughty, C. & J. Williams. (Eds., 1998). *Focus on Form in Classroom Second Language Acquisition*. Cambridge: Cambridge University Press.

[84] Du-Babcock, B. (1996). Topic management and turn taking in professional communication: First versus second language strategies. *Perspectives*, 8 (1), pp. 1—39.

[85] Du-Babcock, B. (1997). A comparative analysis of topic management and turn-taking in professional communication. *Perspectives*, 9 (2), pp. 36—77.

[86] Duncan, S. & D. W. Fiske. (1985). The turn system. In S. Duncan and D. W. Fiske (eds.), *Interaction Structure and Strategy*, pp. 43—65. Cambridge: Cambridge University Press.

[87] Eckman, F. (1981). Markedness and degree of difficulty in second language acquisition. In J-G Savard and L. LaForge (eds.) *Proceedings of the Fifth Congress of the International Association of Applied Linguistics*, pp. 115—126. Les Presses de l'Universite Laval.

[88] Ellis, Rod. (1985). *Understanding Second Language Acquisition*. Oxford: Oxford University Press.

[89] Ellis, Rod. (1994). *The Study of Second Language Acquisition*. Oxford, NY: Oxford University Press.

[90] Ellis, Rod. (1999). *Second Language Acquisition*. Oxford, NY: Oxford University Press.

[91] Feng, Yu. (2000). *A Learners' Handbook of Modern Chinese Written Expressions*. Hong Kong: The Chinese University Press.

[92] Flynn, S. (1983). Differences between first and second language acquisition. In D. Rogers & J. Sloboda (eds.) *Acquisition of Symbolic Skills*, pp. 485—500. London & New York: Plenum Press.

[93] Ford, C. E. & S. A. Thompson. (1996). Interactional units in conversation: syntactic, intonational and pragmatic resources for the projection of turn completion. In E. Ochs, E. Schegloff, & S. Thompson (eds.), *Interaction and Grammar*, pp. 134—184. Cambridge: Cambridge University Press.

[94] Furo, H. (2001). *Turn-Taking in English and Japanese: Projectability in Grammar, Intonation and Semantics*. New York: Routledge.

[95] Garvey, C. & G. Berninger. (1981). Timing and turn taking in children's conversation. *Discourse Processes*, 4, pp. 27—57.

[96] Gass, S. & Selinker, L. (1992). *Language Transfer in Language Learning*. Philadelphia, PA: John Benjamins.

[97] Gass, S. & Schachter, J. (Eds., 1989). *Linguistics Perspectives on Second Language Acquisition*. Cambridge: Cambridge University Press.

[98] Gernsbacher, Morton A. & Talmy Givón. (Eds, 1995). *Coherence in Spontaneous Text*. Amsterdam: Benjamins.

[99] Givón, T. (1991). Markedness in grammar: Distributional, communicative and cognitive correlates of syntactic structure. *Studies in Language* 15, pp. 335—370.

[100] Goodwin, C. (1981). *Conversation Organization: Interaction between Speakers and Hearers*. New York: Academic Press.

[101] Gu, Y. G. (1990). Politeness phenomena in modern Chinese. *Journal of Pragmatics*, 14, pp. 237—537.

[102] Halliday, M. A. K., & Ruqaiya Hasan. (1976). *Cohesion in English*. London: Longman.

[103] Hatch, E. & C. Brown. (1995). *Vocabulary, Semantics, and Language Education*. New York: Cambridge University Press.

[104] Higa, M. (1966). The psycholinguistic concept of 'difficulty' and the teaching of foreign language vocabulary. *Language Learning*, 16, pp. 167—179.

[105] Hinkel, E. (1999). *Culture in Second Language Teaching and Learning*. New York: Cambridge University Press.

[106] Hobbs, J. R. (1979). Coherence and coreference. *Cognitive Science*, 3, pp. 67—90.

[107] Hopper, P. (1979). Aspect and foregrounding in discourse. In T. Givón, (ed.), *Discourse & Syntax*, pp. 213—241.

[108] Hopper, Paul & Sandra Thompson. (1980). Transitivity in grammar and discourse. *Language*, 56, 2, pp. 251—299.

[109] James, Carl. (1980). *Contrastive Analysis*. London: Longman.

[110] Jefferson, G. (1973). A case of precision timing in ordinary conversation overlapped tag-positioned address terms in closing sequences. *Semiotics*, 9, pp. 47—96.

[111] Ji, Li-Jun, Richard E. Nisbett, Zhiyong Zhang (2004). Is it culture or is it language? Examination of language effects in cross-cultural research on categorization. *Journal of Personality and Social Psychology*, Vol. 87, No. 1, pp. 57—65.

[112] Johnson, J. & E. Newport. (1989). Critical period effects in second language learning: The influence of maturational state on the acquisition of English as a second language. *Cognitive Psychology*, 21, pp. 60—99.

[113] Jucker, A. & Y. Ziv. (1998). Discourse Markers: Introduction. In A. H. Jucker & Y. Ziv. (eds.), *Discourse Markers: Description and Theory*. Amsterdam: Benjamins, pp. 1—12.

[114] Kellerman E. & Sharwood Smith, M. (eds.). (1986). *Crosslinguistic Influence in Second Language Acquisition*. New York: Pergamon.

[115] Kordes, H. (1991). Intercultural learning at school: limits and possibilities. In D. Buttjes & M. Byram (eds.), *Mediating Languages and Cultures: Towards an Intercultural Theory of Foreign Language Education*, pp. 17—30. Clevedon: Multilingual

Matters.

[116] Kramsch, C. (1991). Culture in language learning: A view from the United States. In K. de Bot, R. B. Gingsberg, & C. Kramsch (eds.), *Foreign Language Research in Cross-Cultural Perspective*, pp. 217—240. Philadelphia/Amsterdam: John Benjamins.

[117] Kramsch, C. (1993). *Context and Culture in Language Teaching*. New York: Oxford University Press.

[118] Krashen, Stephen D. (1985). *The Input Hypothesis*. London: Longman.

[119] Krashen, Stephen D. (1987 [1982]). *Principles and Practice in Second Language Acquisition*. Prentice-Hall International.

[120] Krashen, Stephen D. (1988 [1981]). *Second Language Acquisition and Second Language Learning*. Prentice-Hall International.

[121] Krashen, Stephen D. (1997). *Foreign Language Education: The Easy Way*. Culver City, CA: Language Education Associates.

[122] Lado, R. (1957). *Linguistics across Cultures*. Ann Arbor: University of Michigan Press.

[123] Lerner, G. H. (1989). Notes on overlap management in conversation: the case of delayed completion. *Western Journal of Speech Communication*, 53: pp. 167—177.

[124] Levinson, S. (1983). *Pragmatics*. Cambridge: Cambridge University Press.

[125] Li, C. N. & S. A. Thompson (1981). *Mandarin Chinese: A Functional Reference Grammar*. Berkeley: University of California Press.

[126] Li, Charles & Sandra Thompson. (1977). The acquisition of tone in Mandarin speaking children. *Journal of Child Language*, Vol. 4: 2, pp. 185—199.

[127] Li, Wendan. (2004). Topic chains in Chinese discourse. *Discourse Processes*, 37 (1), pp. 25—45.

[128] Li, W., H. Zhu & Y. Li. (2001). Conversational management and involvement in Chinese-English business talk. *Language and Intercultural Communication*, 1 (2), pp. 135—150.

[129] Linde, C. (1993). *Life Stories: The Creation of Coherence*. Oxford: Oxford University Press.

[130] Lu, Bisong. (1981). Integrating structure, meaning and function in language pedago-

gy. *Journal of Chinese Language Teachers Association*, 16: 2, pp. 1—16.

[131] Long, Michael H. (2000). Task-based teaching and assessment. In Byram, M. (ed.), *Encyclopedia of Language Teaching*, pp. 597—603. London: Routledge.

[132] Long, Michael H. (2003). Stabilization and fossilization in interlanguage development. In Doughty, C. J., & Long, M. H. (eds.), *Handbook of Second Language Acquisition*, pp. 487—535. Oxford: Blackwell.

[133] Long, Michael H. (2007). *Problems in Second Language Acquisition*. Mahwah, NJ: Lawrence Erlbaum Associates

[134] Major, R. & Faudree, M. (1996). Markedness universals and the acquisition of voicing contrasts by Korean speakers of English. *Studies in Second Language Acquisition*, 18, pp. 69—90.

[135] Masuda, T., Gonzalez, R. Kwan, L., & Nisbett, R. E. (2008). Culture and aesthetic preference: Comparing the attention to context of East Asians and European Americans. *Personality and Social Psychology Bulletin*, 34, pp. 1260—1275.

[136] McLaughlin, M. L. (1984). *Conversation: How talk is organized*. Beverly Hills, CA: Sage.

[137] McLaughlin, Barry. (1987). *Theories of Second Language Learning*. London: Edward Arnold.

[138] Mey, J. L. (1999). *When Voice Clash: A Study in Literary Pragmatics*. Berlin: Mouton de Gruyter.

[139] Myers, D. (2000). Teaching culture with key words in Chinese as a foreign language: The state of the field. *Journal of the Chinese Language Teachers Association*, 35 (3), pp. 1—28.

[140] Myhill, J. & Z. Xing (1993). The discourse functions of patient fronting: A comparative study of Biblical Hebrew and Chinese. *Linguistics*, 31, pp. 25—57.

[141] Nisbett, R. E. (2004). *The Geography of Thought: How Asians and Westerners Think Differently … and Why*. New York: Free Press.

[142] Nisbett, R. E., Peng, K., Choi, I. & Norenzayan, A. (2001). Culture and systems of thought: Holistic versus analytic cognition. *Psychological Review*, 108, pp. 291—310.

[143] O'Connell, D. C., S. Kowal, & E. Kaltenbacher. (1990). Turn-taking: A critical

analysis of the research tradition. *Journal of Psycholinguistic Research*, 19, pp. 345—373.

[144] Odlin, T. (1989). *Language Transfer: Cross-linguistic Influence in Language Learning*. Cambridge: Cambridge University Press.

[145] Odlin, T. (ed.). (1994). *Perspectives on Pedagogical Grammar*. Cambridge: Cambridge University Press.

[146] Odlin, T. (1996). On the recognition of transfer errors. In Carl James (ed.), *Cross-linguistic Approaches to Language Awareness* [Special issue of *Language Awareness*], Vol. 5: 3—4, pp. 175—93.

[147] O'Malley, Michael J. & Anna Uhl Chamot. (1990). *Learning Strategies in Second Language Acquisition*. Cambridge U Press.

[148] Pea, Roy D. (1980). The development of negation in early child language. In D. R. Olson (ed.), *The Social Foundations of Language and Thought: Essays in Honor of Jerome S. Bruner*, pp. 156—186. New York: W. W. Norton.

[149] Power, R. J. & M. F. Dal Martello. (1986). Some criticisms of Sacks, Schegloff, and Jefferson on turn-taking. *Semiotica*, 58 (1—2), pp. 29—40.

[150] Prator, Clifford H. (1967). Hierarchy of difficulty. *Lecture Notes*. University of California, Los Angeles.

[151] Richards, Jack. (ed.). (1974). *Error Analysis: Perspectives on Second Language Acquisition*. London: Longman.

[152] Riggenbach, H. (1999). *Discourse Analysis in the Language Classroom: Volume 1. The Spoken Language*. Ann Arbor: The University of Michigan Press.

[153] Robinson, G. (1991). Second culture acquisition. In J. E. Alatis (ed.), *Linguistics and Language Pedagogy: State of the Art*, pp. 114—122. Washington, DC: Georgetown University Press.

[154] Rodgers, T. S. (1969). On measuring vocabulary difficulty: An analysis of item variables in learning Russian-English vocabulary pairs. *International Review of Applied Linguistics*, 7, pp. 327—343.

[155] Rutherford, W. E. (1982). Markedness in second language acquisition. *Language Learning*, 32 (1), 85—108.

[156] Sacks, H., Schegloff, E. A. & Jefferson, G. (1974). A simplest systematics for the

organization of turn taking for conversation. *Language*, 50, pp. 695—737.

[157] Sanchez-Burks, Jeffrey & Fiona Lee, et al. (2003). Conversing across cultures: east-west communication styles in work and nonwork contexts. *Journal of Personality and Social Psychology*, Vol. 85, No. 2, pp. 363—372.

[158] Sapir, E. (1949). *Culture, Language and Personality*. Berkeley: University of California Press.

[159] Schiffrin, D. (1994). *Approaches to Discourse*. Cambridge, MA: Blackwell.

[160] Shen, Xiaonan. (1989). Toward a register approach in teaching Mandarin tones. *Journal of Chinese Language Teachers Association*, Vol. 24: 3, pp. 27—47.

[161] Smith, C. S. (2003). *Modes of Discourse*. Cambridge: Cambridge University Press.

[162] Stockwell, Robert P. & J. Donald Bowen. (1965). *The Sounds of English and Spanish*. Chicago: University of Chicago Press.

[163] Stockwell, Robert P., J. Donald Bowen & John W. Martin. (1965). *The Grammatical Structures of English and Spanish*. Chicago: University of Chicago.

[164] Svennevig, J. (1999). *Getting Acquainted in Conversation*. Amsterdam/Philadelphia: John Benjamins.

[165] Tai, J. (1985). Temporal sequence and Chinese word order. In J. Haiman (ed.), *Iconicity in Syntax*, pp. 49—72. Amsterdam: Benjamins.

[166] Tannen, D. (1982). Oral and literate strategies in spoken and written narratives. *Language*, 58 (1), pp. 1—21.

[167] Tannen, D. (1984). *Conversational Style: Analyzing Talk among Friends*. Norwood, NJ: Ablex.

[168] Tannen, D. (1986). *That's Not What I meant!: How Conversational Style Makes or Breaks Your Relations with Others*. New York: William Morrow, Ballantine.

[169] Tannen, D. (1987). Repetition in conversation: Toward a poetics of talk. *Language*, 63 (3), pp. 574—605.

[170] Tannen, D. (1989). *Talking Voices: Repetition, Dialogue, and Imagery in Conversational Discourse*. Cambridge: Cambridge University Press.

[171] Tannen, D. (ed.). (1993). *Framing in Discourse*. Oxford: Oxford University Press.

[172] Tao, H. Y. (1996). *Units in Mandarin Conversation: Prosody, Discourse, and Grammar*. Amsterdam/Philadelphia: John Benjamins.

[173] Tao, Hongyin. (2005). The gap between natural speech and spoken Chinese teaching material: Discourse perspectives on Chinese. *Journal of Chinese Language Teachers Association*, Vol. 40: 2, pp. 1—24.

[174] Tao, Liang & Lijuan Guo. (2008). Learning Chinese tones: A developmental account. *Journal of Chinese Language Teachers Association*, Vol. 43: 2, pp. 17—46.

[175] Teng, S. H. (1997). Towards a pedagogical grammar of Chinese. *Journal of Chinese Language Teachers Association*, 32 (3): pp. 29—40.

[176] Thomas, J. (1983). Cross-cultural pragmatic failure. *Applied Linguistics*, 4 (1), pp. 91—112.

[177] Thomas, J. (1984). Cross-cultural discourse as "unequal encounter": Toward a pragmatic analysis. *Applied Linguistics*, 5 (2), pp. 226—235.

[178] Tse, J. K-P. (1978). Tone acquisition in Cantonese: A longitudinal case study. *Journal of Child Language*, 5: 2, pp. 191—204.

[179] Ulijn, J. M. & X. L. Li. (1995). Is interrupting impolite? Some temporal aspects of turn-taking in Chinese-Western and other intercultural business encounters. *Text*, 15 (4), pp. 589—627.

[180] Wardhaugh, R. (1970). The contrastive analysis hypothesis. *TESOL Quarterly*, Vol. 4/2, pp. 123—130.

[181] White, Lydia. (1989) *Universal Grammar and Second Language Acquisition*. Amsterdam/Philadelphia: John Benjamins.

[182] Whitman, R., & Jackson, K. (1972). The unpredictability of contrastive analysis. *Language Learning*, 22, pp. 29—41.

[183] Wierzbicka, A. (1997). *Understanding Cultures through Their Words: English, Russian, Polish, German, and Japanese*. New York: Oxford University Press.

[184] Xing, J. Z. (1994). Word order flexibility in Chinese: A comparative study of Mandarin, Min, and Yue dialect. *Proceedings of the Fourth International Symposium on Chinese Languages and Linguistics*, pp. 411—430. Academia Sinica, Taiwan.

[185] Xing, J. Z. (2003). Toward a pedagogical grammar of Chinese: Approach, content, and process. *Journal of the Chinese Language Teachers Association*, 38 (3), pp. 41—67.

[186] Xing, J. Z. (2006). *Teaching and Learning Chinese as a Foreign Language*. Hong

Kong: Hong Kong University Press.

[187] Yin, Binyong. (1994). *Modern Chinese Characters* (translated by John S. Rohsenow). Beijing: Sinologua.

[188] Yue-Hashimoto, Ann O. (1980). Word play in language acquisition: A Mandarin case. *Journal of Chinese Linguistics*, 8, pp. 181—204.

术语索引

B

把字句　2，3，11，12，70，73，92，93，97，101，102，109，120，164，171，184

表态习惯　172，174，175，192

被动句（被字句）　64—66，70—72，87—92，97—102，184，186

被动语态　90，91，133

被动语序　109

背景　106，108，111，122，123，162，163，165，166，171—173，182，183，198，201

本义（基本义）　37，52，54，62，80，115，178

变调　1，17—19，23—25，28，30，31

辩论语篇　109，127，138—140，142，145，165

宾语　11，26，51，56，83，113，115，117，120，192

丙级词汇　33，34，59

并列句　113

C

参考书　63，198，199

插入语　126，146，153，157

常教型（语言）　193，194

常用功能　68，71，97—99，101，102，154

重叠（词）　46，47，50，58，62，80

重复　13，36，47，48，115，123，125，134，146，149，150，157

抽象功能　71，91

抽象义　37，38，54

初级汉语　17，34，35，71，91，93，197

蠢代词　86，117

词根　50，51，53

词汇等级大纲　33，34

词汇化　52

词素　50—53，56，57

词性　37，50，51，54，61，76，123

词序　75，78

词缀　45，50，54，191

词汇排序　9，14，15，34—36，41—43，56，73

217

词频　12，33—35，43，62，73，81

从句　75，76，79，91，102，186，188

存现句　134，135

错误分析　4，5

D

大文化　170

代词　26，36，56，74—76，108，115—118

单音节词　46，52，57

第一文化　170，171，182

第二文化　170，171，182

第三文化　170

典雅度（词汇）　59，61，177，181，186，189

调阶　18，28，30，31

调形　18，21

调值　18，20，21，29—31

丁级词汇　33，34

动补（结构）　6，47，50，54，79—82，91—95，180，184，186，191

对比分析法　3—7

对比分析的强势说法　4

对比分析的弱势说法　4

对外汉语教学　1，2，5—7，9，15—17，32，33，42—45，49，63，64，66，73，81，85，89，103，105，111，112，132，167，168，170，189，191

多义词　14，35，37—39，41—43，48，50，56，58，59

E

腭音　17，31

F

反问句　97，138，184

泛代词　86

非常教型（语言）　193，194

非正式用语　105，162，163

分词教法　22

分调教法　22

分析型（语言）　49，104，191

复合词　45，47，50—54，56，58，191

副词　12，36，42，47—49，51，84，123，127

辅音　8，17

G

高级汉语　32，34，35，59，71

格（语法）　49，85—87

构词法　47，58，179

孤立型（语言）　191

古英语　45

关联词　106，111，121，123—127，163，165，166，192

过去时态　88，89，94

H

汉语教学法　1，2，8，77，203

汉语水平考试　35，71，96，194

汉语语言学　2，12，63，75，76，88，187，199，200

汉藏语　77

后缀　39，50，51，56

互动法 9

话轮转换（轮流） 146，150，152，153，157

话题链 65，70，71，98，101，106，108，109，111—114，120，163—166，189，192

话语层次 112，113

J

基本功能 58，92，97，98，101，102，119，156，163

基本语序 92，93，163，171

甲级词汇 33，35，43，57，59

兼语式 90，91

教学法 2—6，8，9，15，21，24，28，31，47，62，64，91，95，97，98，101，103，162，166，168，169，178，180，183，184，194，196，203

教学内容 1—3，6，7，9，15，16，24，34，62，66，67，72，91—93，96，97，101，103，106，161，162，165，167，169，170，176—183，185，190，196—198，203

教学语法 2，5，6，9，63，64，73，110，199

介词 12，51，56，74，75，79，83，84，86

结果补语 47，81，82，84，89—96

结构语言学 3

结束对话 147，156，157

近义词 14，15，35—37，39，41，42，48，49，53，56，57，59—61，177

句法教学 1，2，6，15，45，63，64，66，79，80，91—94，96，97，100，103，161，191，198

句法排序 14，15，73，91，103

卷舌音 17，31

K

开启对话 146—149，157

肯定句 22

口语 33，61，62，112，132，143，145—147，149—152，157，163—166，187，202

跨语言干扰 3—7，10—20，22，34，35，39—43，45，49，54，56，60，70，72，88，90，91，97，108

L

连词 12，51，123，127，133

连贯 70，101，102，105，106，108，110，111，113—115，117—122，127，133，135，136，146，153，163，164，166，192，202

连贯手段 106—109，111，123—125，135，163—166，188，192

连字句 97，184

量词 79，92

绿皮书 33，35，42，43，66，73，81，82

轮流（话轮转换） 146

论说文 128，131，143，187，190

219

论证语篇 109,110,142

M

描述补语 84

描叙语篇 134—137,140,145

名量词 77,78

N

难易度(外语学习) 3—7,14,16,39,72,109,156

P

排序原则(规则) 10,11,13—15,35,36,39,42,43,48,62,66,68—71,91,97,98,103,106,108,109,156

篇章标记 123

篇章功能 45,121,143,153—155

篇章模式 127,128,159,161

篇章结构 71,96,105,110,114,121,129,138,139,143,148,149,153,165,166,181,186,189,190

偏正(复合词) 47,50

频序号 42,66,78

平调 18

普通班 34,35

普通语法 7

Q

前景 106,108,111,122,123,163,165,166

前缀 36,50,51,56

轻声 1,17,20,25,26,28—31,53

趋向补语 82—84

屈折型(语言) 49,191

R

人称代词 49,108,109,115,117

人际关系 37,161,172,175,176,179,192

S

"三用"原则 102

生成理论 7

升调 18—20,22,24,25,28,29

声调 1,6,16—32,156,171,191

声母 17,25

省略 106—109,111,112,114,115,120,135,143,156,163—166,187,189,192

施事者 11,65,70,86,87,98—100,120

时间顺序 68,106,108,109,111,121,132—134,137,140,165,166

时态 81,85—88,133,134,191

时态标记 85,191

使用频率 9,12,14,29,35,42,43,50,66—68,70,74,77,78,81,91,92,97,98,106,108,109,124,125,177,191,195

受事者 2,65,70,86,98—100,102

书面语(体) 61,143,145,157,161,

163，166，186，202

书信 129，143，157—160

输入法 8

输入量 61

数（语法）85—87

数量词 74—77

述语 73，79，92，97

说话能力 145，146

说明语篇 109，127，129，136—138，142，145，164，165

所属代词 109

T

叹词 126

特殊功能 68，71，91，97，101，102，154

体（语法）85—91，191

体貌标记 85，87，90

替代 106—109，111，115，117，118，163—166，189，192

通用语言 192，193

同义词 14，35—37，39，41，48，53—57，59—61，162

W

完成体 87—89，91，94，191

谓语 26，49，51，56，64，70，73，74，79—81，83，85—88，90，92，94，97，102，103，188

无标记（现象）7，8，38

X

小文化 170

心理因素 30，196

新信息 122，123

信息流 122

形容词 35，36，46—49，51—54，74—76，79—81，83，103

形声字 45，58

行为文化 170

修饰语 51，53，74—76，78，79

虚词 146，153—157，163，199

虚化 81

叙述语篇 109，127，132—134，137，140，145，165

学字 28，44

Y

颜色词 53，172

洋腔洋调 17，22，31，191

疑问句 20，22，28，92，97，100，115，140，154

以词带文化 178，182，192，203

乙级词汇 33—35，59

已知信息 119，122，123

义项 14，34—36，45，47，48，52，53，56

音阶 18，20，21，23，202

音域 18，23

引申义 37，38，52—54

隐喻 129，143

印欧语 20，22，45，49，50，54，58，

74，77，78，180

有标记（现象） 7，8，18，38，39，47

语调 18—22，24—26，28—31，105，106，152，156，157，166，191

语调组 24—27，29，30

语料库 12，49，65，67，68，70，76，81，87，101，199

语篇标记 123，125—127，148，165

语篇助词 126

语态 81，85—87，133

语体 89，106，109，110，122，127—130，136，143，145，146，152，157，161—165，177，181，186，187，189，190，192，198

语序变化 106，111，120，164—166

语用标记 126

语用能力 95，105，146，166

语用知识 146，166

语用助词 126

语气助词 92，97，126

元音 8，17

阅读能力 44，195

越南语 16，21，22

韵律 53，54，56，80

韵母 17，25

Z

造字 43，44

真实度 146

正式用语 105，162，163

指示代词 75，76，108，109，115—117

中级汉语 34，35，58，71，197

中介语 4，49，87，199

主动句 64，65

主动语序 109

主题 65，73，74，85—87，98，99，103，119，120，122，129，132，134，136—138，142，143，145，147，162，164，173，185，188，192，197

主题链 65，66，102，120

主题评论句 74，92，97，100，101，109，113，118，120，121，136，137，164，171，180，184，186，187

主题突出 73，74，191

主语 9，26，51，73，74，85—87，102，103，111，113—115，119，134，143，188，192

主语突出 74，191

转喻 37